◎"苏州文化丛书"向世人展示苏州文化的综合实力,用以提高苏州人的文化素养,提高人的素质,用以吸引与沟通五湖四海的朋友。

——陆文夫

◇ 苏州文化丛书

苏州民俗

Suzhou Culture Series

Suzhou Folklore

蔡利民 ◇ 著

苏州大学出版社
Soochow University Press

图书在版编目（CIP）数据

苏州民俗 / 蔡利民著. -- 苏州：苏州大学出版社，2024.6. --（苏州文化丛书）. -- ISBN 978-7-5672-4704-8

Ⅰ.K892.453.3

中国国家版本馆CIP数据核字第2024G6E934号

书　　名	苏州民俗　SUZHOU MINSU
著　　者	蔡利民
责任编辑	朱绍昌
助理编辑	闫莹莹
装帧设计	唐伟明
篆　　刻	王莉鸥
出版发行	苏州大学出版社　（Soochow University Press）
社　　址	苏州市十梓街 1 号　邮编　215006
网　　址	http://www.sudapress.com
邮　　箱	sdcbs@suda.edu.cn
印　　装	苏州工业园区美柯乐制版印务有限责任公司
邮购热线	0512-67480030　销售热线　0512-67481020
网店地址	https://szdxcbs.tmall.com（天猫旗舰店）
开　　本	890 mm × 1240 mm　1/32　印张　13.5
字　　数	321 千
版　　次	2024 年 6 月第 1 版
印　　次	2024 年 6 月第 1 次印刷
书　　号	ISBN 978-7-5672-4704-8
定　　价	56.00 元

凡购本社图书发现印装错误，请与本社联系调换。服务热线：0512-67481020

总　序

无论是从中国还是从世界来看,苏州都可以称得上是一座杰出的城市。先天的自然禀赋,后天的人文创造,造就了这么一颗美丽耀眼的东方明珠。

得山川之灵秀,收天地之精华,苏州颇获大自然的厚爱与垂青。自然向历史积淀,历史向文化生成。作为一个悠久的文化承载之地,苏州积淀了丰厚的文化底蕴,两千五百多年的历史风烟在这里凝聚成无尽的文化层积。说起苏州,人们不能不想到其园林胜迹、古桥小巷,不能不谈及其诗文画卷、评弹曲艺,不能不提到其丝绸刺绣、工艺珍品,如此等等。从物的层面上去看,园林美景、丝绸工艺、路桥街巷这些文化活化石,映显了苏州人丰硕的文化创造成果,生动地展示了其千年的辉煌。翻开苏州这本大书,首先跃入眼帘的就是这些物化的文化结晶体。外地人触摸苏州,大约更多的是从这一层面上去接受。这是一个当然的视角。再从人的层面上去看,赫赫有名的苏州状元,风流倜傥的苏州才子,儒雅淳厚的苏州宰相,巧夺天工的苏州匠人……在中国文化史上亦称得上是一大文化奇观。特别是在明清时代,其耀眼的光芒照亮了东南大地的星空,总为人们所津津乐道。从人到物，由物及人，这些厚厚实实的文化存在，就是人们在凝视苏州时所注目的两大焦点。当展读苏州这本大书时，那些活泼泼的文化人物与活生生的文化创造物，就流光溢彩般地凸显在眼前。作为在中国文化史上具有重大影响力的苏州地域文化，其文化的丰厚性不仅在于其（自然）文化生态的意义上，也不仅在于其具有诸如苏州园林、苏州刺绣这种物化形态的文化产品上，更在于其文化创造主体的庞大与文化创造精神的活跃，在于其文化性格的早熟与文化心理的厚重。自古以来，苏州就是一个文化重镇，散发与辐射出浓厚的文化气息。这里产生过、活动过、寄寓过数不清的文化名人，从文人学者到书家画士，从能工巧匠到医坛圣手……这里学宫书院林立，藏书楼阁遍布，到处都呈现出生生不息的文化创造与永不停顿的文化传播。这种文化承传与延递，从未湮灭或消沉过。

接近一座城市，就像是打开一本包罗万象的书；感受她是一种享受，而要内在地理解她，则又需要拥有健全的心智。读解一座城市，既是容易的，又是困难的，特别是在读解像苏州这样一座文化古城时，其情形就更是如此了。正是为了帮助读者去充分阅读与深入理解苏州这一文化存在，于是便有了这一套"苏州文化丛书"。

感谢丛书的作者们，他们辛勤的劳动，为我们提供了一套内容丰富的文本。之中，经过他们的爬梳与整理，捧献出大量的阅读资料，并且从其自身的特定视角出发，阐释了其对于苏州文化的认识与理解。作为对苏州文化事实知之不多或知之不深的外地读者来说，这等于提供了一个让其接近苏州文化母本的间接文本；对于熟知苏州文化的读者特别是本地读者来说，则是提供了一个"奇文共欣赏，疑义相与析"而便于展开共同讨论的文本。这对于扩大苏州文化的影响，对于深化关于苏州文化内涵的理解，都是甚有益处的。

有一千个读者，就会有一千个哈姆雷特。对于每一个文本的理解，都是一个独特的视角，都是一种个性化的文化理解方式。就"苏州文化丛书"而言，重要的不在于希望读者都能同意与接受作者们对于苏州文化的这种阐释，而在于希望他们能够从这些读解中受到某种启发，从而生发出对于苏州文化进一层的深入认识。正像有人所说的那样，你从这些资料中读出一二三四五，而他人则可能从中看出六七八九十。重要的不在于从这种读解中所得出来的结论，而在于对这种读解过程的积极参与，体现出对当下苏州文化的热爱。如果能在这种不断往复的文化探询中，达到某种程度上的视界融合，并对苏州现代化的伟大实践产生积极的推动作用，那么，这就正切合编辑出版这套"苏州文化丛书"的初衷与主旨了。

读解苏州，这是一项颇有意义的文化工作，既有其文化学上的意义，又有其重要的现实功能。读解苏州文化，并不仅仅在于发思古之幽情，更在于要在历史文化与现实发展之间寻找到一个连接点。纵观历史，苏州有着丰厚的文化底蕴；审视现实，苏州正率先进行着宏大的中国式现代化建设之实践。在这一历史与现实的衔接中，大力加强文化开发和文化建设，无论怎样评价其对于推动当下中国式现代化建设的重要意义都不会过高。而读解苏州文化，理解本地域文化的自身特点，正是建设文化大市的一项基础性的工程。文化苏州，文化兴市。文化——这是苏州的底蕴、源泉、特色和优势所在。中国早期资本主义的最初萌芽，为什么会萌发于明清时期的苏州一带？享誉中外的乡镇工业的"苏南模式"，为什么会出自苏锡常这一苏南地区？新加坡政府在反复的比较论证后，为什么会选择苏州作为其合作建立工业园区的场址？名闻遐迩的"张家港精神""昆山之路"，为什么能产生于苏州地域？在这里，人们可以寻找出许多别的什么理由，但有一点是共同的，那就是苏州有着非同寻常的文化沃土。读解苏州，就是读解苏州文化，不仅注目于其物质文化的层面，更是要从读"物"的层面进入读"人"的层面，读解其内在的文化精神，并在这种文化传承中实现文化的大发展，创立体现当代精神文明水平之"苏州文化模式"，从而推进苏州现代化建设之伟大进程。

书有其自身的命运；书比人长寿。"苏州文化丛书"首次出版时，是以二十世纪末的视角对苏州文化的一种读解，在某种程度上代表了我们这一代人对苏州文化的当下理解和集体记忆。她是一群文化研究工作者在世纪之交对苏州文化的整理和总结，当然也带有对二十一世纪苏州文化的展望与畅想。读解苏州，是读解一种文化存在，读解一种文化精神，而其"读解"之自身亦体现为一种文化创新活动。只要人们的文化创造活动没有停止，那么，这种读解工作就不会有止境。我们热切地期待着人们对她的热情关注、充分参与与积极回应。

值此"苏州文化丛书"修订出版之际，我们还要向丛书初版的组织者、主持者高福民先生和高敏女士，向支持与关怀丛书初版的梁保华先生和陆文夫先生，致以我们深深的敬意！他们所做的惠及后人的工作，为这套丛书打下了良好的基础，从而使这次进一步的修订完善成为可能。

陈长荣
（苏州大学出版社编审）
2024 年初夏

目录

contents

关于苏州民俗 …………………………………… 1

◎ 农桑稻作 ◎

春牛芒神祈丰年
　　——苏州的稻耕民俗 …………………… 5

一网鱼虾一网钱
　　——苏州渔民的习俗 …………………… 15

采桑摘茧说蚕事
　　——苏州蚕农的习俗 …………………… 24

上梁立柱兴家园
　　——苏州的造房习俗 …………………… 31

粗汉野民造船匠
　　——苏州的造船习俗 …………………… 37

婚丧难离轿盘头
　　——一种古老的职业 …………………… 44

艺花人家花里眠
　　——山塘的种花习俗 …………………… 49

◎ 日常生活 ◎

美哉江南米 …………………… 58
鲜矣太湖鱼 …………………… 67
小吃诱人翻花样 ……………… 73
喝茶喝出名堂来 ……………… 78
醇酒佳酿蕴文化 ……………… 84
粗衣美服皆风情 ……………… 92
楼台俯舟楫
　　——苏州的民居 ………… 104
舳舻过画桥
　　——水乡的交通 ………… 113

◎ 民间信仰 ◎

驱蝗刘猛将 …………………… 129
佑渔大禹王 …………………… 135
灵旗社鼓说迎神
　　——苏州的出会 ………… 143
五日财源五日求
　　——吴地的财神 ………… 150
吴郡百业有神佑
　　——苏州的行业神信仰 … 156
荡志耗财的上方山庙会 ……… 170

颇含喜剧精神的轧神仙 ………………… 176

◎ 人生礼仪 ◎

古婚制的活化石
　　——苏州传统婚俗 ………………… 184
从纳采到迎娶
　　——旧婚俗中的六礼 ……………… 191
情寄同心结
　　——苏州婚俗中的祝愿象征 ……… 196
意寓柔糯甜
　　——苏州婚俗中的求吉意蕴 ……… 201
"媳妇气煞骂媒人"
　　——婚嫁陋俗种种 ………………… 209
迎接新的生命
　　——民间的生养习俗 ……………… 218
初涉人世的仪式
　　——满月和周岁 …………………… 225
祈盼福寿的心香
　　——生日与寿辰 …………………… 230
灵魂观念和殡葬习俗 …………………… 235
预营后事与喜丧观念 …………………… 242
死出风头为炫耀 ………………………… 245
隆重点主明继承 ………………………… 252

◎ 文体娱乐 ◎

春信微茫何处访
　　——苏州的探梅习俗 …………… 260
荷风送香招画舫
　　——苏州的赏荷习俗 …………… 262
石湖串月波万迭 ………………………… 265
四季郊游乐无穷 ………………………… 268
鸣虫飞鸟皆成趣 ………………………… 274
摩拳擦掌校水龙 ………………………… 279
村民湖滨竞击石 ………………………… 283
闲人野外看春台 ………………………… 286
吴歌声声传千古 ………………………… 291
旧时的儿童游戏 ………………………… 300
茶馆·书场·戏院 ……………………… 306
私塾·船学·文邦 ……………………… 310

◎ 岁时节令 ◎

人事自循新岁例
　　——年俗渊源 …………………… 320
屋尘收拾号除残
　　——掸尘习俗 …………………… 324

灶君朝天欲言事
　　——送灶习俗 ………………… 327
总把新桃换旧符
　　——春联习俗 ………………… 332
从《祝福》说起
　　——苏州年夜习俗 …………… 337
由"爆竹"道来
　　——苏州的岁朝习俗 ………… 342
火树银花贺上元
　　——元宵的来历 ……………… 347
灯月迷离夜阑珊
　　——灯节的故实 ……………… 351
"不禁夜"和"走百病" ………………… 357
"清明节"与"寒食意" ………………… 361
节分重五何自起
　　——端午起源 ………………… 367
青箬黄粱入金盘
　　——粽子由来 ………………… 373
碧艾香蒲处处忙
　　——端午的祛毒习俗 ………… 376
穿针弄影河汉长
　　——苏州的乞巧习俗 ………… 380

一年明月今宵圆
　　——苏州的中秋习俗 ················· **384**
醉把茱萸仔细看
　　——苏州的重阳习俗 ················· **390**
相传冬至大如年
　　——苏州的冬至习俗 ················· **396**

主要参考书目 ························· **402**
后记 ································· **405**

关于苏州民俗

有位专家曾经说过:"要研究中国民俗,不了解苏州民俗不行。"这一论断揭示了苏州民俗在中国民俗文化中的地位。我很赞同他的话。

苏州民俗具有如此重要的文化地位绝非偶然,这是由苏州悠久的历史、繁荣的经济和发达的文化决定的。

1985 年,考古工作者在吴县东山(现苏州吴中区东山)西南的太湖三山岛上发现了总面积 700 多平方米,实掘面积 36 平方米的旧石器时代晚期遗址,出土了 5 000 多件打制石器,找到了数万年前人类在太湖流域活动的踪迹。至于新石器时代的遗址,苏州近郊吴江、昆山、常熟、张家港等地均有发现。这一切都说明,早在泰伯、仲雍南奔之前,这里的先民已经开始了创造古代文明的历史进程,并形成了"断发文身""刀耕火种"等特有的民俗。后来泰伯、仲雍在此建立了吴国,公元前 514 年更建起了阖闾大城,即今日苏州城的前身,同时他们也带来了黄河流域的某些习俗,并将其熔铸到当地的民俗之中。

民俗是一种具有传承性的文化,苏州也是中国民俗文化历史源头众多溪流中的一条。这从苏州人对某些习俗的特别解释中就可以看出,例如关于端午习俗的起因,其他地方都将其归诸战国时期楚国的屈原,而苏州人却认为,那是源于对春秋时遭吴王夫差迫害的伍子胥的纪念。再如丧葬中死人脸上都要盖绢帛或纸张的习俗,苏州人认为,那也是吴王夫差留下的习俗——夫差曾是大有作为的君王,可惜后来他不听忠言,好大喜功,东征西伐,穷兵黩武,错杀忠良,嬖近佞臣,又沉溺酒色,贪图享乐,结果败于笠泽(太湖),被越王勾践囚于姑苏之山,落了个自刎的下场;临死还要以席蔽面,嗟叹:"吾无面以见子胥。"从此,吴人死后就都要以物遮脸了。

苏州经济繁荣,自古就是闻名遐迩的鱼米之乡、丝绸之都。商周时,鲥鱼就是古吴之地向中原王朝进献的贡品;西晋时,这儿的稻米已成了国家税赋的重要内容;隋唐以后,苏州大米更是源源不断地大量北运,以供京师之需,并远销各地。吴地生产的丝绸,曾作为吴国使臣分赠各国的礼品,后来又传入日本、朝鲜,还经由菲律宾,运抵大洋彼岸的墨西哥,再传至秘鲁、阿根廷、智利等国以及中美洲、加勒比海一带。

苏州的繁华,使它成为我国产生资本主义萌芽最早的地区之一。这种新的生产关系萌芽的出现,必然导致新的社会阶层的产生,以及与之相应的新习俗的涌现。这些新的习俗也必然会随着当时资本主义在其他地方的蔓延而流播各地。繁荣的经济提高了苏州在国内外的声誉,也扩大了苏州民俗文化在各地的影响。

繁荣的经济不但对苏州文化的发展提出了要求，而且也为它的发展提供了坚实的物质基础。仅从苏州历史上高中状元的人数，就可以知道苏州人对文化、教育的重视程度。从隋唐科考始，至清末止，苏州（连同郊县）共产生了五十多名状元，得中状元以下各种功名的人，更是不计其数。这不能不使人叹为观止！学而优则仕，这些科举出身的苏州人，大多都会被封建王朝起用。这样，苏州在文化教育上的优势，又转化成了政治上的优势。

苏州经济、文化的繁荣，致使到外地经商、做官的苏州人源源不断，也使苏州民俗得到了流播外地的机会。同时应该看到，这些苏州人是作为富商、官僚，有文化、有钱财的人在各地出现的，往往被人称羡；他们这种特殊的地位，加上苏州在外地的声望，使得从他们身上体现出来的苏州民俗，也引得当地人争相仿效。人们在仰慕苏州经济、文化的同时，无形中也就认同甚至有意地去模仿苏州的习俗了。民俗文化犹如流水，它必然会从经济、文化、政治势位高的地方流向势位低的地方。

最有个性的文化往往也是最有影响力的文化。苏州民俗在我国民俗文化中之所以占据如此重要的地位，还因为它是极具个性的民俗。

苏州民俗带着浓厚的江南水乡韵味。苏州这块古吴之地，抱湖背海，河荡密布，滚滚长江从它身边流过，自古以来就是水乡泽国。可以说，水是孕育吴地生命的源泉，更是吴文化的精灵、魂魄。水使稻耕渔猎成为吴地最早、最基本的社会生产活动，同样，苏州人的生活、信仰、文化娱乐等各方面的习俗，也几乎无不与水和以水为基础的稻耕渔猎相关。连苏州姑娘柔润细嫩的皮肤，苏州人的吴侬软语，也和水密不可分；那柔中有刚、刚柔相济的苏州性格，更是由水的千年浸润而造就。有学者说，吴文化就是水的文化，这是很有见地的论述，细细品味，苏州民俗确实带着浓郁的江南水乡韵味。

苏州民俗具有丰富细腻的特点。水乡泽国，四季分明，是苏州自古至今最为显著的环境特征。渔猎、稻耕曾是苏州最基本的社会生产活动。水，至柔至软，无形无状，但是如果不谙水性，纵然是勇猛无比的武夫，也仍免不了灭顶之灾。吴地先民在长期和水打交道的过程中，知道了凡事光凭猛劲是无济于事的，只有耐心去熟悉事物的特性、规律，才能驾驭它，使之为己所用。鱼在水中游动，来去无踪，不掌握鱼汛的规律，没有耐心的等待，是捕不到鱼的。水稻生产更是万万焦躁不得，春种夏收，勤奋耕耘，水多了要排，水少了要灌，还要除草、驱虫。千百年来，苏州这种独特的自然环境和特殊的渔猎、稻耕生产，将苏州人的心肠磨细了，将他们的性格磨柔了，也把他们的心灵磨得和水一样灵动秀慧。苏州民俗就带着这种细腻的特点。渔猎、稻耕以及蚕桑、刺绣等，这些江南水乡特有的生产劳动习俗本身就充分体现了这个特点。与生产劳动相关的一系列习俗，如生活、信仰、节令等，也无不带着苏州这种丰富细腻的特点。

苏州民俗充满了重教崇礼的气息。苏州历史上曾是"好剑轻死"的"戎蛮之地"，泰伯、仲雍给吴地先民带来过中原文化，使他们受到了"黄河文明"的沐浴。聪明的"吴人"又在自己长期的社会实践中认识到，匹夫之勇解决不了什么问题，斗勇不如斗智，兵刃之利不如财物之饶，而要富裕、想发展，又非得靠自己的聪明才智不可。在重农轻商的时代，苏州人却发出了"农事之获，利倍而劳最，愚懦之民为之；工之获，利二而劳多，雕巧之民为之；商贾之获，利三而劳轻，心计之民为之"（顾炎武《天下郡国利病书》）的感慨，商业活动显然需要具有比农耕更为灵活的头脑、更多的聪明智慧。这些认识引起了苏州人对文化、人才、教育的重视。同样，暴力可以不讲任何规则，而智慧的较量和经济的竞争，却非有大家共同遵守的"游戏规则"不可，这又引起了苏州人对"礼仪"的重视，使苏州成了著名的礼仪之城。

苏州民俗也有迷信、奢靡的弊端。古书云："江南……其俗信鬼神，好淫祀。"（《隋书》卷三十一志第二十六）"吴俗信鬼，病必延巫……"（毛祥麟《对山书屋墨余录》，转引自姜彬《吴越民间信仰民俗》）古代太湖流域的自然环境是十分险恶的，洪水泛滥，蛇虫为害，疠疫流行……在生产力水平十分低下、征服自然的能力非常有限的时代，许多自然现象、社会现象人们都无法解释，他们也无法战胜疾病和灾难。于是他们只能到神鬼世界中去寻找答案，到虚幻的世界中去求得力量，许多民间信仰和崇拜就这样产生了。到了汉代，佛教传入，道教兴起，佛道两教在苏州的活动都十分活跃，对民间生活影响巨大，许多宗教迷信的东西也融入民俗之中。而民间习俗一经形成，就具有相对的稳固性，被长期地传承下来。这就使苏州民俗带有了迷信色彩。

古人曾经惊叹："天下饮食衣服之侈，未有如苏州者。"（常辉《兰舫笔记》）"若夫民俗淳庞，浸浸变矣！屠沽盈市，博讼日兴，下人衣纨袴。"（《盛湖志》）"吴制服而华，以为非是弗文也；吴制器而美，以为非是弗珍也。四方重吴服，而吴益工于服；四方贵吴器，而吴益工于器。是吴俗之侈者愈侈，而四方之观赴于吴者，又安能挽而之俭也。"（张瀚《松窗梦语》卷四）苏州经济的繁荣发展，必然对人们的生活形态与行为模式产生巨大影响，富足的物质生活必然促使民风民俗发生或迟或速、或微或显的变化。由"俭"而"侈"，一方面是经济、文化繁荣的必然结果；另一方面，苏州素有"人间天堂"之称，它的富裕、秀美引来许多富商大贾和士绅官僚来此定居，这些人生活奢华铺张，他们对苏州奢靡习俗的形成也起了推波助澜的作用。

苏州从来不是一个闭锁保守的地区，它一直和外部世界保持着千丝万缕的联系。上面已经提到，经济的繁荣和文化、政治上的优势，使苏州到外地经商、做官的人特别多，这些人无形中就担负起了和全国各地进行文化交流的使命。同时，苏州也吸引全国各地众多的商贾来买卖交易。唐代的枫桥，已成了远近闻名的米市。元代的太仓，就有了"六国码头""天下第一码头"的称号。明清之际，苏州更"为水陆冲要之区，凡南北舟车，外洋商贩，莫不毕集于此……近人以苏杭并称为繁华之都，而不知杭人不善营运，又僻在东隅，凡自四远贩运至者，抵杭停泊，必卸而运苏……"（纳兰常安《宦游笔记》卷十八）"苏州为东南一大都会，商贾辐辏，百货骈阗，上自帝京，远连交广，以及海外诸洋，梯航毕至。"（《陕西会馆碑记》）苏州阊、胥等地还出现了南濠、许市、枫桥等许多著名的商市，"阊门内外，居货山积，行人水流，列肆招牌，灿若云锦"（孙嘉淦《南游记》）。"南濠在苏州阊门外，为水陆冲要之区"（纳兰常安《宦游笔记》卷十八）。从各地涌入苏州的无数客商，不但为苏州习俗所潜移默化，从而将这些民俗带回家乡，而且他们也将各地不同的习俗带到了苏州，并为苏州民俗所吸收、融会，使苏州民俗带有了较强的兼容性和较广的涵盖面。

民俗文化是一种民间文化，是一种俗文化，人人皆知，处处都有，但民俗文化蕴含的内涵却是十分丰富的。对民俗文化的研究，可以上升到文化人类学的高度，涉及民族学、社会学、历史学等众多学科。《苏州民俗》是一本以普及为目的、以学术性为指导的书。因此，本书在向读者介绍苏州民俗概貌的同时，也试着对某些民俗事象作一点粗浅的理论分析和历史溯源的尝试。但是，如何把握学术性和普及性的尺度，却是十分困难的事。本书在这方面做得怎样，只有请读者来评判了。

民俗的领域十分广阔，限于篇幅，本书只写了行业习俗、生活习俗等六个方面。即使从这六个方面而言，也只能对较有苏州地方特色的一些习俗作些粗浅的介绍。

笔者曾经提出过一个民俗事象功能结构的理论，认为民俗事象的功能是多方面的，例如迎神赛会，尽管最初的出发点是敬神、娱神，具有宗教信仰的功能，但到后来，它又有了娱乐群众、集市贸易、道德教化等功能；因此，每个具体的民俗事象都是多功能的复合体。正因为此，要对具体的民俗事象进行分类就变得非常困难。本书分为六个方面来写，也只是就所写民俗事象的主要功能而言，它们之间往往相互交叉、渗透，难以截然分清。

观风俗而知得失。笔者希望通过本书，让读者了解苏州民俗的大概，知道我们的前辈是怎样生活的，同时也希望本书能对移风易俗、重铸苏州人性格以及开发民俗旅游资源等起到一点借镜作用，对建设中华民族现代文明作一点微薄贡献。书中谬误之处在所难免，希望得到专家和广大读者的批评指正。

蔡利民

2023 年 8 月

于姑苏梦飞阁

◎ 农桑稻作 ◎

苏州民俗 >>>

生产劳动是人类社会得以存在的最基本的条件，也正是由于这种社会性的生产劳动，才使人类最终从动物界中分化了出来，也才产生出了作为人类生活形态模式的文化——民俗。因此，生产劳动的民俗是民俗文化最基本的内容。行业习俗较之于生产民俗，范围还要宽泛一点，这里介绍的就是苏州的行业习俗。

气候温润，四季分明，雨量充沛，河网交错，这样的自然条件最适宜于水稻生产。千百年来，吴地先民就是仰仗于稻米这种基本作物繁衍生息，并且创造出了绚丽多彩的吴文化。吴地生产的稻米，不但养育了太湖流域千千万万人，而且早就食而有余。西晋文学家左思在《吴都赋》中就有过"国税再熟之稻，乡贡八蚕之绵"的赞叹，可见当时吴地稻米、蚕丝已经成了国家的重要税赋和贡品。隋唐时，苏州更成了中央政府的重要粮仓，大批稻米北运供京都之用。唐代著名诗人杜甫有诗云："云帆转辽海，粳稻来东吴。"当时吴中大米，不但通过运河，还从海上源源不断运往北方。宋代郏亶在给朝廷的奏章中也说："天下之利，莫大于水田；水田之美，无过于苏州。"所以，民间素有"苏湖熟，天下足"的民谚和"东南之计，仰给于此"的说法。

鱼儿离不开水，水乡泽国自有鱼鳖之利。吴地自古"民食鱼稻，以渔猎山伐为业"（《汉书》卷二十八下），吴地的渔业生产在夏商之际已十分发达。古籍曾有向商朝进献"吴鲴之酱"的记载，从西周成王时始，吴地的鲍鱼就成了向西周宫廷进献的贡品。明清之际，南濠鱼市十分发达，商贩们从这里将苏州鱼虾直接运销到各地。鱼在吴地先民生活中占有非常重要的地位，曾是他们重要的食物。尽管后来稻米成了吴民的主要食粮，鱼依然是他们餐桌上的佳肴，渔业依然是太湖流域重要的行业。

苏州又被世人誉为"丝绸之乡"。1958年，我国考古工作者在苏浙交界的湖州吴兴区钱山漾，挖掘出了距今有4 700多年历史的家蚕平纹织物。1959年，在苏州吴江梅堰，也出土了一批陶、石纺织工具，其中有丝绞纹和蚕形纹的黑陶和骨针、纺轮等。这一切说明，至少在中原地区传说嫘祖开始养蚕时，太湖流域也已经开始蚕桑生产了。到春秋战国时期，吴地的蚕桑生产更有巨大的发展。公元前544年，吴王余祭之弟季札到中原诸国考察、观礼，分送各国的礼物，就是丝织品"缟带"。吴王僚当政之时，吴、楚两国边界上的妇女争夺蚕桑，竟成了战争的导火索，可见当时蚕桑在国民经济中的地位。直到如今，丝绸依然是苏州重要的支柱产业。

陆上的农耕蚕桑者需要造房，水上的渔猎者需要造船。因此，造房和造船可以说是苏州最古老，也是最主要的匠作。

水乡难通车马，除船之外，轿一度曾是苏州重要的代步工具，"轿盘头"竟也成了晚清时苏州的一业。

苏州人对美的追求，更使种花、卖花都成了一种糊口的行当。

别具苏州特色的行业习俗，既反映了人们在生产力十分低下时的几分无奈，也显露了苏州人的聪明智慧；既有他们在战天斗地中积累起来的点滴经验，也有他们对丰收的企盼、对生活的热爱和对安居乐业的向往。

春牛芒神祈丰年
——苏州的稻耕民俗

"一年之计在于春"。春天对于农业生产的重要性是不言而喻的。没有春天的播种,哪来秋天的收成?所谓"春种秋收""春华秋实",就是这个意思。"不误农时",这是我们的先人千百年来的遗训,春天正是一年中最为重要的农时,如果错过了春天这一播种的季节,那么,这一年就算是白过了。所以自古以来,农民们就非常看重春季的到来,我国民间一向把立春看作是春天的开始。

立春是二十四节气中的第一个节气,大致在农历的腊月至正月间(公历的2月4日前后)。立春以后,我国大部分地区开始东风吹拂,冰雪消融,草木复苏,大地回春。立春说明春季已经来临,而对于农民们来说,也就意味着应该开始准备春耕春种了。因此,知道何时立春,是十分重要的事情:立春就是一年农事即将开始的信号。

春天给大地带来了新的生机,也给人们带来了新的希望。因此古代有"迎春"的习俗。据史书记载,这时天子要"亲率公卿诸侯大夫以迎春于东郊"(《太平御览》卷五十)。在周代,是由天子亲自率领三公九卿、诸侯大夫到都城东郊去举行迎春仪式、祈求丰收的。

过去的苏州,迎春习俗也十分盛行。清时,每逢立春,连官府也要大起忙头。立春的前一天,苏州知府要率领长洲、元和、吴县三县的知县,到娄门外的柳仙堂去行迎春之礼,迎芒神和春牛。苏州人迎春之所以要到娄门外,概因娄门在苏州城东。迎春的队伍,从道前街府衙门出发,经护龙街(今人民路)、东北街,出娄门而去(后来因为这班老爷怕坐轿疲惫,就只到拙政园附近的"迎春坊"了)。

迎春时,仪仗隆盛,还有许多民间艺人,扮成"昭君出塞""西施采莲"之类的戏文中的人物,尾随其后。迎春队伍里最出风头的,则是一条头上扎着漂亮彩球的春牛。其时,男女老少,观者如市。人们还要争相上前去摸春牛,苏州民间有"摸摸春牛脚,赚钱赚得着"的谚语。

过去,立春前,苏州街上还有芒神春牛塑像出售,人们争相购买,带回家去,供在堂屋里。芒神即是传说中鸟身人面、主管农事的勾芒神。迎春所迎的,主要也就是这位芒神。在农民基本上还是靠天吃饭的时代,要想获得丰收,除了自己的勤勉,也只能寄希望于勾芒之类的神灵了。但是,勾芒春牛塑像还有它实用的价值。

过去不像现在随处可翻日历,更无天气预报,老百姓也不懂历法,何时立春是由官府史官根据天文历法推算出来的。为了将立春的时间及时告诉老百姓,当时有"示农牛"的风习。早先,土牛的身边塑着男女两个农人,他们手执锄头,站在土牛旁边,人们用这种泥塑作为送寒、迎春的象征。后来,土牛边上的偶像换成了古代传说中主管农事的勾芒神。人们从芒神和春牛两者之间的不同位置,可以知道春日的早晚。如果立春在农历十二月十五日左右,那么偶像就在土牛前,表示今年农事也早;如果立春在正月十五日左右,那么偶像就在牛后,表示农事也晚;如果立春在岁末年初,那么偶像和土牛并列,农事也平。官府用这种方法来预告立春的早晚和农事的安排，这就是古代"示农牛"的习俗。古诗云："土牛呈岁稔，彩燕表年春。"（曹松《客中立春》）正是"示农牛"风习的真实写照。"示农牛"，意在兆时，表示春天的到来，所以人们又将它叫作"春牛"。

古代对这种春牛的制作还非常有讲究。春牛要以桑木为骨架，在冬至节后的辰日取土塑成。春牛还有统一的尺寸，要身高 4 尺①，长 3 尺 6 寸，头尾全长 8 尺，象征四时八节三百六十五天。对捏制春牛所用泥土的颜色，也都有规定：城东的春牛要用青色，城南要用赤色，城西要用白色，城北要用黑色。当然，随着时代的变迁，这种种规定也不时发生着变化。

"示农牛"的习俗由来已久，据文献记载，大致在商周时已有。到了宋代，又盛行起鞭打春牛的习俗，并一直流传到明清。

鞭打春牛，又叫作"打春""鞭春"。鞭打耕牛是农事的象征，具有劝农的意思，后来更发展成祈祷丰年的风俗，过去在我国汉、蒙、满族等地区都颇流行。立春日，各地知县要在芒神、土牛前奉上果品，恭行祭祀；到正午时分，知县用柳树棒做成的鼓槌儿，即春棒，击鼓三声，然后用牛鞭击土牛三下。牛鞭以五色彩丝编成，或用柳枝制作。知县鞭牛时，吏、民一起敲起鼓来，这时群情欢动。此后，知县将春棒传递给他人，吏、民以此递相击牛，直至将土牛击碎为止。俗传土牛碎泥可以治病，得之有利于蚕事，所以土牛一经击碎，人们便群起而争，这时欢声雷动，气氛达到了最高潮。有的地方以秫秸彩纸糊扎春牛，并且预先在牛肚子里藏入稻、麦等五谷，当用柳条鞭打

---

① 1 尺约等于 33 厘米，1 寸约等于 3.3 厘米。

春牛时，纸糊的春牛立刻"皮开肉绽"，五谷马上从牛肚内流出来，象征着五谷丰登，谷流满地。

过去立春这天，苏州一府三县的老爷们都要聚在府衙门里举行祭芒神、春牛的仪式。府衙门的天井里演着昆剧，老爷们坐在堂中看戏，面前的桌上摆放着十六盆精美的茶食、果品，边吃边看，到戏演完，就要举行别有情趣的"打春"仪式了。此时，立春土牛陈列在太守府堂，太守手执彩鞭，一鞭鞭抽向土牛；围观的农民，也掏出随身带来的麻麦米豆，奋力抛打春牛，直到将土牛击碎为止。

打春习俗，蕴含着对勤劳农耕的劝勉和对五谷丰登的期望。

立春前后，苏州人还有吃春饼的习俗。当时的春饼究竟是怎样一种食品，现在已难确定了，但从清人《咏春饼》联句中"薄本裁圆月，柔还卷细筒"之句来看，也许就是我们今天仍在食用的春卷。

和农业生产关系密切的还有礼神和稷神。

我们的祖先早就认识到"人非土不立，非谷不食"的现实。社，就是土神；稷，就是谷神。社稷就是土谷之神。在以农立国的古代，社稷甚至被当作国家的象征。过去民间也到处都有土谷祠。每年立春后的第五个戊日，民间还有祭拜土神和谷神的春社活动。这是一个盛大的节日，人们准备了丰盛的食物来飨神，还要演出丰富多彩的文艺节目来酬神。当然，大家在飨神之后也有一顿美餐可以享受；在娱神的同时，也能得到丰富的娱乐。

江南农村每至社日还要演戏给神看，这就是社戏。这种社戏发展到后来，已不限于社日演出了。春季二三月间，农事之前，人们搭台于旷野，聚钱演戏，众人围观。在苏州地区，人们把它叫作"春台戏"，但酬神祈丰收的本意仍然没变。"宝炬千家风不寒，香尘十里雨还干。落灯便演春台戏,又引闲人野外看。"蔡云《吴歈》这首古诗,把当年野外搭台演戏的民间习俗形象地描写了出来。

秋天还有一个社日。当人们经过了艰辛的劳动,终于获得了丰收,秋社之日他们又要祭拜土谷之神,感谢神灵的佑福,表达丰收的喜悦。那该又是一个多么欢乐的节日呀!

其实,除了迎春、打春,祈祷芒神、社稷神外,企盼五谷丰登的民俗还有许多,几乎四季不断。

每年的农历正月初一,苏州郊区的农民有早起"看风云"的习俗,如果这一天"风自东南来,则岁大稔。东次之,东北又次之,西则歉。西北有红、黄云则稔,白、黑则歉"(顾禄《清嘉录》)。人们还认为,这一天天阴最好,民间有"岁朝乌六秃,高低田稻一齐熟"的谚语。此外,民间还有正月初七是"人日",初八是"谷日"的说法。正月初八黄昏时分,农民们要仰看天上参星的位置。俗语云:"参星参在月背上,鲤鱼跳在镬樞上(意谓将发大水)。参星参在

春耕

秋收

月口里，种田种在石臼里（意谓将干旱）。"这两种情况当然对农事都极为不利。而惊蛰闻雷，却是丰收的预兆，所谓"惊蛰闻雷米似泥"。不过要是雷动于未交惊蛰之前，那又不好了，所谓"未蛰先蛰，人吃狗食"。

到了正月十五，苏州四郊农村都要做团子"谢灶"。民间俗信认为，灶神主一家祸福，人们对灶神自然只能多多表示谢意。但"谢灶团子"却另有寓意，农民们把这种团子叫作"稻棵团子"，要做得大，越大越好，做得越大，将来田里的稻棵也会长得越大。稻棵长得大，当然是所有农民的希望。

正月十五这天晚上，还有"点田财"的习俗。点田财，苏州一带又据方言谐音说成"点点赚"。白天，各家农户忙着扎火把，种稻的用稻草，种棉的用麦秆或干棵，火把中拌有食油渣和锅底灰。入夜，每户一人，大多是十岁左右的孩童，擎了点燃的火把，到自己的田里奔走，边跑边挥动手中的火把，遇有田里残留的干草，就将它点燃烧掉。孩童们从各自的家门中雀跃而出，前呼后应。这时，广阔的田野里，到处是星星点点的火把，在舞动，在闪烁，十分好看。孩子们边跑还边唱着点田财的山歌，常熟白茆有一首山歌是这样唱的："点田财，点田财，点到吾俚田里来。吾俚田里大棵稻，别人家田里牛毛草；吾俚淘箩霄天高，别人家淘箩荸荠大；吾俚床上大红被，别人家床上蓑衣盖身体。"这歌似乎有点只顾自己、不管别人的嫌疑，境界不高。还有一首山歌格调要高一些："点点赚，赚赚赚，开仔新年大发财。稻棵长得茭白大，谷粒绽得要爆开！点点赚，赚赚赚，开仔新年大发财。棉萁长得树干粗，棉花堆得像银山！点点赚，赚赚赚，开仔新年大发财。六畜兴旺圈里满，合家安康消灾难！"他们在柴把烧完之前，都要续点上另一个，不使它熄灭。最后，手持烧着的柴把回家，先绕屋子一圈，然后在河滩、猪棚、鸡棚等处走一圈，最终回到屋里，将燃着的柴把放进灶膛。有些孩子还在点田财时燃放爆竹，将十五夜的气氛点染得更加热烈、欢快。人们相信，点田财能烧掉晦气，带来好运；其实，点田财时将田间的干草以及留下的植物根须都烧掉后，增加了田里的肥料，又烧死了这些野草根须里的虫卵，新年的庄稼当然会长得更旺。

有的地方，如吴江同里等，过年前有"熜熜田角落"的习俗，其实就是"点田财"的变异形态，虽然称呼不同，施行的时间也不同，但大致做法和所蕴含的内容都是一样的。

苏州农谚云："清明谷雨紧相连，早稻地区种秧田。"到了农历的三四月份，江南稻作区就进入了农忙季节，农民们要做秧田、播谷，要锄地、灌水，然后便是莳秧。莳秧就是将育成的秧苗从秧田中移栽到水田里去。农谚道："娘好囡好，秧好稻好。"因此农民们对莳秧极为重视，他们将第一天莳秧叫作"开秧门"，莳秧结束的一天，叫作"关秧门"。开秧门这一天，苏州各地的农民大多有喝"开秧门酒"的习俗，菜肴也特别丰盛，而且一定要吃菜花头干烧肉，里边一定要留十到二十根不切断的菜花头干，将它们打成个结，表示今后的稻穗也会长得特别大。谁吃到了，大家还要祝贺他"吃到了个大稻穗头"。

有首吴歌唱道：

莳秧娘娘屁股翘，

小白布衫黑褡腰，

菜花头干烧肉兜底超（意谓拣肉吃），

糖蘸粽子呒多少（意谓尽管吃）。

这首吴歌，将莳秧时农村妇女的体态、服饰、饮食习惯以及莳秧时的整体气氛都形象地刻画了出来。

过去农村多有雇佣长工来耕田种地的，民间将农历三月二十八日看作是长工节，可见这是最需要长工出力的时期。这一天，主人家要好好地招待长工，因为稻田里农活的好坏全在长工手里，正如俗语所说："小菜碗在东家娘娘橱里，生活出勒浪我手里。"

到莳秧结束时，人们又要庆贺一番，喝一顿"关秧门酒"。

莳秧结束，稍过几天，农民们要将稻田水面上漂着的柴草捞掉，将浮棵重新插好。此后，便要进行除草、耥稻、耘稻等一系列的田间管理，还特别要注意旱、涝、虫等灾情。

水稻需要充沛的雨水，干旱对水稻生长的威胁最大。但是阴晴水旱都由老天爷说了算，当时人们对此是根本无能为力的。所以，一旦遇到干旱，人们就只能求神拜佛了。

人们曾经普遍认为，龙是掌管雨水的神物，所以江南各地的龙王庙特别多。一遇到久旱不雨，就要向龙王求雨。过去求雨，大抵先由官府贴出告示宣布断屠，即停止一切屠宰活动，不杀生灵，以此来向神灵表示虔诚；一边又请道士斋醮，向上天乞灵。如果断屠七天而仍然不雨，那就要到龙王庙去，把龙王的神像请出来，用箫鼓伴奏，抬了神像到大街小巷以至田野阡陌中去巡游，希望能讨得龙王的欢心而使龙王降雨。苏州评弹《钱笃笤求雨》就形象地描绘了过去这种求雨的场面。

观音常以手执杨柳枝、向人间普洒甘露的形象出现在人们面前，因此遇到天旱无雨，人们也常向观音求雨。过去苏州就有"铜观音求雨"的习俗。如果断屠求雨、道士打醮求雨等闹了一段时间而仍然没有下雨的样子，那么，人们就会想起光福寺里的铜观音。请铜观音的排场特别大，县官派出代表，率领地方上的士绅，雇了十几只船，排下水上仪仗，开到光福镇。到了铜观音殿里，焚香点烛，叩头膜拜，然后将铜观音请到船上，一路上敲锣打鼓，迎回苏州城来。途中人家看见铜观音经过，都摆了香案、供品，大放鞭炮迎送。船到苏州接官厅，还要举行隆重的仪式将铜观音接上岸来，然后送往市中心的玄妙观，供奉在三清殿里。这时善男信女都来烧香膜拜，祈求观音降雨、赐福。苏州城里各个庙内的菩萨也都要排了各种仪仗，到玄妙观来参拜观音。

如果遇有虫情，人们当然就要去祈求驱蝗将军刘猛将了。

经过几个月的辛勤劳动，稻秆上终于结出了黄澄澄的稻穗。

苏州农民将农历八月二十四日看作是稻的生日，要举行"稻生日"的仪式，同时还要煮糯米、制作赤豆团等食品来举行祭祖、祀灶等活动。八月早稻已收，这种祭礼和祭祀中所用的食品，都充分显示了稻谷丰收后人们对神灵和祖先的感激之情。

过去苏州郊县的农村，除夕还有"画米囤"的习俗，即在除夕晚上，以石灰在场上画一个大圆圈，即所谓"米囤"。有的地方不用石灰，而用酒壶将酒浇出一个圆圈来。画米囤就要画得大，越大，今后收成就会越好，放米的真米囤就会越大。

水稻种植工作是相当繁重的，从罱河泥、做秧田、淘谷浸种，到割稻、打场，其间不知要付出多少艰苦的劳动。特别是插秧、耘耥，两腿没入泥水之中，背朝天，脸朝地，上面烈日暴晒，下面水汽蒸腾，还时不时有蚂蟥来吸血叮咬，那种滋味确是难以言表。元代王祯在《农书》中曾记述说："江东等处农家，皆以两手耕田，匍匐禾间，膝行而前，日曝于上，泥浸于下，诚可嗟悯。"在这种艰苦、单调的劳作中，农民们只有用歌声来缓解身体的疲劳，宣泄内心的寂寞和痛苦。

如果你再深入地考察一番，那么你还会发现，江南民间从对鸟、蛇、蛙的原始崇拜到对龙王、猛将的信仰，乃至于江南人民的衣食住行，几乎无不与水稻种植有关，与白花花的大米有关。艰苦的农耕生活和靠天吃饭的现实，使这种习俗传承了几千年。

一网鱼虾一网钱
——苏州渔民的习俗

苏州这块土地处于江湖河海之间,自古以来就是水乡泽国,三万六千多顷的浩渺太湖,更是一只聚宝盆。俗话说:"靠山吃山,靠水吃水",吴地自古"民食鱼稻,以渔猎山伐为业"。种稻当然离不开水,从阳澄湖边草鞋山新石器文化遗存来看,吴地先民种稻历史至少在六千年以上;而鱼更离不开水,看来这里的"食鱼"历史一定比"饭稻"更早,因为渔猎经济总是出现在农耕经济之前的。考古学家也从出土文物中发现了五六千年前先民们从事捕捞的物证,当时已能用类似渔网的渔具到广阔的水域捕捞了。夏商之际,吴地渔业十分发达,鱼类制品早已成为重要的贡品。

鱼在吴地先民生活中占有非常重要的地位,鱼是他们重要的食物。能否捕到鱼,捕到的鱼多还是少,都直接与人们的饥饱相关。正像以游猎为生的鄂伦春族和鄂温克族人将熊视为图腾,祈求它消灾降福、保佑猎业丰收一样,吴地先民也将鱼当成了图腾崇拜的对象,这除了他们要赖鱼食而生存以外,还因为他们发现了鱼类绝佳的种族繁衍能力,人们希望自己的种族能跟鱼类一样生生不息、瓜瓞绵绵。

原始捕鱼的方法比较简单,往往只是在河道浅滩摸捉,或干脆

撒网捕鱼

"竭泽而渔"。后来开始使用鱼梭、鱼镖这类简单的捕鱼工具,并逐渐学会了在河流中堆石或集积枝条的方法,用来截留因水流涨落而往返的鱼类。再后来出现了竹编的渔具,并慢慢发展到"结绳为网"的阶段。大渔船的出现,给太湖捕捞增加了活力。明、清时,太湖捕捞渔业有了更大发展。据《震泽县志》记载,清乾隆时,太湖中"商艘民船往来如织,其中有千斛渔舟,风帆六道,远若浮鸥,近如山涌。又有轻舠似叶,冲风驾浪,出没深波,见者胆寒",已是"渔家处处舟为业"了。太湖渔民在长期和风浪的搏击过程中,形成了自己特有的习俗。这种习俗,是他们长期生产实践经验的总结,又是他们内心世界的真实写照,指导着太湖渔民,度过了一年又一年漫长的岁月。

太湖渔船形制甚多,最大的叫"七扇子",因船上有七道风帆而得名。这种渔船,长约25米,宽约5米,载重在60吨左右,民间传说是由南宋岳家军的战舰演变而来的。相传当年岳飞被奸人所杀,正在南方驻守的岳家军水师闻讯后,为了躲避迫害,相继遁入太湖。他们继续抗击金兵,但粮饷断绝,无以为继,只得将战舰改成渔船,以捕鱼为生,苦度岁月。后来他们的后代慢慢就成了太湖的渔民,从七扇子船上,至今仍能找到当年战舰的痕迹。

还有一种五桅大渔船,渔民俗称为"北洋船",相传是由海洋渔船演变而来的。清代以前,太湖还与江海畅通,这些原在海上捕捞的渔船,春捕黄鱼,秋捕带鱼,冬季海上少鱼可捕,而此时却是太湖捕捞的旺季,它们便驶入太湖捕捞,也有为了躲避战祸与抓丁而潜入太湖的。这些船时而在海上作业,时而到太湖捕捞,成了"海—湖"两栖船。后来随着农桥的建造和水利设施的增多,太湖和江海的水路不再畅通,这类大船桅杆又不易放倒,进出不便,加以海上生产毕竟没有内湖安稳,到了清代末叶,这些船就在太湖定居了。但是,至今太湖渔民仍将这种型号的船只唤作"北洋船",而它们的身上仍遗留着海船的痕迹。

太湖上还有一张三道帆的"三扇头"渔船。这类渔船总长在20米左右,船宽3米多,载重量在25吨至30吨间,是太湖里的中型渔船。除此之外,太湖中还有"钩船"等诸多小型渔船。驾这些小船的,大多是由当地农民演变来的渔民或是农渔兼营者,所谓"滨湖之民,多以捕鱼为业","田事稍暇,男则捕鱼灌园,女则擗绩纺织,谋生之方,不专仰于田亩"(《唐市志》)。

从事捕捞业的渔民按船只大小,渔具、渔法的不同,结成不同的作业团体,渔民们俗称为"帮"。这种帮带有旧式血统部落的痕迹,大船小船之间少有往来,互不通婚;太湖渔民也很少与当地农民进行婚配;而在帮内却存在着相当普遍的换亲现象。不同的渔船也有相对稳定的作业区，如载重六七十吨的大渔船和二三十吨的"三扇子"中型渔船，大多集中在西太湖，钩船等小渔船则散布在沿湖各渔村及东太湖。

太湖渔船主要的捕捞工具是渔网，特别是拖网。拖网船大多成对作业。据清《太湖备考》记载："其捕鱼，联四船为一带，两船牵大绳，前导以驱石，两船牵网随之。"大渔船上一般有七至九个劳动力。"老大"是渔船上的舵手，为一船之主；"看风"在下网捕捞时负责看管航向和网张，大多由年老后退下来的老大担当。摇舢板的叫"挡橹"，由中年渔民担任，是老大的后备军。排网的渔捞手叫"下肩舱"，是技术性较低的粗壮丁。刚参加捕捞作业的青年渔民被叫作"半粒头"，他们相当于学徒，不能顶岗，只能做些辅助性工作。另外每船还配备一两名女工，负责全船的伙食，做些辅助性杂活儿。船上等级森严，这特别体现在吃饭时。渔民餐餐有鱼，大鱼上桌，鱼头要放在老大面前，鱼尾则要放在"挡橹"那边，"下肩舱"吃中段，这已成了渔民们约定俗成的规矩。看起来只是一碗鱼的放置方式，其实这种习俗的形成与湖上的捕捞作业有关。茫茫太湖三万六千顷，渔船在湖上随时随地都可能遇到风浪等不测，鱼汛鱼情又瞬息万变，如果没有统一的指挥，一致的行动，非但无法捕到鱼儿，还会产生翻船溺水之类的危险，所谓"人多遮眼黑，老大多了打翻船"。吃鱼之类的习俗，实为突出船老大的权威，体现了渔民的组织纪律性。

捕鱼必须把握住鱼汛。鱼汛是鱼类因产卵、觅食等而在一定时期内高度集中在一定水域，适于捕捞的时期。同时，风向、水流、水质等气象和水文等鱼类栖息水域的环境情况，与渔场的形成关系密切。所以，对于何时开捕、何时休渔等，都需要有丰富的实践经验才能作出正确判断。同时,天然捕捞是以风为动力的,渔民中有"农民牵三日三夜砻,不及渔民一枷风"的谚语,可见掌握风情的重要。渔民们在实践中摸索到了太湖流域刮风的规律,称它为"风信"或"风报"。"正月半,三官报;正月十二,开印报;二月初二,土地报⋯⋯"根据他们的归纳,全年大致有二十个风信(报),在风信期的前三天、后四天中,将会出现六七级的大风。渔民能够充分利用刮风的机会,扬帆湖上,这样就有可能获得丰厚的回报。

渔民们将长期捕捞实践中总结出来的经验,编成了顺口易记的渔谚、渔谣。气象谚语有"一年三季东风雨,独有夏季东风晴""久晴西风雨,久雨西风晴""天上起了炮台云,不过三日雨淋淋""朝霞不出门,晚霞行千里"等。关于鱼汛的谚谣有"七月七,梅鲚齐""蟹多少,看水草,菊花黄,蟹肥壮""春宵一刻值千金,一网鱼虾一网银""顺风张,鱼满仓"等。有些渔谣也反映了过去太湖渔民捕捞生活的艰辛和困苦,如"天是棺材盖,地是棺材底,太湖八百里,摇来摇去在棺材里""冰有寸把厚,赤脚上船头""橹银头摇得雪雪亮,到老呒件新衣裳"等。

渔民生活中有许多禁忌,如吃鱼只能从上爿吃到下爿,决不能将鱼翻过身来吃;鱼翻身是翻船的不吉利象征。渔民最怕搁浅、触礁之类的事,因此吃饭时决不能将筷子搁在碗沿上;筷子搁在碗沿上正意味着搁浅或触礁。筷子在古代叫"箸","箸"与"住"同音,而渔民们最怕的就是船被"住"牢,不能前行。渔民们最希望的是行船要"快",于是后来他们干脆将"箸"改称为"筷",在"快"字上加了个竹字头。

除太湖大船以外,还有许多渔家操小舟,以网截流而渔,这种船

捕鱼的水老鸦

俗呼为"丝网船"。过去还常可见到用鸬鹚捕鱼的小船。鸬鹚又叫鱼鹰,据史书记载,苏州用鸬鹚捕鱼始于宋代,到明代则已"处处水乡有之"了。李时珍在《本草纲目》中记载:"南方渔舟,往往縻畜数十,令其捕鱼。"

苏州人称鸬鹚为"水老鸦",小小的渔船舷舱边上,常常一排儿挤着好几只水老鸦。驾船的渔翁头戴笠帽,不时挥舞手中竹竿将水老鸦赶下河去,一会儿它们又都回到船上,原先细细的脖子变得粗壮起来,渔翁便伸手在它颈脖上一捏,一条鱼即刻从水老鸦的嘴里滑落出来,还是鲜蹦活跳的;水老鸦的脖颈上都系着一道绳圈,它们叨到了鱼,却无法下咽。

苏州河港纵横交错,湖泊星罗棋布,除捕捞渔业以外,养鱼业也有悠久的历史。据古书载,"胥门……十五里有鱼城,越王养鱼处"(同治《苏州府志》);"鱼城,在越来溪西,吴王游姑苏,筑此城以养鱼"(范成大《吴郡志》卷八)。到唐代,更出现了"处处倚蚕箔,家家下渔筌"(范成大《吴郡志》卷十五)的景象。明清以来,养鱼业有更大发展,甚至出现了"夏秋网罟盛于湖产"的情景。

苏州人称鱼池为"荡",并有家荡、野荡之分。人工养殖的称为家荡;荡面种以菱、芡,任鱼儿自生自长的称为野荡。归圣脉《渔沼荷风》诗云:"湖畔萦洄千亩池,沼堤杨柳绿垂丝。翩翩荇藻鳞翻锦,苒苒芙蕖香渴腮。林啭莺声鱼出沫,波摇树影月移枝。爱同茂叔称君子,时自高吟渔父词。"岸边垂着杨柳、水中植着菱和荷的鱼池,在苏州的田野上,形成了一道旖旎的风景线。

渔农们春天购进鱼秧,分门别类择荡放养。刚买来的鱼秧"细如缜缕",养两三年后,就可起荡食用了。到了农历的十一二月,将荡水阻断放干,来个"竭泽而渔",叫作"起荡鱼"。荡鱼上市如涌,正好满足苏州人过年之需。有些渔农还采取"包荡"的做法,据《清嘉录》记载:"有荡之家,募人看守,抽分其利,俗称'包荡'。每岁寒冬,毕集矢鱼之具,荡主视其具,衡值之低昂,而矢鱼之多寡。若有命而主之者,鱼价较常顿杀,俗谓之'起荡鱼'。"

苏州产鱼多,鱼市贸易也特别发达。早在唐代,吴地的鱼市已具相当规模。因为鱼货多,价格低,鱼市贸易不用秤称,而以斗量。清乾隆《震泽县志》载:"渔人以鱼入市,必击鼓卖之,自唐至宋,皆以斗数鱼。"唐代诗人皮日休有"一斗霜鳞换浊醪"之句。于是,击鼓而市,以斗量鱼,成了当时苏州鱼市贸易的特有风情。这种风俗一直延续到明初,"明初以来不复击鼓用斗矣",水产买卖才改为以衡代量，以秤代斗。清《苏州府志》即有"今以衡易之，无复用斗矣"的记载。但是，在偏僻的乡村，却仍有以斗量鱼这种古风的遗存，如清《光福志》载："光福之鱼以斗计值。"文人的诗中也有"湖鱼论斗换"的描述。时至今日，太湖渔民仍习惯以一篮十斤的方法来计量渔产，保留着这种古老习俗的痕迹。

制冰业的兴起，极大地推动了苏州水产贸易的发展。据《元和县志》记载，当时苏州葑门外，储存"凉冰"的地窖就有二十四座之多。《清嘉录》也说："土人置窨冰，街坊担卖，谓之'凉冰'……鲜鱼肆以之护鱼，谓之'冰鲜'。"苏州的渔产不仅为本地市民享用，而且销往外地，明清时期苏州出现了许多规模较大的鱼行。"货物店肆，充溢金阊……远方贾人挟资以谋厚利，若枫桥之米豆，南濠之鱼盐药材，东西汇之木排，云委山积。"（《古今图书集成》）

太湖的大渔船，终年捕鱼湖上，船上渔民自己不便进港卖鱼，沟通渔船和鱼行之间的渠道就成了一种市场需要。聪明的苏州人是不会放弃这样一个商业机会的，于是一种将渔船捕捞到的鱼贩运到鱼行去的"行帐船"就应运而生了。清《太湖备考》上有首诗，就专门写到了"行帐船"贩运鱼货的情景："左右帆开势拍张，一拖九九起鱼忙。酉过稍后西风死，'行帐船'来便上行。""行帐船"和渔船、鱼行之间的联系一经建立，往往会固定相当一段时间。驶"行帐船"的大部分也是太湖渔民，只是他们除捕捞以外，还从事鱼货贩卖而已。也有受雇于渔行的"行帐船"，它们仅收取一定的运费和船金。小渔船卖鱼，则或直接售给鱼行，或送牙行代销，或自己到集市设摊，或串街走巷，沿途叫卖。

卖鱼对渔民来说，是件让人胆战心惊的大事，早入市要影响生产，晚入市又怕鱼价已贱或难以卖掉。清代诗人朱彝尊有诗云："黄梅白雨太湖棱，锦鬣银刀牵满罾。盼取湖东贩船至，量鱼论斗不论秤。"诗人给我们形象地描述了捕捞丰收后，渔民盼望贩渔船快快到来，赶快将鱼售出的急迫心情。

在鱼荡养鱼农户和鱼行当中，也有鱼贩穿梭其间。鱼贩向养鱼户购鱼，少以秤称而多作毛估，如大鱼每尾多少价，小鱼每尾多少价；也有以池计算的，全池给多少价。有的池户、渔户因筹措资本向鱼行借了定洋，又未还清，那么全年的鱼货就不能再售给其他鱼行，只能任其债主压价盘剥。

采桑摘茧说蚕事
——苏州蚕农的习俗

苏州四郊的许多农村,是江南著名的丝绸之乡,养蚕植桑的历史十分悠久,在漫长的蚕桑种植历史过程中,形成了丰富多彩的养蚕习俗。蚕桑习俗和其他民俗文化一样,也是一份宝贵的民间文化遗产。由于社会的发展、科学文化的进步,有些养蚕习俗已发生了变化,有些已经消亡,有些则至今仍在民间流传。这些习俗反映了千百年来蚕农的忧患苦乐和他们的祈求向往,也凝聚了蚕农们养蚕实践中的经验教训。

每年到农历十二月十二日,养蚕人家都要准备酒菜鲜果祭祀灶神,祈祷蚕桑丰收。同时还要"洒布种"。以前,蚕卵都是产在布片上的。到十二月十二日,要泡了浓茶喷洒在这些布片上,或在布片上撒上些盐粒,然后将蚕种收藏好,这个仪式就称为"洒布种"。到农历的十二月廿四,再将蚕种取出,掸掉盐屑,拿到河里去漂洗一下,晾干后收藏起来,到第二年谷雨前后就可收蚁养蚕了。据说经过这一仪式后,蚕病就少,蚕花就可望获得丰收。现在看来,这其实是民间一种简单的消毒杀菌、防治蚕病、保护蚕种的方法。

过去蚕农不懂科学,把丰收的希望寄托在神灵身上。除了上面提

采桑　　　　　　　　　　　　养蚕

到的灶神外，蚕农崇拜的重要神灵，就是马明皇了。马明皇，又叫马鸣皇或马鸣王、马明王。关于马明皇，太湖流域还有好几种传说呢。

据说马明皇是第一个发现蚕的人。蚕在树上食桑、吐丝、结茧，当时大家只把它看作是一种虫。马明皇见到后，就说："这是宝贝啊！而且是宝贝中的宝贝。其他宝贝都是死的，只有这个宝贝是活的。"从此，人们发现了蚕的用途，并将它叫作"蚕宝宝"。

又有人说，马明皇原来是个童养媳，公婆经常打骂她。后来她饿死了，被葬在地下，从她的尸体里爬出不少小虫子来。这些虫从地上爬到了树上，它们吃桑叶、吐丝、结茧子。大家觉得这种虫很有用，就开始将它们养起来。这种虫就是现在的蚕宝宝。而马明皇呢，就成了蚕花娘娘。她头戴金凤冠，身着花衣裳，样子就像个新娘。

还有人说马明皇是一个男子，戴盔披甲……

不管人们心目中的马明皇是怎样一个人，在蚕乡却普遍受到人们的尊敬。

每年清明前,吴江震泽等蚕乡,常有民间艺人挑了担子在各处串家走户。担子的两头是两只米桶,担上恭恭敬敬地供着马明皇菩萨像。艺人挑着担子,每到蚕农门前,就高声叫道:"蚕将军来哉!"接着就手持木鱼、小锣,边敲边唱起来:

> 马明皇菩萨到门来,
> 又进蚕花又进财。
> 马明皇菩萨也弗是今年出也弗是旧年出,
> 宋朝手里到如今。
> 马明皇不吃荤只吃素,
> 吃点金针菜木耳素团笋。
> 清明过去谷雨到,
> 谷雨两边堆宝宝。
> 头眠眠来齐落落,
> 贰眠眠来吃出火。
> 大眠眠来崭崭齐,
> 大眠放叶吃上山。
> 一只叶船开到洞庭山,
> 一只开到桐乡县。
> 东山木头西山竹,
> 山棚搭到满间屋。
> 小茧做得像鸭蛋,
> 大茧做得像鹅蛋。

> 东面丝车鹦鹉叫,
> 西面丝车凤凰声。
> 夸嗒(按,指关丝车的声音)一声应天响,
> 车车要脱几千两。
> 红袄包绿袄包,
> 条条袄包才包好。
> 当家阿爹运道好,
> 卖丝卖勒丰朝浪。
> 也弗炕(按,指藏)来也弗放(按,指放债),
> 高田买到寒山边,
> 低田买到太湖边。

蚕家认为这首歌能为他们今年的蚕事带来丰收,所以对艺人十分感激,通常都要送些米、面等食物给他们。艺人有时也会用红纸剪成猫、狮等形象贴在蚕农家的大门上,这就是所谓"蚕猫""蚕狮"了。老鼠是蚕的大敌,养蚕最怕的就是老鼠,蚕农们以为"蚕猫""蚕狮"能够把老鼠镇住。

开始养蚕前,有些人家还要请道士来念咒,做菜斋蚕神。

待到布子上的蚕子隐隐现出绿色时,就要开始"窝种"了。人们把那些布子贴肉温在胸前,像抱着吃奶的婴儿似的静静坐着,动也不敢多动了,"窝种"时的那种虔诚可想而知。也有些地方是将蚕种放在温水里育的。如果蚕出来后不怎么好,蚕农往往还要备上几道菜,烧些纸元宝,祭祀蚕花菩萨。

开始养蚕前,蚕农们都要将木头做成的三棱形的"蚕台"从屋里

拿出来，修补好；还要将养蚕用的"蚕笪"和"团匾"洗刷清爽。"蚕笪"上要用"糊笪纸"糊好，并且还要贴上"聚宝盆""蚕花太子"等吉祥图案。

蚕农们将蚕的五个生长过程叫作头眠、二眠、出火、大眠、上山。眠，是蚕在蜕皮时不吃不动的一段时间。整个养蚕过程要有五次"眠"。三眠俗呼为"出火"，四眠即"大眠"，五眠就是"上山"。过去，有些养蚕人家床上要放蚕台，蚕台上放三眠笪（一种养蚕的竹匾），在三眠前使用。其间，大人小孩都睡在床上，以暖蚕体。到出火后再把蚕放入大笪。上山，就是蚕爬上稻草扎成的"蔟头"上，开始吐丝结茧；也有将稻草扎成长串形的，样子像条龙，这时就叫作"上长龙"。

桑叶是蚕的口粮，所谓"方方一寸，宝宝一顿"。桑叶的长势直接关系到蚕的收成。清明一过，蚕事就将开始，所以清明时节桑叶的长势是蚕农们十分关心的事情。"清明一粒谷，看蚕娘娘要哭；清明雀口，看蚕娘娘拍手。"这谚语是说，要是清明时节桑叶还只有谷粒那么大，蚕农就要急得哭了；如果清明时桑叶比较大，已有"雀口"那么大，那预示桑叶长势良好，"看蚕娘娘"当然要拍手了。养蚕三周以后，蚕吃叶更急，所以民间有"官船要让叶船"的说法。这时如果桑叶供应不上，那简直就前功尽弃了，所以蚕农即使卖房典地，也要设法将桑叶买回家。蚕农有谚道："呒骨头的虫，吃得下三间房""呒不牙齿，吃脱三间房子"。

蚕"出火"时要称，"大眠"时也要称。如果出火时一斤蚕最终能得二斤茧叫"二分"，得三斤叫"三分"。一般收成可出五分；能出到六分是极好的收成了。称蚕时，要放一片桃树叶子，表示蚕花能收二十四分。二十四分是蚕农们所希望的最高、最吉祥的收成数字。

蚕上山结茧时,各家的至亲好友都来"望山头",互相探望,互送礼品,预祝蚕花收成好,能收二十四分。送礼主要是娘家送给女儿家,常送的礼物有黄鱼、韭菜、水晶糕、线粉、梅子、枇杷等。

一开始养蚕,人们都在自己的家门口挂上叫作"棚荐"的草帘子。挂上草帘,既能保暖,又有"请勿入内"的告示作用。见到它,外人一般都不会随便进入蚕室了。倘有外人随意闯入,主人就会很不高兴,甚至脸上露出愠色。蚕养不好的人,到别人家去,更为禁忌;待这人走后,主人便会取一束稻草扔出门外,或吐几口唾沫,或烧一点东西,以将"晦气"带走,此举称为"驱鬼"。左邻右舍如果非要入蚕室不可,必须先在门外轻轻喊,里面人轻声答应后,才能进去,而且还要摘一片桃叶或一枝桃树枝带进去,讲话也只能轻声细语。蚕家也要在自己的蚕筐里放些桃叶,称为"长头",认为这是蚕能长大吐丝的吉兆。也有人摘一朵玫瑰之类的红花,放在蚕筐里,叫作"蚕花",以此来预祝丰收。

除此之外,养蚕还有不少禁忌,如不能到人家屋子旁边去斫草,因为草代表蚕花、蚕运。蚕宝宝入眠时,不能在地里浇粪;炒菜时不能起油锅。蚕室内倘若发现有蛇,不能声张,而只能说:"青龙来了。"蚕农将蛇看作是传说中的神蚕——龙蚕,龙蚕一到,必能丰收;还认为,被蛇吃掉的蚕,仍会被排泄出来,而且会比吃进去的还多。发现僵蚕也不能声张,最多只能称之为"白货"。

养蚕时还有许多语言禁忌,某些意思必须用一些有吉利寓意的话来表达,如"笋"叫"长头"或"头高",吃笋就叫"吃长头";小孩睡觉叫作"安置";盐叫"咸塌塌";酱油叫"黑塌塌";油叫"下水走"。因为蚕忌"腐",所以吃豆腐叫作"吃白肉";虾则叫"蚕花弯转"。

  这些禁忌固然有迷信的成分,但许多禁忌还是有一定道理的,例如禁忌外人在养蚕期间进入蚕室。蚕的体质十分娇嫩,极易感染病菌,禁忌外人进入蚕室,除去它的神秘色彩以后,其实只是为了防止外人将病菌带入蚕室而采取的措施。总之,从这些习俗中我们不难看出千百年来蚕农的希望和养蚕实践的经验总结,有些习俗直至今天仍有借鉴作用。

上梁立柱兴家园
——苏州的造房习俗

"安得广厦千万间，大庇天下寒士俱欢颜。"这是杜甫著名的诗篇《茅屋为秋风所破歌》里的名句，充分显示了诗人的人道主义精神和"大庇天下寒士"的善良愿望。

住房确是人类必不可少的生活资料，它夏遮酷日暴雨，冬避霜雪风寒，是家庭团聚，家庭人员日常起居与生老病死、休养生息的地方。因此，建房造屋历来被看成关系到子孙后代的百年大计，而且还是关涉家庭聚散、家道兴旺的大事。苏州民间建房造屋过程中就有许多隆重的民俗仪式，充分表现了人们对建房活动的重视；同时，也可以从这些仪式中发现许多民间信仰习俗。

土地在古人心目中是关系到万物生长、生死存亡的重要崇拜对象。因此兴工动土，造房建屋，都要察看地形、地貌和风水的吉凶。风水先生在为房主选地时，要选"善地"，要避风、火、水、寒、绝"五凶"。这固然属于迷信，但剥去怪力乱神的外衣之后，其实倒也有一定道理，只有选到一个地势高爽、空气流通、光照充分、冬暖夏凉的地方造房，今后主人才能心旷神怡、健康长寿，而水陆交通则应求其便捷，今后才有利于送肥、运粮，发展生产。

动土的时间，也要由阴阳先生来推算。苏州城乡的习俗，农历五月为恶月，是不能动土造房的。其实，剥去"毒月"之类迷信的外衣，五月不宜动土造房也自有它的道理。农历五月前后，正是江南梅雨季节，阴雨绵绵，空气温湿，细菌容易繁殖，梁柱受雨极易霉蛀，砖瓦石灰湿滑难干，铁钉会腐蚀生锈，为工匠们准备的饭菜也易腐败变馊。而九月重阳，秋高气爽，天气晴朗，温度宜人，所以民间有"重阳天，造屋天"的说法。

在破土动工之前，还要举行踏地仪式：由房主预备好三牲酒饭，烧香点烛，鸣放鞭炮，祭拜土地，并由风水先生或泥木工匠主持，手持焚烧的黄纸，绕着宅基，边走边唱《踏地歌》。

除了土地以外，"太岁"也是重要的祭祀对象。"太岁"是中国民间有名的凶神。古人观察到岁星（木星）右旋于天，于是就臆造出一个"左行于地"的"太岁"来与之相应。造房动土一定要注意"太岁"运行所在的位置，否则据说就有可能在地下挖到一种会动的肉块——太岁的化身。太岁头上动了土，那可是不得了的大事，一定会灾祸临头，故而民间有"谁敢在太岁头上动土"的说法。所以，造房破土必须请阴阳先生来选择吉日良辰，以避免和太岁相遇。纵使如此，造房人家在开工动土前也要对太岁隆重地斋祭一番。祭祀不用桌子，只将太岁纸码和祭品置于地上，点香焚烛，全家叩拜祭祀之后，东家要向泥水工匠发喜钱，之后就可破土动工了。

泥水匠的第一铲土要用红纸包好；木匠的第一锯，要锯一小段木梢，也用红纸包好，都交给东家，由东家放在灶头上。如果没有灶，就选一个干净、稳妥的地方收藏起来。

在造房过程中，祭祀工匠祖师鲁班的仪式也是必不可少的。开工的第一天晚上,房主要请工匠吃开工酒;吃酒之前,先由房主陪着掌墨师傅行三跪九叩大礼,拜祭鲁班先师和四方神灵。鲁班是春秋时的鲁国人,姓公输,名班,又称般,他是著名的工匠,曾营造宫室,制造车舟器械,发明、改进生产工具,誉满天下。在《墨子》这部书中,曾有"公输般为楚造云梯之械"的记载。自古以来,他就被工匠们奉为祖师。苏州民间还有祭祀张班的民俗。张班也是民间建筑工匠供奉的祖师,据说他就是东汉的张衡,通五经、晓天文、知历算、精机巧,能制鼓车、木鸟,令人称羡崇敬。清代苏州梓义公所中就曾供张、鲁两班。在祭祀张、鲁先师时,木匠师傅还要唱仪式歌,如吴江的一支仪式歌就是这样唱的:"一敬天,二敬地,三敬城隍四土地,五敬张、鲁班仙师共八仙。"掌墨师傅一边诵唱着敬神歌,一边向神灵敬酒。

造房

树木曾经是原始人类植物崇拜的主要对象，在钢筋水泥发明之前，它又是造房建屋的主要材料。特别是作为房屋主要承重件的"梁"（民间称"梁"，在建筑学上称"栋"），它的质量直接关系到房屋的牢固程度和使用年限，因此造房中环绕"梁"而产生的仪式就特别的繁多而隆重。

在开始加工之前，要进行"祭梁"仪式。一般都在三岔路口，将作梁的树木用三脚马架起来；东家敬过香烛，叩过头后，木匠师傅要说两句喜话，如："手执银锯亮亮晶晶，主上龙子龙孙，与天同寿，与地同庚。"说罢，将"梁鼻子"（多余的木梢头）锯下，主人用红纸包好，拿回家中，供在灶上。

梁上一般都要刻上精美的纹饰，东家还要将准备好的吉祥装饰物和吉祥字画挂在或贴在梁上，这就是民间所谓的"布彩"。布彩时，匠人师傅唱道："红绿绸缎挂成双，押稳楠木紫金梁。仙鹤神鹿群起舞，金龙玉凤祝安康。"

上梁，可说是造房中最激动人心的事了。上梁前，东家要供上猪头三牲，烧香点烛，叩头礼拜，同时要燃放鞭炮。这时，东家将"祭梁"时锯下的"梁鼻子"拿来交给木匠师傅，师傅用斧头将它劈开，这叫"劈墩"。劈墩时也要说喜话。劈墩后用火点燃，磕头礼拜。这时，东家将酒杯递给大师傅，大师傅就开始用酒浇梁。有些地方浇梁以后，还要血祭，大师傅一手捉一只雄鸡，一手执斧，唱《血祭金梁歌》，唱至中途，手起斧落，将鸡头斩下，以鸡血浇梁；接着，便将大梁安放到屋脊上。

大梁定位后，靠一张梯子在上面，木匠大师傅头顶盘子，一步一步登上梯子，同时唱起登高仪式歌来："脚踏有宝凤凰地，面对楠木紫金梯。龙飞凤舞鹤来朝，王母娘娘把手抬。主家好比沈万山（按，此人是明代的大财主，苏州地区周庄人），金银财宝满箩挑。""手扶金梯步步高，一步高，两步高。芝麻开花节节高。祝贺主家千年富，儿孙满堂红光照……"登高后，大师傅就开始将红线扎好的仙桃、米馍元宝、铜如意等物从上面丢下来，东家夫妇在下面展开大红毯子接着，这就叫"接宝"。然后便是"抛梁"。大师傅在梁上将白面馒头、定胜糕等向下抛撒，边抛边唱《抛梁歌》："抛梁抛到东，东方日出一点红；抛梁抛到南，生个儿子做状元；抛梁抛到西，五谷丰登米铺地；抛梁抛到北，安家乐业全家福。"这时众人蜂拥而上，抢接从梁上抛下来的糕团馒头，仪式的热烈气氛达到了极点。当天晚上，东家还要请工匠喝上梁酒，并给他们发喜钱。

除此之外，造房过程中还有许多仪式，如封山、做脊、紧门缝、开新门以及砌新灶、上楼板、进宅等。

我们可以从造房仪式中看到古代民间土地崇拜、太岁崇拜、植物崇拜、行业神崇拜、祖先崇拜等的影子，也可以感受到古人对于安宁和富裕生活的热切向往。古代，人们战胜自然的能力是非常低下的，除了寄希望于神灵保佑以外几乎别无他法，但我们仍然能从造房习俗中看到古人战胜自然的种种尝试和努力。

古人将一切灾难都归之于鬼怪，在古老的造房仪式中就有很多和鬼怪作斗争的内容，如上梁时，人们将事先准备好的剪刀、尺、镜子、秤杆等拴于米筛上，悬挂在中堂的正墙。这些习俗正是出于驱鬼的目的。民间传说，对于鬼，只要用尺量、用秤称，它便会显出原形；镜子也能照出鬼怪；米筛多孔，剪刀锋利，都是鬼怪惧怕的东西。另外，新屋全部竣工后，要举行复土仪式，这时，要请道士念咒，杀鸡，在新屋四周洒上鸡血。东家将破土时藏起的那一小包土交给泥水匠,把它重新放置在墙脚上。开工时留下的一小段木头,也要交给木匠,将它劈成小块,抛进灶膛。这类仪式的用意也在驱鬼。除此之外,在墙上砌磨盘、挂八卦、埋"石敢当"、置"瓦老爷"等,也都具有驱鬼的意思。这些习俗今天看来当然显得十分可笑和荒唐,但这毕竟是人类早期企图战胜灾难的一种努力,正是人类这种战胜灾难的期望和幻想,才催发出了科学的萌芽。我们自然是不能嘲笑古人的,但是,如果今天还企图用古人的方法来战胜灾难,那就难免要被人讥笑了。

粗汉野民造船匠
——苏州的造船习俗

苏州是著名的水乡泽国,古老的苏州城就躺在太湖的怀中;太湖北靠长江,东临大海,四周更是河荡密布。吴人"以舟为车,以楫为马""不能一日而废舟楫之用"。到春秋战国时,吴国的造船业已非常发达,能造"三翼""突冒"楼船等各种舰船。元稹有诗云:"光阴三翼过",以"三翼"形容流光之速,可见"三翼"船的快捷了。吴国曾从海上北伐齐鲁,又与越国水战于太湖,当时的造船水平可想而知。在苏州铁、木、竹、石、泥瓦等"五匠"中,造船匠是人数十分可观的一大分支。

苏州的船匠,大多聚居在靠近湖河港汊等处村落、集镇的边缘,像浒关、蠡墅等水网地区的荒坡野地,过去就住有许多船匠。这些地方紧靠水域,便于修造的船只上下水,工作时发出的声响也不会影响附近居民的正常生活。因为船匠工作的场地都选择在水湾荒坡敞滩头,做的是没遮没掩的露天活计,所以与其他木匠相比,他们往往被人看低三分,称为"粗汉野匠",唤作"粗船匠""野木匠",但他们却为苏州的水上交通作出了特殊的贡献。

他们头戴破毡帽,腰插鲁班斧,背着存有干活家什的箱子,四处

水乡船运

游走，寻找东家。而他们腰间所缠红绿白三色相间的"青龙带"，更成了浒关一带船作匠们的行业标志。

说起这青龙带，还有个小小的故事呢。据说，很早以前，有位船作师傅，吃过东家斋酒后，东家媳妇偷偷地赠给他一条丝绸腰带。这腰带扎在身上，红绿白三色相间，垂着长长的流苏，斧头往腰带上一插，既神气又好看。船作师傅半夜回家，经过一片树林，在林子里遇上一个恶鬼。他虽喝了不少酒，但却酒醉心里明，情急之中急急抽出插在腰间的斧子，直向那恶鬼砍去。第二天一觉醒来，他发现身上的斧子没有了，才想起昨夜的事，赶紧跑到树林里去，一看，那利斧不偏不倚，正砍在路旁一具棺材头上，而东家媳妇赠他的红绿白三色绸带，也正挂在他的斧子柄上，随着晨风，轻轻飘扬呢。从此，青龙带成了有官（棺）有财（材）的象征物和能够驱鬼避邪的灵物，为船作行的师傅们所喜爱。

苏州的船匠有两大绝技：能用木材造出各式各样的船来，能用捻麻丝油灰嵌得整条木船滴水不漏。除此之外，船匠们敲起榔头来也别有一功，发出的声音节奏明快，形成一种动听的韵律："蓬的嗒，蓬的儿嗒，蓬的的嗒的……蓬蓬！"船匠们称它为"花锤"或"花榔头"。这节奏就是在钉铳拼板或捻缝砸凿柄时，运用手腕锤击的轻重快慢而敲出来的榔头曲，它同船作师傅技巧的娴熟程度有密切的关系。

"花锤"的集中使用时间，是在"排斧驱邪"阶段。这期间，全船已构制成形，朝天的船底将要翻身着地，继而进入舱面装修工序。此时，木捻匠们相对集中在船侧两旁，对每条长船缝进行精工细捻。为了向船东告示整个船体工程即将完成，作头师傅会带头用斧背敲响钉铳的花锤，于是众人一起跟上，发挥各自的技艺，一锤锤，一声声，敲出了惊心动魄的船匠花锤。

敲花锤其实是一种信仰心理的反映。旧时，人们认为长期日晒夜露在外的东西会沾着邪气，一条船也是如此，排斧花锤正是为了灌阳驱阴，压邪归正。当敲击声达到高潮时，船作师傅中会有人带头吟唱吉祥歌："花榔头敲起嘭嘭响，邪神妖精全跑光。天大格生活地大格人做，船东家在屋里嘛喜洋洋。""船东家屋里喜洋洋，金银财宝要滚进船里厢。天大格生活地大格人来做，船行四海江河八仙中央。""船行西面有东风，船行东面有西风，南北来去有顺风，东南西北处处风！"这种讨口彩的歌词，船东听了自是喜欢。

船底由朝天翻身着地后，大部分工程已告结束，余下的即是船头、梢脚板、舱棚、樯桅、梁头板、翘头板、干舷及舵档（水关）和橹拧头、利市头等零星活计了。这些生活一般在三五天内就能完工。

造船的整个过程都要讲求吉利，有许多仪式。苏州各地的造船仪式尽管有许多差异，但基本模式却是相同的。开工一般选在逢双的日子，或者干脆请阴阳先生来推算。船匠到了东家那里，是决不能称东家为"老板"的，因为"老板"和"捞板"同音，只有船翻了，才需要捞板，所以叫"老板"极不吉利。

选定吉日良辰以后，东家备了三牲福礼，要请大家喝"开工酒"。开工酒一喝，也就拉开了造船的序幕。

从开工到竣工有四道关键性的工序，都要举行相应的仪式来庆贺，这是绝对马虎不得的。第一次庆贺叫"铺置"，即船底合好后与第一道横筋大桅座结合的时候。船主要焚香叩头，敲锣打鼓放鞭炮。在安装大桅用的方孔旁边钉上两根钉子的时候，仪式达到了高潮。这两根钉子叫"喜钉"，必须由大师傅亲自钉，而且一面手抢板斧，一面还要高声吟唱：

> 天上金鸡叫，地上凤凰啼。
> 今是黄道日，正是铺置时。
> 恭喜板主，生意茂顺，大发财源！

第二次庆贺是上大肋，大肋又称"排筋骨甲梁"，就是船帮上两根最大的肋木。庆贺的方式和铺置相似。

第三次是在整个船体结构大体完成之后，安装船头上的一块横木时,叫作"上金头"。金头上要雕一对"龙眼"。龙眼两侧的上边要钉两根钉子,叫作"元宝钉"。钉子上各挂一束红绿布条,叫作"彩子"。金头装上后,龙眼的正中要涂上一点红颜色,叫作"开光"。开光必须用公鸡鸡冠头上的血,这只鸡必须已会啼鸣而且体形健美。

造船工程完工前后的仪式最为隆重、繁复。苏州的船匠尊奉张、鲁两班为祖师,所以他们首先要祭祀张、鲁两位祖师神。斋神的筵席一般成双(两桌以上),上面放酒盅十五只,猪肋条五根(与利市头相应),公鸡一只,要留鸡冠及颈毛,鸡喙衔一根留根须的大葱或大蒜,并让根须贴着桌面,蒜葱向上,栩栩如生,这叫"着地生根,开花结果"。接着是端出顺风(猪头)、龙门跳(红鱼),还有豆腐、百叶、粉皮、黄豆芽,后面这些都是黄豆制品,意为皇(黄)粮。最后放上猪血一块,意为蓄(血)财。除此之外尚有钱粮锡箔十二副、爆

造船

竹十二个、鞭炮六百四十响……敬酒时要吟唱仪式歌:"手提银壶邀神明。一敬天,二敬地,三敬张、鲁班师共紫微……"斋祭张、鲁两班过后,船匠们将船身抹油三遍。到船下水时,还要喝"圆船酒"。

已造好的船只下水,必须选在凌晨卯时,即早晨五点左右,其时太阳将出未出。按照船民习俗,东方透亮属"脱阴界阳";俗以地为阳、水为阴,岸船下水,则是"脱阳界阴",选择这个时间是符合阴阳相生相克道理的。这时,船匠和船东两方的所有成员,都站立主舷两侧。领头师傅号令一出,船东把握住带缆绳,众人同时喊出"一、二、三",齐心合力将船艄抬离地面,一步步向水面移去;如果船体吨位较大,就得请众乡邻来帮忙了。

新船在鞭炮声中下水了。这时,有数人跳到船里,他们把系在船桩上的绳索挽上一个"8"字结,同时在"利市头"中央部位贴上"黄金万两"或"招财进宝"等字幅,接着高声唱出:"脚踏东家利市头,招财进宝有盼头!"另一人接唱:"今朝鲤鱼翻浪头,明朝代代子孙福禄寿!"这一切都是为了讨个"大吉大利"的彩头。

最后,船匠们还得在船东面前表演一个称为"有财(船)有势(水)"的"节目"。他们在船上左摇右晃,直到把水摇进船舱为止,这便应了"财势"双全的寓意("水",吴语读 shì,与"势"音近)。

有些大船,还有冠载、烘灯等仪式。冠载就是"抛仓"和"命名"。整个船造好后,在下水的当天,东家要在船头上摆上盐、茶、米、面四样供品,烧香叩头,鸣锣击鼓放鞭炮,同时拿出铜板、铜钿,甚至还有银洋,请大师傅向船上抛撒,这就叫作"抛仓"。大师傅在抛仓时,还要唱《抛仓歌》。抛仓以后,满船喜气,新船就乘喜下坞了。此后,东家置酒款待造船的工匠们,并在席间请大师傅给新船起名。这就是"命名"。当天晚上，下了坞有了名字的新船上张灯结彩，人们都来庆贺，这就是所谓"烘灯"了。

这些造船仪式，表达了船主祈求行舟平安、发家致富的愿望；对辛劳的船匠师傅们来说，倒也不失为改善精神生活和物质生活的良机。

木船修造，船主一般都选在盛暑酷夏的大热天里，这时的木材最是干燥，捻麻丝嵌船缝嵌得紧，给船体抹桐油，能浸透到木头里去，修造的船质量就高。所以天越热，船匠的生活就越忙，也正因此，船匠便有了"六月匠"的称呼。

赤日炎炎似火旺，
捻木匠脚踏船背沸沸烫。
东家主人扇子轻轻摇，
我伲嘛砰砰嘭嘭全身滚水淌……

——这是船匠们常在劳作时唱的一首山歌，船匠工作的艰辛从这首山歌中也可见一斑。问题还不在工作的艰辛，诚如另一首船匠山歌所唱："六月里晒得像火烘，腊月里薄衣薄粥牵夜砻；油车浜浪到野芳浜，肚皮饿只得望烟囱！"没活干，没收入，才是最让他们伤脑筋的事。

如今，木船已被水泥船和铁壳船取代，苏州船匠的后代，也已从日晒雨露的"六月匠"变成了当代的"造船工人"。有关船匠和造船的习俗，已经成为遥远的故事了。

婚丧难离轿盘头
——一种古老的职业

晚清时，苏州有一种行业叫"轿盘头"，专帮人家雇用轿夫、出租轿子。其实，"轿盘头"虽以"轿"称，但他们的业务范围是远远超出轿子这一行的，几乎凡有扛、抬、挑、搬之类的苦力活，全是他们的服务项目。

"轿盘头"由专为顾客提供劳力服务的"盘户"或"盘头"发展而来。

水乡苏州，一向以盛产大米、水产、丝绸而闻名于世，每年从苏州运往外地的货物不计其数，因此从事上下水短驳及搬运的苦力，人数众多。这些以搬运谋生的人，就是"盘户"。苏州话中，"盘"本就有搬来搬去的意思，例如现今还在用的"盘点"一词，即有此义。推而广之，不光是苦力，凡有人家需要帮忙的事务，如红白喜事之类，盘头们都会组织劳力，上门来提供服务，供主顾差遣，为客户奔走。据《史记·项羽本纪》记载，项羽的叔父项梁，当年就曾在吴中干过此类生活："每吴中有大繇役及丧，项梁常为主办，阴以兵法部勒宾客及子弟。"他常组织劳力，为豪门操办丧事，并以此为掩护，来训练、发展他的反秦军事力量。

水城苏州，城内河道纵横交错，自古多以舟楫为交通；要从陆上往来，那些小街窄巷，那些商家低垂的幌子，加上高高的石拱桥，使得驴马车辆根本难以畅通，所以往往只用轿。轿就成了苏州城内最主要的陆路代步工具。

苏州过去又多缙绅，出门都喜坐轿；官商眷属更是乘轿往来，串门走亲戚；连医生出诊，也须乘轿。到了晚清，大家巨室的家奴已逐渐减少，出门就需临时雇佣轿夫。于是，提供抬轿的劳力便成了盘户最为常见的服务项目，盘户的名称，也就变成了"轿盘头"。

清道光时，政府加强对盘户的管理，确立了盘户的世袭制，各分地段营业，盘户之间不得越界争抢业务。至清咸丰三年（1853），吴县正堂又为境内各轿盘头立花名册登记在案，刻碑立记，并以桥面、河道为界，将苏城内外划分成一百零八条半"桥面"。每个桥面有一个盘户负责，所以俗称苏州有一百零八个半轿盘头。这半个桥面在阊门外众安桥一带，因范围不大，所以只能算是半个。他们互不侵犯，世袭相传。在一个地段里的轿盘头向各家投靠，立有"靠单"，说明平时抬轿的资费标准。除抬轿以外，凡辖区地段内的大户人家逢到婚嫁丧葬，家里的收拾、铺排等事宜，也都由当地轿盘头受理承办，按行规外人不得越俎代庖。当时轿盘头的服务项目，已经包括了俗称"六局"的全部内容，即掌礼（司仪、执事之类），喜娘（伴娘、媒婆之类），吹打（吹鼓手、礼乐之类），厨师（上、下灶之类），扛抬（挑夫、脚班、土工之类），茶担（茶水、喜酒供应之类）。就连当地的乞丐和丐头人等，也要归轿盘头管辖。

苏州人喜欢排场，过去嫁女儿是父母必得尽全力承办的一件大事，宁可东凑西借，也要将嫁妆办得体体面面，所以民间常将女儿称为"赔钱货"。那时的嫁妆以箱橱为主，有四橱八箱、两橱四箱之别，两橱两箱算是普通，至于一橱两箱，往往就要被人瞧不起了。与之相配的还有桌椅、盆桶、碗盏、盘匜等木器、瓷器、铜器、锡器，连生孩子的用品都要预备在内，还要饰以锦袱、绣帔。这许多东西，先在家里陈列，名为"铺行嫁"，由轿盘头来估计需要多少人力，男家借此与媒人讨价还价，索要"盘头钱"。到出嫁那天，盘头部署众多脚夫，抬的抬、扛的扛，排成一连串的行列，有秩序地送到男家，然后照着"奁簿"点交。盘头指挥若定，有条不紊，这种事情倒也非盘头来组织不可。如果遇到苏州富商、大户人家有殡丧之事，盘头又少不了要忙碌一阵：设灵堂、扎素彩、天井里铺板搭棚……连出棺材时所抬的魂轿和牵行的"开路神"，都要由轿盘头招揽了小叫花来供差遣。

轿盘头这种划地垄断的封建霸持制度，原是为了避免生意上的争夺，维护社会安定，但一经垄断，也就生出种种弊端，欺行霸市的事时有发生。康熙朝长洲县《尊奉各宪严禁脚夫勒索碑记》就是明证："民间嫁婚丧葬及铺行买卖客商卸装货物，自应听从民便，或在家僮仆，或平价雇请，扛抬挑运。奚堪恃称脚夫，霸踞桥梁，纠党炙诈，强截扛抬，案查此项久奉，各宪严行禁革，复敢恣肆耶，事干蔑灭。""脚夫"就是轿夫的泛称。

道光二十二年（1842），吴县又有《吴县严禁盘户脚夫霸持地段滋扰米行挑送米石碑》略云："自示之后，如有行内买卖米石，应听本行工人自行挑送，盘户脚夫如敢恃强霸持地段，勒索凶殴以及借端滋权者，许即指名禀县。"苏州是鱼米之乡和米粮的主要集散地，粮食交易数量很大，米行自有工人搬运，不需再雇佣脚夫。想来盘头定然不肯轻易放弃这样的大笔生意，当时城内桃花坞就发生过盘户"恃豪霸夺，拉不容挑"的事情，后来米行业主们向官厅告状，才引出了盘户"不得霸持"的官府公告。

在1913年前后，苏州开始流行藤轿，就像现在的三轮车一样沿街可雇，十分方便。抬这种藤轿的都是个体劳动者，缺少组织管理，后因屡次发生轿夫深夜劫财谋命的案件，查缉不易，于是就有人在皮市街、乔司空巷口开设了"六门藤轿公司"，专以出租藤轿为业。据1919年《申报》的记载，当时城厢内外共有藤轿一千二百乘，数量颇为可观，每乘藤轿警厅收捐银洋一元，一个月警厅就可收入捐银一千二百元。

辛亥革命以后，社会风尚发生了变化，轿子因封建气息浓厚而被人们渐渐舍弃。特别是20世纪30年代以后，马车、人力车逐渐代替了轿舆，轿子日益失去存在的价值，面临着逐渐被淘汰的局面。但是"轿盘头"依然存在，因为苏州的奢侈风气没有减弱，大操大办婚丧喜事的习气没有改变，嫁妆和丧葬的仪仗还是需要不少脚夫来扛抬挑举，凡有婚嫁的人家仍要以花轿来迎娶新娘。不过，租轿的费用已是不菲，以1930年为例，每顶喜轿的租金需一二十元，另加轿夫的费用及他们索讨喜封时必须发付的赏钱，合数十元，即使小康之家，亦不胜负担。其他旧式呢轿，外出租费每里为小洋三角；藤轿以一里为站，每站六十文，各城门至玄妙观均作四站计算。

过去当轿夫、做苦役的人，生活是十分艰辛的。苏州各轿盘头，都要在所辖桥面供奉上天王，有些无家可归的轿夫，夜里只能在上天王庙里暂宿。所以苏州人以前骂人没出息，叫"困桥头的"。但到后来，纵然"困桥头"，也不能见容了。据1925年4月7日《苏州明报》记载："迩来轿夫多改拖车，每有非本桥面之车夫，亦投宿桥头上天王庙内,良莠不齐,漫无限制,爱经集议,以后不论轿夫或车夫,概不留宿。"这样一来,连露宿桥头的方便也失去了,其生活困境可想而知。苏州的轿夫为了求生存,曾于1929年成立"轿夫职业工会",但不久即由县府奉建设厅之命解散,曰:"轿夫不得组织工会,奉令解散"。

到了军阀混战的时期,轿盘头常受差遣"出伕"去运辎重,他们夹在蛮横的"丘八"和可怜的脚夫之间,得不到任何好处,反而常遭到许多麻烦,这就更逼得轿盘头们不得不放弃那块世袭的领地了。

艺花人家花里眠
——山塘的种花习俗

江南三月花如烟,
艺花人家花里眠。
翠竹织篱门一扇,
红裙入市花双鬟。

这首题为《山塘种花人歌》的诗,描写出了江南苏州等地种花、爱花的习俗和种花人田园诗般的生活画面。

苏州人的生活,确是少不了花。那美甲天下的园林不消说,就是在普通人家的院落里,往往也都砌有花坛,放有花盆,植数枝春兰,种几丛秋菊。

苏州历史上很有几个以爱花出名的人。大名鼎鼎的"江南第一风流才子"唐寅(唐伯虎)便是一个。他看透了世态炎凉,"只爱桃花不爱官",三十七岁以后便在苏州桃花坞的桃花庵内读书卖画。他不求仕途通达,只求与花为伍。"酒醒只在花前坐,酒醉还须花下眠。""不愿鞠躬车马前,但愿老死花酒间。"(唐寅《桃花庵歌》)确实,在苏州百姓眼里,雨露和日月哺育出来的花草,比之于民脂民膏养肥的权贵们，不知要美多少倍，干净多少倍。清代嘉庆年间的旅苏僧人钱堉，以"梅花和尚"自号，生前就在虎丘作好生塘（墓穴），左右都种上梅花，死后便长眠于花丛之中……

苏州妇女特别爱美，在没有烫发之类的美容手段的过去，她们就懂得用鲜花来装点自己的秀发了。这就是所谓的"戴花"或"鬓边香"。所戴之花种类繁多，春有蔷薇、杜鹃、玫瑰，夏有栀子、茉莉、珠兰，秋有木樨、建兰、菊花，冬有芙蓉、山茶、蜡梅，真是应有尽有，数也数不清。

苏州人的饮食也与花有密切关系，有花酒、花酱、花茶、花露、花馔之分，真可谓摘采四时花入馔，千姿百态盘中餐。

以花浸酒，使美酒更加香醇可口，而且还有祛病健身、益寿延年的药理作用。桂花酒、玫瑰酒、菊花酒等花酒至今仍是苏州人特别喜爱的佳酿。花酱也同样受到苏州人的欢迎。桂花酱、玫瑰酱等花酱，不仅店中有售，过去苏州不少人家还会自制。花茶更是苏州特产，以茶叶与香花拌和窨制而成。苏州花茶叶色柔嫩，茶汤清冽爽口，茶味花香相得益彰，浓郁而不俗；品种有珠兰、茉莉、玳玳、白兰、栀子等。明代诗人钱希言有诗云："斗茶时节买花忙，只选多头与干长。花价渐增茶渐减，南风十日满帘香。楼台簇簇虎丘山，斟酌桥边柳一湾。三尺绿波吹晓市，荡河船子载花还。"此诗形象地描绘了虎丘、山塘一带买花窨茶的繁忙景象。苏州生产花露的历史也十分悠久，据古书记载，清时虎丘仰苏楼、静月轩所制卖的花露，驰名四远，开瓶香洌，素称绝品。花露品种繁多，有专治肝胃气的玫瑰花露，治气胀心痛的木香花露，悦颜利发的芙蓉花露，专治诸毒的金银花露等。花露多用于入汤入酒，也可调制糕点，是深受欢迎的保健饮料。苏州花馔，内容十分丰富，有桂花圆子、桂花年糕、桂花糖芋艿等花馔小吃，还有籴玉兰、莲花豆腐、菊花鱼圆等花馔菜肴。花馔不但色鲜、形美、味香，且其医疗保健作用有中药学根据。

因为苏州人爱花，很早也就有了种花这一行。

苏州的花事主要集中在虎丘、山塘一带。宋代的奸佞朱勔以江南的奇花异石博得当朝昏君和权贵的青睐，在苏州地区横行乡里，盘剥压榨百姓，闹得鸡犬不宁。钦宗即位，才将他杀了头。据说朱勔倒台以后，他家不少人都埋名改姓藏匿在虎丘一带，以种花植树为生，所以后来苏州虎丘植树种花特别兴盛。当然这只是一个民间传说，不过从中倒也可以看出苏州种花业历史的悠久。

"不是花中偏爱菊，此花开尽更无花。"确实，在隆冬岁末是再

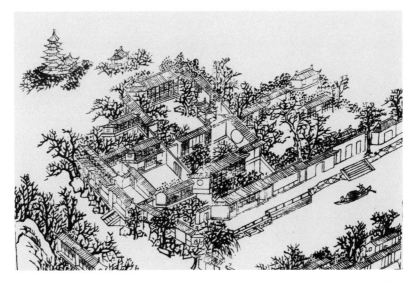

虎丘花神庙

难看到美丽的花朵了,但苏州的花农技艺精湛,早在三百多年前,就能运用窨窖熏花法,在天寒地冻的冬季将百花催开。他们用纸将花房的门窗缝隙封密,不让它漏风,再在地上挖个坑,把花盆搁在坑上,然后将沸水灌入坑内,以汤气熏蒸花朵。在他们的精心照拂下,牡丹、碧桃等竟然奇迹般地绽开了它们娇艳的花瓣。这就是苏州人所谓的"窨花"或"唐花"。古人有诗云:"牡丹浓艳碧桃鲜,毕竟唐花尚值钱。野老折梅柴样贱,数枝也够买春联。"(蔡云《吴歈》)聪明的苏州花农用辛勤的劳动换取自己的衣食温饱,也点缀、美化了人们的生活,在严寒中给人们带来春的温馨。

为满足苏州妇女晓妆时云髻簪戴和衣衫佩饰鲜花的需要,苏州还出现了以卖花为业的卖花女,苏州人俗呼为"花娘"。她们身穿毛兰布衫,臂弯里挎一只盛满鲜花的竹篮,每日清晨,过桥串巷,一路吟卖,那吴侬软语,紫韵红腔,富含诗情画意。"怡贤古寺晓钟催,柳暗桐桥户未开。独有卖花人早起,浓香和露入城来。"(佚名《虎丘竹枝词·晚景》)这是一幅多么美妙的图画呀!

苏州专营花草的花树店也出现得较早。清代嘉、道之际,山塘桐桥以西,花树店就有数十家之多。这些花树店十分善于经营,它们除满足本市居民的需要以外,还以南来的花卉售与北客,而将北来的花草售与南人,使得无名花草顿然身价百倍,真所谓"更怜一种闲花草,但到山塘便值钱"。

也有花农本身直接经营花草买卖的,他们会编制各种花篮出售。有一种花篮,中间可以藏一个瓷盂或玻璃杯,里面可以养鱼,还可以燃灯,盂或杯的上下缀满了鲜花,琳琅满目,错落有致,十分可爱。过去每逢市会,夕阳将坠之时,花农们就驾小舟,到山塘河、野芳浜等画舫游艇停泊之处，拦舱叫卖。有一首《虎丘竹枝词》描写了当时的情景：

> 平波如镜漾晴烟，正是山塘薄暮天。
> 竟把花篮簪茉莉，隔船抛与卖花钱。

相传，农历二月是百花的生日，具体日子各地略有不同，有的在二月二日，有的在二月十五日，而苏州则在二月十二。民间又将这一天称为"花朝"。

传说唐代的武则天嗜花成癖，每年二月十五她总要令宫女去采集百花，然后将其和米放在一起，捣碎后蒸制成糕，并用这种花糕来分赐群臣。从此相沿成习，这一天也就成了后来的花朝、花生日。

还有一个民间故事是这样说的：盘古开天辟地后，世上万物皆备，独缺花卉。他就将百花种子给了他美貌的小女儿，叫她种到花园的五色泥土中。九十九天过后，百花盛开了，他又叫女儿摘下花朵撒向人间。这一天正好是二月十五，盘古见人间从此到处鲜花盛开，非常高兴，就将女儿封为花神，二月十五这一天也就成了百花生日。

花神崇拜其实是万物有灵观念的反映，它的历史一定非常悠久。而且，早先的花神定然也不止一位，在人们的想象中，每一种花都应该有一位花神来主宰，到后来才将许多花神的职司集中到少数几个花神身上。

苏州人爱花，因此对花生日也就特别看重。这一天，人们都会虔诚地给庭院中的花枝剪贴上七色彩缯，或扎上红绿绸带，插上小红旗，向百花表示庆贺，这就叫作"赏红"。据说人们若逢花生日而不去赏红，花树即使不被气死，这一年的花也决开不好。清代蔡云有《吴歈》诗云："百花生日是良辰，未到花朝一半春。红紫万千披锦绣，尚劳点缀贺花神。"它所吟咏的正是人们给花树赏红、贺花神生日的风习。

花农们将花树看作自己的衣食父母，更是不敢怠慢。这一天，他们要到花神庙去给花神庆寿。过去苏州城有好几座花神庙，最有名的要数建于乾隆四十九年（1784）的虎丘花神庙了。《虎丘花神庙记》云："花神庙在虎丘云岩寺之东，试剑石左。"所祀的花神也不是盘古的女儿，而是清代一位著名的园艺家。"郡人陈维秀善植花木，得众卉性，乃仿燕京窨窖熏花法为之，花则大盛。""繁葩异艳，四时花颗，靡不争奇吐馥，群效于一月之间。"于是"郡人神之"，将他看作花神，并"立庙殿三楹，环两廊，有庭有堂，莳杂花，荫以秀石"，成了都人的一处游观胜地。[①]

虎丘另有一座花神庙，在桐桥内。此庙建于明代洪武年间，所祀花神姓李，并被冥封为永南王。这座花神庙庄严肃穆，正殿中央端坐着花神神像，两边是主司各月花事的十二月花神。

每年二月十二花神生日这天，花农们都早早赶到庙内去庆贺，在神像前供上寿桃寿糕、猪头三牲、各色干鲜果品，焚香点烛，叩头祝福，还要献上一份礼钱，然后在庙里吃寿酒。这一天的中午，花农们要为花神换新袍，还要请了"堂名"来演唱。入夜，众人手提花灯，抬了花神，在虎丘、山塘一带游行，这就是十分诱人的花神灯会了。花神灯会以后，庙里还要唱戏，往往直要闹到天亮，才各自尽兴而归。

[①] 引文均转引自陆肇域、任兆麟《虎阜志·虎丘花神庙记》，与顾禄《桐桥倚棹录》所引略有不同。

◎ 日 常 生 活 ◎

苏 州 民 俗 >>>

衣食住行是日常生活最基本的内容。生活民俗当然会受社会经济、政治等制度文化和宗教意识、价值观念、审美情趣等心态文化的影响，而一个地方别具特色的生活习俗，又与该地自然环境和主要生产活动直接相关。试想，如果没有水，哪会有鱼和稻，没有了鱼和稻，也就不会有美味的鱼馔、喷香的米饭、可口的糕团、醇厚的米酒……苏州这块古吴之地也就不会被称为"鱼米之乡"了。

鱼、稻两者，特别是水稻，在相当漫长的历史时期内曾经是吴地最重要的生活资料，稻作生产则是最主要的社会生产。如果没有水，没有水稻生产，就不会产生像用直、胜浦、唯亭一带那种独具特色的水乡妇女服饰，也就不会有坐北朝南、临水傍河、前带场地的那种江南居室了；如果没有水，没有以水为基础的水稻生产，也不会有以船和桥为特色的水乡交通了。

苏州不但盛产大米，而且也盛产丝绸，是著名的"丝绸之乡"，这又形成了苏州人以绮罗绸缎为衣的生活习俗。

水乡泽国的自然环境和以稻作、蚕桑为主的社会生产，对吴地的民间生活习俗产生了巨大的影响，许多独具特色的民间生活习俗就是在这个基础上产生出来的。当然，从这些日常生活习俗中，也不难发现苏州人的聪慧和深厚的文化底蕴。

美哉江南米

苏州是著名的鱼米之乡,"民食鱼稻"是苏州地区历史悠久的饮食习俗,特别是稻米,直到今天仍然是苏州人的主要食粮。

过去,国外的学者都认为印度是亚洲水稻的发源地,那儿最早的稻谷标本出土于公元前2 300年至公元前2 000年的遗址中。后来泰国发掘出了稻谷遗存,人们又认为中南半岛北部是亚洲稻作文化的发源地,但那里发掘出来的稻谷也只是公元前3 600年左右的遗物。我国的考古工作者却在草鞋山发掘出了距今有6 000多年历史的炭化了的粳米和籼米的稻谷。我们可以非常骄傲地说:"以苏州为代表的中国江南太湖流域,是世界上最古老的稻米故乡之一。"

太湖流域的自然条件,确是得天独厚。这里气候温润,四季分明,雨量充沛,河网交错,最是适宜水稻生产。千百年来,吴越古地的先民,就是仰仗于稻米这一最基本的食物,繁衍生息,创造出了灿烂的文明。

米,是江南人的命根子,一日三餐几乎都离不开米;要是一连几顿见不到米饭,那简直就有点"日脚不好过了"。尽管江南也种麦,江南人也吃面食,那只是暂时"调调胃口"的东西。谚云:"吃煞馒头不当饭。"这正是江南人偏爱米食的生动写照。

江南米的品种很多，范成大有诗云："吴田黑壤腴，吴米玉粒鲜。长腰铇犀瘦，齐头珠颗圆。红莲胜雕胡，香子馥秋兰。或收虞舜余，或自占城传……"诗后自注曰："长腰米，狭长，亦名箭子；齐头白，圆净如珠；红莲，色微赤；香子，亦名九里香，斗米入数合作饭，芳香满案；舜王稻，焦头无须，俗传瞽瞍烧种以与之；占城种，来自海南。……以上皆吴中米品也。"

从范成大的诗文中，不难看出吴中米品之众。据明代黄省曾《理生玉镜稻品》一书记载，16世纪时苏州一带，水稻就有38种之多。不过，距今数十年来，已经很少有人知道这些米品了。这也难怪，在凭票购粮的几十年中，米店里几乎只有一种粮价一种米。直到改革开放后，粮票取消，粮价放开，农民获得了适应市场经济需求的自主经营权，不同米品才又出现。

大致而言，米有粳、籼、糯之分。粳米一年一熟，性软味香，可煮干饭、稀饭；籼米有早、晚两熟，性硬而耐饥，适于煮饭；糯米黏糯芳香，常用来制作糕点或酿制酒醋，也可煮饭。

太湖流域的食制和稻作生产有着密切的关系。

民间食制，一般一日三餐，特别是城市，一年之间基本上没有什么大的变化。农村食制，大致因农时忙闲而异。除农忙季节外，平日亦以一日三餐为多。过去农民都比较贫困，生活特别节俭，以"一干两稀"为常。即早、晚吃粥（稀），中午吃饭（干）。即使煮饭，也常常加很多水，以增加出饭率，节省开支，故而有"一年烂粥烂饭买条牛，三年烂粥烂饭起幢楼"的谚语。农忙时则不但改粥为饭，而且还增加餐数，大致为一日四餐或五餐。

苏州郊县农村,农忙时一般一日吃四顿,莳秧时就要吃到五顿。农民们早上3点多起床下田,6点多早饭由家人送到田头。一般吃"面衣"、粥,以咸菜、酱瓜、鸡蛋等佐餐。之所以要由家人送到田头,一是因为这样可以不误农事,二是也有比一比谁家饭菜好的意思。这实际上是用"激将法"来使农村主劳力能在农时中吃得好一点,属于保护农村劳动力的一种风习。上午10点左右一般回家吃中饭。下午2点多,要吃点心,或预先带到田头,或由家人送到田头。傍晚6点多吃晚饭,一般回家吃。最后一顿在晚上10点多收工后再吃。上午10点多的一顿是主食,食品一般是饭菜或粽子、"面衣"等。莳秧时的菜也特别丰富,其时新蚕豆已经收获,饭桌上往往有炒油豆、油盐豆。另外,当时正好是太湖银鱼捕捞季节,河里虾儿也正

粽子最耐饥

产子,所以常有银鱼炒蛋、白虾炒蛋等佳肴。此外尚有韭菜炒蛋、捏面筋、腊肉、黄花鱼、菜花头干、咸蛋等菜肴。

这种闲时三顿、忙时四至五顿的饮食制度是与稻作生产紧密相关的,可以说是由稻作生产决定的。农忙时,劳动时间长,劳动强度大,特别是莳秧时,往往要从早上3点多直忙到晚上10点多,这样的劳动特点就必然要以增加进餐次数、丰富营养来补充和维持体力,否则稻作生产就不可能正常进行下去。

农忙时人手少,时间紧,制作食品既要省时,制作出来的食品又要耐饥,而粽子、"面衣"等正符合这样的要求。特别是粽子,包裹、煮熟后便于存放,不易变质,携带方便,随时可以食用,食用时不需要再作加工,而且十分耐饥。除了端午吃粽子等节令习俗的因素以外,适应稻作生产需要是这种食品得以盛传数千年而不衰的最根本的原因。从某种意义上说,可以把粽子叫作稻作食品。

太湖流域的某些节令食俗,也是稻作生产的产物。

吴地二月二有吃撑腰糕的节令食俗。二月二,时近惊蛰,太湖流域的气温开始上升,土地解冻,春雷震动,蛰伏过冬的动物纷纷惊醒,恢复活动,民间有"二月二,蚰蜒百脚全下地"之谚。这时农民们也要开始为稻作生产作准备了。早春二月,太湖流域的雨水也开始多起来。民间传说,龙是掌管雨水的,因此二月二又被称作"龙抬头日"。江南民间还传说二月二是土地生日。土地生日为什么不早不晚偏偏要在二月二呢?这也和稻作生产有关,稻作生产离不开土地,而二月正是春耕时节。所以,二月二实际上是一个稻作农业的节日。二月二吃糕的习俗在太湖流域十分普遍,据古书记载:"杭俗:二日,煎糕、炒豆,以祀土地。"用糕来祭祀土地是为了让土地给人们带来丰收，这当然是包括苏、杭在内的稻作区人民的期望。但苏州地区二月二的吃糕，似乎与稻作生产关系更为直接。苏州旧俗，这一天人们要油煎隔年年糕食用，叫作"撑腰糕"，据说吃了可以腰脚轻健，筋骨强壮，种田时腰不会疼。早春二月，农民们开始为稻谷生产做紧张的准备，特别像罱河泥这样的劳动，强度很大，腰部最易疲劳。水田劳动，没有一个好的身体便无法适应，不管"撑腰糕"是否确实有强筋壮骨的作用，至少人们通过这一民俗事象，寄托着希望有一个强健的身体的心愿。蔡云的《吴歈》诗对这一民俗事象的内涵做了确切的剖示："二月二日春正饶，撑腰相劝唼花糕。支持柴米凭身健，莫惜终年筋骨劳。"

与二月二吃撑腰糕相似的，还有三月三吃"眼亮糕"的食俗。眼亮糕亦"以隔年糕油煎食之，云能明目"。春光明媚，田野上花草已经盛开，人们结束了在阴霾的冬日里的蛰居生活，开始到野外耕作，当然是眼目为之一亮。至于油煎糕，我们不必研究是否确有亮眼的功效，至少它比一般食品更为耐饥，自然是稻作生产季节的良好食品。

谚云："清明谷雨紧相连，早稻地区种秧田。"进入农忙季节，农民们要做秧田、播谷，要锄地、灌水、莳秧、施肥……大量艰苦的田间劳动开始了。为了维持这种高强度的劳动，饮食自然就成了十分重要的事情。莳秧前要好好吃一顿，特别是第一天莳秧，一定要吃菜花头干烧肉，并且菜花头干里边要有一些（10—20根）不可切断，并要将它们打一个结，以祈今后稻穗也会长得一样长。吃到的人，别人就会祝贺他"吃到了个大稻穗头"。这种饮食习俗虽有象征内涵，但注意大田劳动期间的营养也是非常实际的事情。

民间将农历三月二十八称为"长工生日"，这正说明此时段是最要长工出力的,也是长工最为重要的时期。这一天,主人家要特别善待长工,因为稻田里农活的好坏全在长工手里,正如俗话所说:"小菜碗在东家娘娘厨里,生活出勒浪我手里。"

更有意思的是,为了夺得丰收,农民们对耕牛的饮食也十分注意。当黄梅天气结束,莳秧也结束以后,农民们都要斋牛栏。斋牛栏时用两只团子(或馒头),三样菜(鱼、肉、素菜),一壶酒。斋过牛栏以后,酒要舀给牛吃。据说,这一天是"牛生日"。

四月八日,枫桥、木渎、胥口、横泾等地则有吃乌米饭的习俗。乌米饭又称青精饭,由糯米加乌饭树叶的汁煮成。制作时先将乌饭树叶捣烂、滤汁,再把淘洗好的糯米放入汁水中浸泡,四小时后取出糯米,加适量清水煮熟,吃时加白糖,是富有营养的食品。作为制作乌米饭的原料,糯米已为人们所熟知,乌饭树则稍逊一筹。《本草纲目》中将乌饭树称为"墨饭草",《本草拾遗》中称之为"牛筋",《本草图经》则称"南烛草",此外还有康菊子、染菽等名称。据医学测定,乌饭树的子、根、叶都具有益精气、强筋骨、明目、止泄等功效。乌米饭原来是道家养生食品,后来在佛门中也多有流传。当人们知道它的强身功效之后,民间也就广为食用了。特别是苏州西郊的山区,乌饭树尤多,乌米饭也就成为农忙季节当地农民的滋补食品。

以上这些食俗尽管名目各异,花样不同,但其通过丰富饮食来强身健体,以适应稻作生产繁重的体力劳动需要这一点却是相同的。可以说,这段时间饮食习俗的主题,就是"全力以赴夺丰收",这是在稻作生产基础上形成的食俗。

米在江南的主食地位,几千年来始终未被动摇过。一年三百六十五天,天天米食而不厌,其原因就在于江南人吃米会吃出许多"花头"来。

最常见的米食,当然是饭和粥。

最为便捷的便是烧菜饭。满满地盛上一碗,浇上酱油,加一点猪油一拌,那味道真够诱人的。如果在菜饭里面放上一点咸肉,烧成咸肉菜饭,吃起来就更香了。菜饭里加进黄豆、赤豆、胡萝卜之类,就成了"花色饭"。城里人如遇有下乡劳动、外出春游之类的重大活动,炒一碗蛋炒饭,是十分耐饥的,如果放点青葱一起炒,那就更加喷香可口了。

相形之下,夏天的晚饭则要简单得多:盛一碗冷饭,茶水一淘,拣两根红萝卜丝,碗头上一放,那就是清清爽爽的一碗"茶淘饭";如果有两块涂上了"红辣火"(辣椒酱)的油氽臭豆腐干,那真是美不可言。江南人实在会吃,据说还可将旱莲草、菊花等入饭,烧成各种花色饭。

粥之于饭,在苏州食俗里地位要略逊一筹。苏州谚语有"害乡邻吃薄粥"的说法,似乎吃粥总和穷困连在一起。民间传说,范仲淹小时候家境贫寒,就常以粥为食。他和母亲一起住在天平山脚下的咒钵庵里,每天只能烧一顿粥,放在盘子里让它凝结起来,然后划成几块,每顿只能吃一块。这就叫作"断齑画粥"。其实,吃粥也自有吃粥的风趣。

苏州人将粥分成两类:饭泡粥和米烧粥。饭泡粥爽口,米烧粥则软糯且易于消化吸收。夏天,在粥里放上一些绿豆,烧好了连锅放在井水里一凉,就是最好的消暑食品了。冬天,在粥里放些赤豆,烧成赤豆粥,喝了又暖和,又补身子。据古书记载,过去民间还有诸多的花色粥,如用雪水加上白米煮粥,将熟时,放入梅花同煮,即成"梅粥"。古人有诗《落梅有叹》云:"才看腊后得春饶,愁见风前作雪飘。脱蕊收将熬粥吃,落英仍好当香烧。"写的就是收扫梅花落英,用以烧煮梅粥的情景。另外还可将荼蘼花、杏子等入粥,烧成"荼蘼粥""真君粥"等,花色繁多。宋代著名诗人陆游曾有《食粥诗》云:"世人个个学长年,不悟长年在目前。我得宛丘平易法,只将食粥致神仙。"可见,粥还有养生长寿的功效。

除了饭和粥之外,苏州还有不少米制食品。粽子是苏州人过端午节所必不可少的节令食品,也是郊区农民莳秧时的重要食品。苏州人还常以粢饭作早点。粢饭的做法也颇为特别:先将糯米煮成饭,然后舀入湿毛巾里,用手在毛巾外将米饭捏成团状。如果里面包入油条,吃起来就更加别有风味了。

还有一种叫作"粢饭糕"的米制食品。小贩挑了一副行担出现在街头,担子的一头是炉子油锅,另一头的木框里则放着粢饭的料胚。"粢饭!粢饭!"他一边吆喝着,一边便将划成长方形的粢饭放进油锅。粢饭在翻滚着的油锅里"吱吱"发着叫声,一会儿就泛出金黄的色泽,但一口咬开香脆的外壳,里面依然雪白。倘在粢饭的外面抹上一点儿红辣火酱,那真是"味道好极了"!

至于用米磨成粉,用粉制成糕团,其历史已是非常悠久的了。据宋代志书所记,当时苏州城内已有"雪糕桥""沙糕桥""豆粉园""水团巷"等以糕团命名的街巷,可见其时苏州糕团业之规模。到了明清两代,苏州糕团更是远近闻名。袁枚在《随园食单》中说:"软香糕以苏州都亭桥为第一,其次虎丘糕西施家为第二。""三层玉带糕以纯糯粉作糕,分作三层,一层粉,一层猪油、白糖,夹好蒸之,蒸熟切开,苏州人法也。"《红楼梦》中也写到过苏州的糕团。

苏州糕团素以用料精、加工细，讲究色、香、味、形俱佳而著称于世。色，多用天然植物色素，如以苎叶为青，以南瓜为黄，以赤豆为紫等。香，也多以原料的自然香味为主。味，有甜、咸之分，且有重糖、轻糖、椒盐、鲜咸等区别。形，则有长、方、圆、菱形等多种，并在此基础上发展出了寿糕、寿桃、寿星、蟠龙等粉捏动植物、人物等造型。

糕团在苏州人的生活中有着重要地位。苏州人一年四季的岁时节令，几乎都与糕团有关，如过年要做年糕、元宝糕；正月十五要吃元宵（小汤圆）；二月初二要吃撑腰糕；清明要吃青团子；四月十四轧神仙，要吃神仙糕；五月端午裹粽子；六月初四、十四、廿四比户谢灶，要吃谢灶团子；七月十五祭鬼神，要做豇豆糕；九九重阳，要吃重阳糕；冬至，要做冬至团子……

苏州人在举行婚丧寿诞乃至造屋、迁居等重大礼仪时，也都离不开糕团。例如姑娘出嫁要做蜜糕馈赠亲友，以喻婚姻的甜蜜；祝寿，要送寿糕、寿桃，祝愿老人健康长寿；小孩满月剃头，做周岁，要吃剃头团子和周岁团子；入学，要做扁团子；造屋上梁，迁居，则要买定胜糕馈赠邻里；直到如今，丧家办完丧事，还要给助丧亲友分发云片糕……

鲜矣太湖鱼

摇摇摇,
摇到外婆桥。
外婆叫我好宝宝,
买条鱼烧烧。
头不熟,
尾巴焦,
盛勒碗里跳三跳,
吃勒肚里吱吱叫……

这是流传在苏州民间的一首儿歌。过去,鱼在苏州人饭桌上确实只是家常小菜:鲫鱼汤煮得浓浓的,像牛奶一样白,鲜美无比;红烧鲫鱼,加上点"雪里蕻",那更是——用苏州人的话来说——"鲜得连眉毛也要秃(读音同'吐')脱哉"!黄鱼上市时,放上几颗大蒜头来烹饪,香气扑鼻,真让人直滴口水;塘鲤鱼,样子怪怪的,扁扁的嘴巴周围居然还稀稀地长着几根胡须,用来炖蛋、烧汤,又鲜又嫩……

莼鲈之思

"吴"这块土地,处于江湖河海之间,自古以来就是水乡泽国。俗话说"靠山吃山,靠水吃水",吴地自古"民食鱼稻,以渔猎山伐为业","食鱼"的历史比"饭稻"还要早。鱼曾经是吴地先民们图腾崇拜的对象,可见在他们生活中的重要地位。甚至有学者说:"吴字即鱼字。"确否?不知道,但有一点却似乎可以作为佐证:在老苏州的口中,"鱼"与"吴"的读音却是相同的,直至今日,"吴趋坊""吴门桥"中的"吴"字读音,还是与"鱼"同音(读若北方口语"嗯哪"中的"嗯",声调则为阳平)。

太湖是吴文化的摇篮,太湖的水灌溉了吴中大地,培育出灿烂的吴地稻作文化;太湖的鱼更滋养了吴民的肌体,使他们变得分外的聪明伶俐。银鱼、梅鲚、白虾都是太湖著名特产,被人称作"太湖三宝"。

银鱼，肉质近似透明，色泽如银，因以得名。鱼身像筷子般细长，形如玉簪。有人说，它是孟姜女的肉变的；又有人说，是当年东吴孙权舟行江上时将吃剩的鱼脍倒到江里变的，所以又叫"脍残鱼"。银鱼肉质肥嫩鲜美，好像根本没有骨头、没有鱼鳞、没有内脏一样，无刺、无腥；营养又极为丰富，有"水中人参"之誉。用来炒蛋、干炸、煮汤均宜，还可裹在春卷、馄饨内作馅。

梅鲚，头大尾尖，鳞细体扁，银光闪闪，状似竹刀。它肉肥骨嫩，吃口腴美，营养丰富，但捕捉起来颇为不易。渔民有"梅鲚头上七道篷"之谚，可见其游速之快。他们为了捕获梅鲚，也需撑足风帆，全速前进才行。梅鲚可以清炖、红烧、糖醋、油爆等多种烹饪方法鲜食，也可晒干或制成罐头，以备久藏或出口。过去梅鲚和银鱼都曾作为贡品，年年远输京城。

白虾，通体透明，晶莹如玉，俗称"水晶虾"。它营养丰富，且有"托痘疮、下乳汁"和"托里解毒"等药用价值。每年五六月白虾产卵期间，雌虾腹子饱满，脑椎充实，肉质鲜美。可作盐水虾、油爆虾，也可去壳取仁，用以炒蛋、作汤。以洞庭碧螺春茶作调料，入锅与虾仁同烹，茶香虾鲜，别有风味。如将洗净的活虾放入白酒、酱油等配成的调料，制成"呛虾"活吃，鲜嫩异常。将白虾晒干做成"虾米"，更可久藏；食用时，以虾米少许，烧菜，煮汤，都十分鲜美可口。

太湖中还有一种珍稀鱼类——鲃鱼，以十一月太湖所产鲃鱼的肝、肺为原料烹煮出来的鲃肺汤，肉肥汤白，鲜美无比。1929 年，中国国民党元老于右任先生在木渎石家饭店品尝了鲃肺汤后赞不绝口，欣然提笔，写下七绝一首道："老桂花开天下香，看花走遍太湖旁。归舟木渎犹堪记，多谢石家鲃肺汤。"后来李根源先生又为该店题写了"鲃肺汤馆"匾额,从此石家饭店名扬四海。

因其地濒临大海、偎倚长江,除太湖水产以外,苏州地区还大量出产海鱼。古书所记石首鱼,便是其中之一。石首鱼即今天所说的黄鱼之类,因头盖骨上有两枚豆瓣大小的骨头,白而且坚,像石头似的,故而叫作石首鱼。初夏,当楝树开出淡紫色的朵朵小花时,石首鱼便上市了。苏州早有"楝子开花石首来,笥中被絮舞三台"的谚语,说的是人们不惜典卖棉絮来买石首鱼尝鲜,一饱口福。其时,天已微热,石首鱼极易发臭变质,但吴人却嗜之如故,所以又有"忍臭吃石首"的俚语,可见石首之让人垂涎。

吴人何止忍臭吃鱼,简直是到了嗜鱼不要命的地步。吴地有一种河豚,其味甚美,但内脏、卵、血均有毒。食河豚而亡者时有所闻,但嗜食者仍大有人在,故而苏州人有句俗话,叫"拼死吃河豚"。

每到黄霉(梅)季节,大批白鱼便从太湖经漕湖,一路向东入海洄游了。其时白鱼之多,声如响雷,这便是一年一度的白鱼阵。民间传说,太湖君欠了东海龙王的债,因为无力偿还,只得每年送白鱼去抵利息。白鱼不但肉细味美,而且身子洁白,尾巴火红,漂亮之至。

还有一种鲥鱼,也生活在海里,每年五六月份便沿江溯游,进入淡水河产卵,因其进出有时,故而人称鲥鱼。鲥鱼一向是宴客的佳肴,最为特别的是,一般烧鱼都要去鳞,唯独烧鲥鱼不能去鳞;烧好的鲥鱼,每片鳞上都能吮吸出黏稠的脂膏,味美可口。所以,王安石诗有"鲥鱼出网蔽洲渚,荻笋肥甘胜牛乳"之句。

刀鱼的味道也甚鲜美,它有一种特别的吃法,即制成刀鱼面。刀鱼细嫩,一经蒸煮,酥松脱骨,将剔除了骨刺的鱼肉和在面粉里,摇制成面,就成了刀鱼面了。刀鱼面的鲜美,不尝是不知道的。

"西塞山前白鹭飞，桃花流水鳜鱼肥。青箬笠，绿蓑衣，斜风细雨不须归。"唐代诗人张志和的这首《渔父歌》既为我们描画了一幅江南阳春三月渔父垂钓图，又可见江南的鳜鱼早已闻名，每当春来，桃花水发，鳜鱼也就肥硕可食了。现在苏州松鹤楼的"松鼠鳜鱼"最为出色，烹好的鳜鱼头昂尾翘，酷似松鼠，其味酸甜适口，其肉鲜嫩无比，且无细刺，真可谓色香味形俱佳。

鲈鱼也是江南所产美味。晋代吴郡文人张翰在洛阳做官，秋风乍起，忆及家乡鲈脍莼羹的美味，竟挂印辞官，退隐乡里。这便是成语"莼鲈之思"的出典，由此可见鲈鱼、莼菜这两道美味的魅力。苏州吴江素以出产鲈鱼闻名，被人誉为"鲈乡"。南宋诗人杨万里有诗道："鲈出鲈乡芦叶前，垂虹亭上不论钱。买来玉尺如何短，铸出银梭直是圆。白质黑章三四点，细鳞巨口一双鲜。秋风想见真风味，只是春风已迥然。"明代的苏州才子唐伯虎，到吴江品尝鲈鱼之后赋诗，也有"鲈鱼味美村醪贱，放筋金盘不觉空"之叹。

苏州人吃鱼是有许多讲究的，比如要讲时令，按农历：正月塘鲤，二月鳜鱼，三月甲鱼，四月鲥鱼，五月白鱼，六月鳊鱼，七月鳗鱼，八月鲃鱼，九月鲫鱼，十月草鱼，十一月鲢鱼，十二月青鱼。

苏州人一般不吃鲤鱼，因为民间传说鲤鱼是要去跳龙门的，跳过龙门，天火就会烧掉它的尾巴，鲤鱼就会变成龙。四月初八释迦牟尼佛生日这天有"放生会"，放生的鱼即以鲤鱼为多，因为鲤鱼多子，放一尾鲤鱼，可以抵几尾乃至几十尾其他鱼，更何况鲤鱼还会跳龙门变龙呢。

正因为鲤鱼多子，会跳龙门，所以苏州人又将它视为宜子之兆。苏州桃花坞木刻年画上的胖小子就抱了一条大鲤鱼，十分逗人喜爱；未孕妇女买一张贴在房里，以祈得子且望其成龙（成凤）。

说起来也怪，鬼神似乎特别嗜好鲤鱼，凡造屋上梁、"接路头"、祭祖等所供的三牲中，往往少不了鲤鱼。其实是因为"鲤""利"谐音，无非意在向鬼神乞求多多赐福、赐利而已。但是"鲤"字又与"离"字谐音，因此，过去生了孩子吃满月酒或做周岁时，倘若生的是男孩，要吃鲢鱼；如果生的是女孩，则一定要吃鲤鱼，希望不要连生女孩，表现出重男轻女的封建意识。小夫妻成亲结婚，也不能吃鲤鱼，而要吃鲢鱼或青鱼，以示心心相连，亲亲爱爱；而居丧之家则是绝不能吃鲢鱼的，意思颇为明白，一个家庭难道可以连连死人吗？——对这些民俗略加对比分析，颇能看出"民族性"里的"实用主义"色彩。

"鱼"与"裕""余"同音，所以过年吃年夜饭，餐桌上总少不了鱼，而且食必剩鱼，以为"吃剩有余"的象征。民间图案上也往往有鱼，莲花与鱼搭配，称之为"连年有余"；两条鱼叫"双鱼（余）吉庆"；九条鱼则是"长久（九）富裕（鱼）"的象征了。

苏州人的生活真是离不开鱼，鱼米之乡的苏州也确实多鱼。过去苏州的鱼市十分兴盛，大多集中在虎丘、山塘一带。卖鱼者又以妇女为多，这些妇女口齿伶俐，眼明手快，又都是速算的能手，颇有一些做生意的本领，苏州人将她们叫作"卖鱼娘娘"。当时卖鱼，都以木桶盛放，鱼在盆桶中蹦跳嬉游，卖鱼娘娘手执竹笊篱，顾客看中哪条，即以笊篱将它捞起，上秤算账，简直比电子秤还灵。

除了鱼鲜之外，苏州还有许多水产，"水八仙"便是其中之一。八仙是民间传说中汉钟离、张果老、吕洞宾等八位仙人的统称，人们借用"八仙"之名来称呼茭白、莼菜、菱角、塘藕、芡实、荸荠、慈姑、水芹八种水产，足见对这些水产的赞美。

小吃诱人翻花样

苏州小吃历史悠久,花色繁多,特别是城内玄妙观,更是小吃摊店的集中地。据有关古籍记载,至迟在明代,玄妙观即已形成露天集市。清代时,这里成了全市最繁华的中心。顾禄在《清嘉录》中曾对新年时的玄妙观小吃摊店情景作过记述:"城中玄妙观,尤为游人所争集。……支布幕为庐,晨集暮散,所鬻多糖果、小吃……茶坊、酒肆及小食店,门市如云。……托盘供买食品者,亦所在成市。"1912年,玄妙观的弥罗宝阁被大火烧毁,三清殿后出现了一块三千多平方米的废旧空地,各种小吃摊店便从正山门、东西脚门、三清殿露台周围等地延伸过来,小吃集市更加兴旺。

旧时玄妙观小吃品种之多,用"应有尽有"一语来形容,实不为过,如小笼、汤包、锅贴、馄饨、糖粥、凉粉、藕粉、豆腐花、佘鱿鱼、熏鱿鱼、灰汤粽、梅花糕、海棠糕、焐酥豆、八宝饭、铜锅菱、糖炒栗子、小米子糖、千张百页、鸡鸭血汤、小肉线粉、五香排骨、水晶汤团、紧酵馒头、五香茶叶蛋……数不胜数。每个摊贩都以自己拿手的制作技艺,经营一两种特色食品,各树一帜,在竞争中求生存、求发展。就在这样的竞争中,形成了许多有名的小吃"品牌"。

1935年，《苏州明报》专门撰文介绍玄妙观小吃，说文魁斋的梨膏糖，与一枝香的瓜子，采芝斋的楂糕，同是苏州著名糖果；玄妙观的豆腐浆，东脚门的王文元家最为著名；五芳斋的排骨很出名……露台上的糖粥，御道东的海棠糕，东边的小肉线粉，都是玄妙观里出名的食品。

这些著名的小吃摊，确是经营有方，各有特色，其经营手段对今天处于激烈市场竞争中的商家，也不无参考价值。《苏州明报》所提到的东脚门"王文元家"，也就是玄妙观的王源兴。早在清末，就有人在玄妙观财神殿前一棵大树下设摊位，专卖酒酿与豆浆；因其售卖的酒酿酥糯甜醇，深受苏州人欢迎，被人称作"大树边酒酿"。后来摊主年迈，就将摊子转让给别人继续经营，因为"大树边酒酿"本来就小有名气，再加上后继者的努力，生意竟然大有发展，就在大树旁空地上造起四栋房，正式开起了小吃店，店名就叫"王源兴"，但经营品种仍然只有酒酿、豆浆。它生产、加工的豆浆十分考究，有高低档次之分，最好的甜浆，加有杏仁、松子、桂圆肉等果仁；咸浆内则有火腿、开洋、油渣、肉松等配料，并以上好母油冲成。此外，尚有豆浆冲酒酿、豆浆冲排骨屑等品种，咸甜不一，各有风味，深受广大顾客欢迎，村妇、学子、名儒、富商都常光顾，可谓妇孺咸宜，雅俗共赏。

据20世纪30年代《苏州明报》报道，宫巷口有周万兴，是百数十年老店，所售米蜂糕，乃遵照祖传秘诀制造，出笼时圆大如盘，零售时不可用刀切，只能用线解，其松软程度可想而知。由于周万兴米蜂糕深受顾客青睐，所以仿制者不少，有人甚至专门在周万兴旁边租赁房屋，每夜从穴隙窥视，想探其秘技，但仿造出来的米蜂糕，终不脱发酵味，到晚还会发酸，而周万兴的糕，即使放上数天，也只是糕质略硬而已，其味却不稍变。后来，这家老店由店主的女婿接班，由于未得真传，米蜂糕的质量日降，终于只好关门大吉。

玄妙观露台下有位摊主，对"发鱿鱼"技术独有一功，所发鱿鱼既白又大，通体酥松。摊旁设有沸滚油锅一口，文火风炉一只。鱿鱼投入油锅一溜即起，剪成小块，盛于盆中，浇上特制甜酱，鲜嫩异常。如将鱿鱼剪成梳状，用铅丝夹夹了，在风炉上慢慢烤成鱼干，又是另一种风味，鱼香缕缕，直让人垂涎欲滴。

玄妙观山门附近原有几爿碗店，有位"挑碗阿大"，专为碗店挑碗，后因年岁增大，挑碗已力不从心，就改业烧铜锅菱。他烧菱所用铜锅特别巨大，足可容菱百斤。中秋前后，每天下午，他的铜锅菱摊就出现在玄妙观里，风箱将炉子扇得通红，烧出来的菱却是壳碧皮绿，菱肉洁白，酥甜异常，一锅菱刚熟，往往片刻就销售一空。"挑碗阿大的菱"，也成了受人欢迎的小吃。

还有一位外地妇女，20世纪20年代中期带着三儿三女划了艘小船来到苏州。起先她在玄妙观三官殿前摆个转糖摊，卖点藕粉以及藕粉圆子之类小吃。由于她做出来的圆子滑爽可口，很快便赢得众多顾客。之后还卖莲心羹、芡实汤、八宝粥、赤豆羹……品种日益增加。转糖摊就靠着她的勤奋刻苦，居然慢慢成了气候。于是搭篷建店，这就是后来玄妙观内著名的小吃店"小有天"。

除玄妙观、阊门石路、胥门等闹市以外，苏州小吃还出现在木渎灵岩山、天平山以及虎丘等游览胜地。此外，在轧神仙、游石湖等庙会时，也常见到这些售卖小吃的小摊和小贩。

过去，小街小巷里也常能见到这些小贩的身影，他们边走边叫——

"阿要买热格和尚菱哦!"

"黄连豆来——腌金花菜!"

"呱喇喇喇三把盐炒豆!"

……

那吴侬软语的叫卖声特别动听,常会让安坐家中的孩子兴奋不已。到了中秋前后,卖白果的就会挑着担儿,摇着手中烤白果的铁丝笼子,串街走巷,到处叫卖:"要吃白果就来苏,又是香来又是糯,三个铜板买五颗……卖热白果嘞!"最有趣的是卖豆腐花的担子,他们的叫卖最为简单扼要,只有一个字——"完!"人们不清楚这"完"是什么意思,或许他们喊的竟是"碗"也未可知。每听到这一声"完",想吃豆腐花的就会拿了碗走到门口,等那担子悠悠地挑来。

以前人们还常能在小巷中看到一种卖馄饨、糖粥、芋艿等小吃的"骆驼担"。这种骆驼担,整体以竹制成,因为形状像骆驼而得名。骆驼担的一头有灶,灶上有铁锅,另一头是装满碗筷和各种佐料的小抽屉;担子中间有根微弯的竹梁,正好可供人肩负而行。担子前头还有一盏小小的风灯,专供晚上照明。可以说,"骆驼担"就是一个集烧、卖于一体的流动小吃铺,即使在寒冬腊月的晚上,它也能将一碗碗热乎乎的点心送到居民的手中。它以梆声为号,"笃——笃笃",每当那富有节奏、清脆悠扬的梆子声在小巷深处响起时,人们就知道,卖小吃的骆驼担来了。楼上沿街的人家,甚至无须下楼出门,只要用绳子将一只放有小碗和点心钿的小篮从窗口放下去,挑骆驼担的师傅就会给你盛上你所要的点心,让你稳稳地吊上楼去享用。那黑夜里如豆的风灯,那悠扬而有节奏的梆子声,绘出了古城一幅多么动人的民俗风情画!

  要历数有关苏州小吃的民俗,几乎是不可能的。如今,那种设在简陋的布帐竹棚下的小吃摊已经看不到了,骆驼担那动人的梆子声也听不到了,但美味的苏州小吃却并未绝迹,人们可以在众多的小吃园、美食林中品尝到苏州传统的风味小吃,而且可以享受到更为优美的环境和更为热情的服务。

喝茶喝出名堂来

"客来倒茶，客去扫地"，是苏州的老人们用来教育孩子待人接物的一句老话。有客在堂，举帚扫地当然不宜；倒杯香茗清茶，却正是苏州人待客的风俗。

苏州人喝茶的历史不知始于何时，据说唐代贞观年间，"茶圣"陆羽曾寓居虎丘，专门对苏州水质、茶叶作过研究品评，可见苏州人饮茶、植茶历史的悠久。

苏州人饮茶一向颇多讲究，不但要茶好，还要水好。

江南名胜虎丘所产"雨前茶"，曾经名扬天下。据志书记载，虎丘茶树，"僧房皆植，名闻天下。谷雨前摘细芽，焙而烹之，名为雨前茶。其色如月下白，其味如豆花香。""虎丘金粟山房旧产茶，烹之，色白如玉，香如兰而不耐久。"明代文震孟曾有专文写到虎丘茶，道："吴山之虎丘，名艳天下。其所产茗柯亦为天下最，色香与味在常品外……"实在是虎丘茶叶忒有名，一般地方官员，你也来讨，我也来要，非但要自己享用，还想借此孝敬"上峰"，虎丘山僧难以应对，还常为此苦受责罚。明代万历年间，寺僧为求永久的清静，一怒之下，干脆将虎丘山上的茶树统统砍了个精光。可叹虎丘名茶，就此绝迹！

　　苏州当今最出名的茶叶，要数"碧螺春"了。碧螺春茶，原产洞庭东山碧螺峰石壁间，当地农民每年都要背了竹编箩筐上山采摘，以供自用。有一年，茶树长得特别好，采下的茶叶多得竹筐里都放不下，他们只得提起围裙来放茶叶。谁知，茶叶在怀中一得体温，竟然异香扑鼻，大出人们意外，禁不住大呼"吓煞人香"。从此以后，每到采摘季节，农民们就沐浴更衣，合家齐往，不再用箩筐来装，而将采下的茶叶尽数盛于腰怀之间。采回的茶叶，经当地精于炒制者的加工，色香味就更佳了。康熙皇帝南巡来苏，品到此茶后大加赞赏，就问此茶名称，听说叫"吓煞人香"，觉得不雅，就给它起了个名字，叫"碧螺春"。从此碧螺春年年进贡，一时间成了天下名茶。如今，洞庭东、西山所产的碧螺春，已经遍销海内外，受到众多消费者的青睐。

　　苏州是著名的水乡，水质也极为优良，特别是胥江水，直接源自太湖，水质清纯甜润。过去的茶馆，多有不惜血本，雇了人到胥江汲水，船运肩挑，将水取回沏茶的。苏州郊区山中的泉水也颇为有名，如虎丘千人石西北的石泉，当年就被陆羽品评为"天下第三泉"；天平山上的白云泉，色白如乳，水味甘洌，"可以醉陆羽之心，激卢仝之思"，用于沏茶，也是一绝。苏州居民还喜以"梅水"烹茶。过去，苏州人的小天井里大多都置有瓮缸，梅雨季节放在露天承接雨水，这就是"梅水"。据说梅水甜滑，甚至胜过山泉；蓄于缸内，水味经年不变。清人徐士铉有《吴中竹枝词》道："阴晴不定是黄梅，暑气熏蒸润绿苔；瓷瓮竞装天雨水，烹茶时候客初来。"

　　除此之外，苏州人饮茶还讲究沏茶用的器皿。清代诗人沈朝初有

《忆江南》词道："苏州好，茶社最清幽。阳羡时壶烹绿雪，松江眉饼炙鸡油。花草满街头。"诗中的"时壶"，便是指明代著名陶艺大师时大彬所制的陶壶。陶壶色泽各异，形态多姿，在品茗的同时，足可供人把玩。特别是紫砂壶，据说茶水盛在里面，即使夏天，隔夜也不会馊。除茶壶外，苏州人饮茶也常用碗，特别是细瓷盖碗，洁白有如脂玉，碗壁上有动人的字画，碗、盖扣合严密，沏茶最为相宜。

苏州人爱饮茶，所以苏州的茶馆也多。据古书记载，南北朝时已经出现了茶馆的雏形。自唐代大诗人白居易开凿山塘河后，"白堤"成了古城通往虎丘的必经之路，游人不绝，茶馆渐多，诗人蔡云曾有"茶寮高隐绿杨枝，玉几堆盘位置宜"之句。这些茶馆大多临水沿河，危楼杰阁，堂内有名家书画点缀，窗外有近水远山，环境幽雅。至于一般茶坊、茶摊就更多了，特别到了市会之期，更是"傍山一带，到处茶棚"。及至明清两代，苏州的茶馆有增无减，几乎遍布古城大街小巷。苏州人喜欢"孵茶馆"，竟至渐渐形成了"上半日皮包水（指孵茶馆喝茶），下半日水包皮（指孵混堂洗澡）"的习俗。

苏州的茶馆往往还附设有点心摊，同时向茶客供应诸如大饼油条、生煎馒头、汤面馄饨等点心。茶馆内也不乏叫卖花生、瓜子、茴香豆腐干、五香茶叶蛋等小吃的小贩。

茶馆的服务员，雅称"茶博士"，苏州民间俗呼为"堂倌"。他们长期在茶馆这个"百口衙门"厮混，经常接触社会各种人物，因此社会经验特别丰富，鉴貌辨色，善于应对，社会新闻、市井消息又特别灵通，和茶客保持着一种特殊的关系。某个茶客是什么阶层中人，有什么喜好，喜欢吃什么点心，他们肚里都有一本账。到时候，生煎馒头、蟹壳黄、焖肉大面便一一端到茶客面前，决不会错。他们沏茶的功夫更是了得，手里托了茶壶，手指间还要夹小茶壶，茶壶上面还能叠茶壶，真像杂技表演一样。清代多用青花瓷茶碗，这种茶碗上有茶盖，下有茶托，他们不仅能在手里叠着拿，连臂弯里也能放上几碗，连叠带拿，一只手可拿到十几碗茶，令人叹为观止。冲茶时，他们提起分量不轻的大铜吊，手臂不晃不抖，开水倾入茶壶、茶碗里，可谓滴水不漏。铜吊起落，动作利落、洒脱，且有"韩信点兵""凤凰三点头"等花式。每到新年新岁，他们会给茶客送来放有青橄榄的"元宝茶"，并连声祝颂："今年发财！今年发财！"喝茶的人听了心里乐滋滋的，便会爽爽快快从衣袋里摸出红包赏给他们。堂倌一旦跳槽，往往会有许多茶客跟了跑，所以茶馆老板大多对堂倌另眼相看，有的老板干脆将茶馆承包给堂倌。

物以类聚，人以群分，具有相同嗜好的茶客，常在同一茶馆聚会，一边品茶，一边交流心得和见闻，使这些茶馆也各具特色。例如清末民国期间，察院场的彩云楼茶馆，就是苏州象棋棋会的所在地；醋坊桥附近的金谷茶馆，常常是围棋好手交锋的所在；大成坊巷口玉露春茶馆，每到深秋，便挤满了聚斗蟋蟀的人；玄妙观前茂苑茶室，则是养鸟者的乐园……

许多茶馆还兼有书场。像三万昌，当时营业面积很大，前门玄妙观，后门直通大成坊巷，它就设有书场。每天晚上开书之前，堂倌就手提灯笼，到大成坊巷、观前街一带高声招呼："要开书哉！"招呼听客（也是茶客）进场。这种茶馆已经不再是单纯喝茶的所在，而成了民间举行文化娱乐活动的场所。

过去苏州的茶馆和经济生活的关系也十分密切，各个不同的行业，都有相应的茶馆作为洽谈生意的场所，称之为"茶会"。例如玄妙观内三万昌，是米行、米店、酱园、油坊的茶会。三万昌旁的品芳茶馆，曾做过石灰砖瓦业和营造业的茶会。汤家巷的梅园茶馆，是绸缎业、锡箔业的茶会。东中市春和楼，是棉布、棉纱业茶会。一到蚕茧开秤上市的时候，枣市街上的明园茶馆，就人声鼎沸，挤满了蚕农和收购蚕茧的商人。至于像一般业主、房屋买卖中介人、催租人、账房师爷，更是茶馆常客，被人称为"业、蚂、催、数"。借茶馆进行经济活动，成了苏州商界的一大特点。

苏州茶馆还有一种功能，叫作"吃讲茶"，即借上茶馆"吃茶"，来调解纠纷。如果调解无效，也可请有威望的头面人物出来仲裁、评判。苏州女作家吴凤珍曾在她的《母女吃讲茶》一文中，记述了她小时候跟父母到三万昌去吃讲茶的经历，评理的双方竟是她的外祖母和母亲，写得甚是生动有趣。她写的这个讲茶，评判的毕竟是家庭内部矛盾，而要调解社会纠纷就不那么容易了。过去，一些流氓无赖在吃讲茶时一言不合就大打出手的事也时有发生。

喝"阿婆茶"是苏州郊区一些地方的传统习俗，古镇周庄尤为典型。阿婆茶又叫婆婆茶，实际上，这是一种中老年妇女借茶聚会、社交的方式。上午，东道主四处邀客，并备好茶点。以前茶点大多为咸菜、萝卜干、酥豆等土产，近年来随着农村生活水平的提高，茶点已改为话梅、桃片、杨梅干、酱瓜、大肉馄饨、白木耳水果羹等了。阿婆茶的烧煮方法也是颇具古老意趣的，叫作"炖茶"，即用陶瓷罐盛水，用烂泥和稻草调稀后涂在风炉上，用干菜萁柴烧煮，据说这样烧煮出来的茶水，色、香、味最佳。下午，被邀客人纷纷来到。她们一边品茗，尝着东道主准备的点心，一边拉着家常、干着针线活。分手时又约定下次聚集的时间、地点。过去因参加者都是五十岁以上的老年妇女，所以称为"阿婆茶"，但近年来许多青年也喜欢上了"阿婆茶"，他们喝茶时交流学习文化、技术的心得，交流商品信息，乃至流行的服装款式、发型等"新闻"。

在苏州人定亲、嫁娶所送的彩礼中，茶是必不可少的东西。相传茶籽落地便不可移植，所以彩礼中必有茶，是永结良缘、坚贞不移的象征。立夏日，小孩还有坐七条门槛、吃七家茶的习俗。茶叶索诸左邻右舍，据说，吃了七家茶，孩子就不会疰夏。苏州人还以茶叶入馔，五香茶叶蛋、碧螺虾仁等都是脍炙人口的佳肴。

在苏州，喝茶已经不光是为了解渴，有时甚至完全不是为了解渴。喝茶也能喝出这么多名堂来，足见苏州这座古城的历史文化底蕴有多深！

醇酒佳酿蕴文化

以苏州为代表的吴地，不但盛产稻米，而且水源充沛，水质优良，这些都为酿酒业的发展奠定了良好的基础。从苏州虎丘区的越城，昆山的荣庄、澄湖，吴江的梅堰，吴中的草鞋山、张陵山等新石器时代遗址中，就出土了杯、壶等饮酒器。在吴江龙南新石器文化遗址的一个房址内，还发现了一只陶盆，陶盆周围有4件陶杯及一些残陶片，盆内尚存残羹遗迹，经化验，内含脂肪等物质，这是至今所发现的最早的饮酒设宴的实物资料。苏州四郊出土的先秦青铜器中，饮酒器就更多了，有壶、盅、卣、杯、尊等多种。这一切都证明，苏州人自古饮酒成俗。

古代苏州的"吴酒"曾十分有名，唐代诗人白居易的《忆江南》词中，就有"吴酒一杯春竹叶，吴娃双舞醉芙蓉"的赞美之辞。

酒在吴地被广泛应用于诸多民俗事象中。

过去，包括苏州在内的江南，"俗信鬼神，好淫祀"，一年之中祭祀、酬神之事不断。每有祭祀，必须用酒。过年祭神时，供桌上要放所谓仙茶、仙酒。过年祭祖时，也要放置筷盅，还要像请活人喝酒一样，不时地筛酒。酒过三巡，焚烧纸锭以后，才将祖宗亡人的灵魂送走。送时，还要用酒盅在锭缸前洒三滴酒，再绕锭缸浇一圈，据说是用酒浇出一个反写的"心"字（从供桌后坐着的祖宗眼里看来，就是正写的了），以此来表示对祖宗的虔诚。从除夕之夜开始，还要天天在祖宗神像前供上酒菜，直到正月十五为止。

俗称正月初五是"路头菩萨"生日，相传路头菩萨就是苏州民间的"五路财神"，这一天家家户户都要接路头。接路头时，供桌后面要供五路财神的纸马五帖，另外还有一帖赵玄坛的纸马。供桌上除了香烛供品之外，当然也少不了酒，而且其中必有一杯白酒，据说是赵玄坛吃的，其他都是黄酒。民间对于神灵的饮酒嗜好也了解得清清楚楚，招待得周周到到，真是用心良苦。祭祀仪式结束后，家家户户还要喝路头酒，为路头菩萨庆贺生日。

苏州民间俗传二月十二是百花生日，这一天，花农们都要到花神庙去祝贺，还要喝花神的寿酒。

酒同样被广泛地用于民间交往、酬酢和欢庆等场合。

苏州人重义尚礼，在相互交往中，酒常是必不可少的。根据古老习俗，友人外出远行，要请喝送行酒，叫作"饯行"；友人远方归来，要以酒宴招待，为其"洗尘"。家中如来了客人，也往往要以酒款待。

不光民间交往中要喝酒，几乎造船、造房、种田、开店等生活中的所有大事，也无不与酒相关。例如造船，开工酒是不能不喝的；而当造船工程结束时，完工酒也是必不可少的。同样，民间造房，要祭拜土地、太岁，祭拜时，也要用酒。在造房开工前，还要用酒祭祀鲁班先师。房基造好，要上梁时，还要请木匠大师傅用酒浇梁。这些仪式反映了古代人们对于树木的自然崇拜和对于房梁这种人造物的崇拜，而这种种祭祀和崇拜都和酒无法分开。

不光待人要用酒，苏州农村对牛也常要以酒酬劳。过年，要供牛栏，请一帖牛神纸马供到牛棚里，放一张小凳子，上面点上香烛，供上酒菜。吴江等地农村，当插秧结束时还要斋牛栏，算是给牛过生日，供两只团子，三样菜，外加一壶酒。斋过牛栏以后，一壶酒一定要舀给牛吃掉，以此表示对老牛在农忙季节出大力的酬谢。

苏州人的人生礼仪，从寿诞婚嫁到生老病死，也几乎都要和酒有关。

孩子出生三天以后，必需宴请，喝"三朝酒"。三朝为宴，那是因为孩子出生，开始独立于世了，这是一个十分艰巨的过程，危险性很大，三天能平安过来，就基本上没有问题了，确是值得开宴庆贺。孩子满月，要喝满月酒。满月这一天还要给新生婴儿剃头，因此又叫作"剃头酒"。孩子到了百日，又要喝"百日酒"。特别是周岁时，仪式更为隆重，要备酒宴请亲友，"做周岁"。

婚嫁中，酒当然是少不了的。过去的婚姻，都是媒妁之言、父母之命的包办婚姻，议婚过程中，男女双方的媒人频繁往来，讨价还价，而酒就成了这种艰难谈判的润滑剂。到双方都同意了这桩婚事，男家就要择吉行聘，苏州俗称"担小盘"。聘礼送到女家，女家就要邀集亲友来喝"受盘酒"。男家接到女家回盘后，当然也要请客喝酒，将婚事昭示亲朋好友。等到男家向女家送聘礼，即所谓"送大盘"，还有女家向男家送嫁妆时，酒同样是少不了的。在迎娶的过程中，也有许多与酒有关的礼俗。吴中胜浦农村，男家发轿迎娶前，必须由男宅主婚者和媒人在轿前叩头浇酒。新郎、新娘在婚礼仪式上要喝合卺酒。而在苏州其他郊县，一对新人在进入洞房以后，则有喝交杯酒的习俗。新郎、新娘拜过天地，入过洞房以后，所有前来贺喜的人就要入席喝喜酒了。

除此之外,江南人做寿要喝寿酒。死了人也要喝酒,一般在死者落葬以后,丧家设宴款待在丧事中出了力、出了礼的亲朋好友,苏州民间雅称为"凤凰酒"。如果死者年事已高,即为"喜丧",丧事要按喜事来办,因此丧事办完还要喝"喜酒"。

酒,同样被广泛应用在节令民俗之中。

农历正月初一到正月十五之间,亲朋好友递相邀饮,人来客往,俗呼为"年节酒"。据《常昭合志》记载:"元旦后,亲朋交宴,谓沿袭屠苏之义。"年节酒是否源于饮屠苏酒之俗,难以断定,但从至今仍流行于民间的年节酒习俗来看,它已经成了一种社会交往的习俗。顾清诗云:"茗碗酒杯皆可意,好将新岁作传生。"

苏州民间每年五月端午有饮雄黄酒之俗。雄黄研末,加菖蒲根屑泡酒,即为雄黄酒。过去人们认为雄黄酒能驱蛇虫、解五毒。江南民间著名传说《白蛇传》中,就有白娘子因饮了端午的雄黄酒而原形毕露的情节。诗云:"细切蒲菹劝举觞,不须九节认灵菖。娇儿怯试烧春味,一抹妆成半额黄。"(吴曼云《江乡节物词》)小孩以雄黄酒书"王"字于额头,并涂抹耳朵、手心、足心等处,据说这样夏天就不会被虫咬了。

九九重阳之期,正是江南菊花盛开之时,苏州人有饮菊花酒的习俗。菊花有祛风、除热、解毒、养肝、明目等功效,菊花酒确是节日佳饮。

除此之外,江南民间节令的饮酒习俗还有许多,如除夕要饮团圆酒,清明要饮清明酒,中秋要饮赏月酒,冬至要喝冬酿酒,等等,名目繁多,不胜枚举。

酒在苏州民间也被广泛应用于烹饪。用作烧菜调料的酒，被称为"料酒"。酒具有挥发性，又能杀菌防腐蚀，制作腊肉、酱肉等时，放些料酒，香气四溢，使之更加味美诱人。炒煮蔬菜时，如果放点料酒，则能保持它青翠的色彩，使蔬菜更加香嫩可口。江南多湖河海洋，鱼虾水产资源十分丰富，而酒正能解鱼虾等水产的腥味，使之更加鲜美。酒，在江南民间的烹饪中，已经是一种必不可少的调料。

酒在民间还被广泛应用于医疗。上面提到的雄黄酒，在江南民间被广泛用于蛇咬虫叮的治疗。将杨梅浸入酒中，日久即有治腹泻、痢疾等症的功效。民间还将草药浸酒，用来赶风寒、驱湿热，并治疗各种疾病。

苏州人有饮酒豁拳之俗。豁拳是两人伸手指猜数的一种娱乐形式，即拳豁出去时，同时要伸出手指，可以伸一个、两个、三个，直至五个，也可以只出拳，不伸指，那就表示是零。只要一方猜中两人所伸手指的总和，就算是赢了，输者就要罚喝酒。豁拳时还要辅之以一定的口令，如"一品红""俩相好""三元及第""四喜临门""五金魁""六六顺""七巧度""八仙会""九郎才""全家福"等，大多是具有吉祥寓意的口彩。豁拳通常是一只手对一只手，也有两只手左右轮换了豁的，俗称为"左右开弓"，难度就大大提高了。决胜方式也各不相同，有一次决雌雄的，有三局两胜为胜的，也有以三局全胜为胜的，而一般以三局两胜为常。豁拳还有功架、步法、声势等讲究和规矩。比赛双方在开始时，都要跑过来，跨前一步，打拱作揖，道声"全福"，然后再开始豁拳，表示相互尊重。所谓步法，即相互间要面对面站成 15 度的角度，并要有一手的距离，以免豁拳时发生相互碰撞或唾沫喷到对方脸上等不礼貌的事。口令声音则要有高有

酒店

低,高低起伏,有的人喜欢将声音拖长,并与手势相配合,以壮声势。宴会上豁拳一般要先从首桌开始,即从有老长辈的桌上开始。

吴中区东山的豁拳习俗,颇有特点。东山一地的男人几乎人人会喝酒、会豁拳,尤其在结婚前一天,男方宴请岳父时更盛。宴请时,岳父居当中首席,选四位酒量大者坐两边作陪。这一桌称为"主桌"。主桌前拼一张半桌,称"拳台"。拳台中间放大钵头,两边依次为大碗、中碗、小碗、大酒盅、小酒盅,搭成一顶"桥",称之为"酒桥"。半桌旁则放水咸菜、橘子、甘蔗等醒酒之物。其他筵席排在主桌两旁。开始时随便喝酒,称为"散酒"。到豁拳时由岳父发酒令,每桌到拳台上来豁拳,输者饮酒,先从酒桥边上小的容器喝起,越喝容器越大,最后喝容量为二三斤的大钵头,都要一饮而尽。酒席中间不准有人退席，每桌都要豁到；最后，由岳父来次"满堂红"。饮的酒都是糯米酿的黄酒。这种习俗在东山至今仍盛传不衰。东山人连斟酒也颇有讲究：为客人斟酒，要正手斟；祭祀斟酒，要反手斟。

苏州也有劝酒、灌酒之风。宴饮之间，相互比酒，劝酒，甚至灌酒，以此为常。这种习俗虽然有热烈气氛、融洽相互关系等作用，但如失了分寸，就成为一种陋俗了。

酒和菜无法分离。苏州地处北温带东南季风区和三江五湖之间，平川山丘，地貌多变，春夏秋冬，四季分明。这种得天独厚的自然环境，使这里的鱼腥虾蟹水产多样，瓜果蔬菜时新不断，山蔌野味层出不穷，这一切为苏州的饮食文化提供了丰富的资源。吴国贵族，钟鸣鼎食；六朝文士，江南雅集；盛唐枫桥，商贾如云；南宋平江，驻跸宴饮；明清阊胥，酒楼毗连……自古以来，苏州菜肴即为世人称道。尤其是苏州的船菜、船点，更是别具特色。

苏州多水，苏州人好作水上游，苏州的船菜、船点就在游船上发展了起来。相传吴王夫差曾与爱妃西施江湖宴游，开了船菜、船点之风。到唐代，山塘河开凿后，溯七里山塘而游虎丘，成为数百年不衰的习俗。到后来，石湖看月，胥江放棹，消夏湾留梦……水上游览的节目越来越多。游船大多"艄舱有灶，酒茗肴馔，任客所指"，船菜、船点也日益精熟。船菜的最大特点是选料考究，加工精细，形成了以炖、焖、煨等火候为主的风味特色，达到了"汤清而不寡，汁蜜而不腻，酥烂脱骨而不失其形，滑嫩爽口而不乏其味"的境界；各种菜肴皆隔别而煮，所以不失真味。苏州船点，皆制成各种鲜果、花卉、人物、动物等形状，如桃子、佛手、荸荠、柿子，还做"暗八仙"，如铁拐李的"葫芦"，吕洞宾的"雌雄剑"，汉钟离的"风火扇"，何仙姑的"荷莲"等，形态古朴，色调鲜艳。甚至有人认为苏州船点得吴门画派之妙。

　　苏式菜肴就是在船菜的基础上，吸取了苏州官绅菜、寺院素食、民间家常菜等各家之长而形成的。如今，松鼠鳜鱼、叫花鸡、塘藕全席等，已是名闻中外的佳肴。苏式菜肴不但讲究色香味，还讲究造型和盛器，所谓"色香味形器俱佳"。除此之外，许多苏式菜肴还都有脍炙人口的传说故事。"吃出文化来"，这就是苏州饮食习俗的最大特点。

粗衣美服皆风情

从考古发掘以及文献记载来看，太湖流域制作服装的材料曾有葛、麻、丝等多种。

如果说稻草也曾是制作服装的材料，也许有人不相信，但这却是千真万确的事实。直到 20 世纪五六十年代，在苏州农村还普遍使用稻草制作衣、鞋等。

草鞋一般以韧性较大的糯稻草编织，也有以茅草、糁草或蒲草编织的。在水稻田里劳动时穿着草鞋可以防滑，如无意中踩上蛇虫，也不易引起蛇虫反应而被噬咬。还有一种专供冬天穿的草鞋，俗称"芦

编草鞋

芦花鞋

花鞋"或"草窝子",它以糯稻草编结的草绳为经,绳上掺以鸡毛、芦花、旧布条等保暖材料编织而成,穿着起来十分暖和。有的还在底下钉上木板,或在木板下再钉上木齿,雨雪天穿,可防湿防滑而不沾泥。另有一种草靴,用稻草编好结实的底,再依照自己的脚编织起来,一直编到齐膝盖为止。如果编得结实,这种草靴走上两三百里路也不会破掉。特别是严冬,大雪纷飞的时候,如要去爬山或出远门,这种草靴不但不会打滑,而且十分暖和。

蓑衣是一种用稻草编织的衣服(后来也有用稻草和灯草皮混编或用棕毛编织的),雨天穿着,前至胸部、后至脚弯都有遮护,而且袖子短而下口合,便于手臂的活动。因为蓑衣是农村的雨衣,因此在求雨活动中还有特殊的功用。吴中东山习俗,如果久旱不雨,农民们就会给猛将老爷穿上蓑衣,祭祀后抬了他在村中巡游"求雨"。

农村中还有一种用草包作冬衣的情况:将草包一头破个洞,一头拆开,往头上一套,另用一只草包两头拆开,往下身一套,上当皮袄下当裤,腰上用草绳一扎,这样就可以过冬了。所以,当地农民说:"稻草是仙草,草衣是仙衣,穿了冰冻三尺不会冻死人!"

清代以前,江南稻作区的草帽大多是稻草编成的;清代以后才有稻、麦混编和全麦草编的草帽。太湖流域的农民称草帽为"草宝"或"宝帽",这种草帽不但可以防雨、防晒,据说还能治头痛;直到今天,有些老农头痛时,还要找旧草帽来戴。

不但稻作生产的产物——稻草可以用来制作鞋、帽、衣,稻作生产本身对太湖流域农村服饰的影响也是非常巨大的。

农民的服式尽管有劳动服饰、日常生活服饰和婚嫁服饰之分,但最基本的服饰无疑是劳动服饰。这种服饰和稻作生产密切相关,它必须符合稻作生产的需要。其他服饰,都是在这个基础上发展演化而来的。

苏州地区的服式有长短之分。所谓"长",就是长衫,一般为读书人、商贾等非体力劳动者穿着。农民为了便于田间劳动,必须穿短装。稻作区一般都是上穿短衫,下着裤、裙。短衫或为对襟或为大襟,对襟多为男服。这种对襟短衫,衣身为平面型结构,正领,两襟相对,横钉一字扣,五至七颗不等。颜色以黑、灰为主。大襟多为女服,斜襟偏至腋下,领下一横形布扣,肩部大襟上一只直形布扣,腋下三只横形布扣。未婚女子以艳色为多,婚后则改月白、浅蓝、湖蓝等素雅色彩,老年妇女以蓝、灰为多,取其色相稳重。

过去农村有一种大腰裤,腰围特别大,要折叠以后才束裤带;不

水乡妇女服饰

论蓝裤、黑裤，都有五寸左右宽的裤腰。这种大腰裤裤裆宽大，便于劳作时起蹲等动作。

裙子更是江南稻作区农民不可缺少的服装，因农田劳作时也常穿着，故俗称"作裙"。这种作裙，下摆大，穿在身上行动方便；腰带一束，将上衣收紧，冬天可起御寒保温作用；夏天在作裙内穿条短裤，既雅观大方，又轻便风凉，还可保护皮肤，免遭烈日暴晒、稻子叶芒划伤。如在田间偶遇骤雨，还可将它兜在头上，权作雨具。过去农夫就常穿着作裙，这种作裙，多以毛蓝土布制作，厚重耐磨。农村妇女更是离不开裙子，过去无论老少，几乎一年四季都穿裙。苏州习俗，妇女不穿裙而见客，哪怕穿着长裤，也会被看作是大不敬的。可见，裙子是江南稻作区妇女最普遍的下装了。

稻田大忙，正是炎暑季节，上有烈日暴晒，下有水汽蒸腾，人在田中，如在蒸笼，闷热难熬。吴中农妇每于其时以胸褡护体。胸褡又称"肚兜"，形似单面背心，实际只是一块菱形料子，菱形上端两角钉上红绒线或银链子，系在颈上，垂于胸前，腋下两端缀以腰带，结于背后，起到遮胸露背的作用。手巧的姑娘还常在胸褡上镶嵌各种美丽的花边。肚兜的作用不仅于此。稻作生产，弯腰和身体摆动的动作较多，整个身体不停地左右晃动，因此妇女的乳房也会随之晃动，使人感到不适；而肚兜就起了护胸的作用，它使乳房紧贴胸部，减少了乳房的摆动，使妇女在参加稻作生产时感到利索轻快。在封建道学家将女性的身体神秘化的时代，吴中女子裸露除两乳以外的上部身躯，这固然是出于适应艰苦的稻作生产环境的需要，但亦足见她们思想的开明解放，以及对封建礼教的蔑视。

稻作生产区的农民常打赤脚，但他们善于就地取材，用稻草等材料来制作草鞋、蒲鞋,已如上述。至今,农村里仍然有人穿这种芦花草鞋;凡穿这种草鞋过冬的,天气再冷,脚上也不会生冻疮。种植水稻,常会遇到蚂蟥、水钻子、水蛇等蛇虫的叮咬,吴中区、相城区等地的"耕田鞋"正是为此而制作的。它用厚实的粗布制成,鞋帮不但高而且还用细密的针脚缝过,上面连着袜子,一直连到膝盖,既防耕田时蛇虫叮咬,也防脚底被锐物划破。若遇下雨,稻农们常穿水草鞋、箬壳草鞋。江南水乡还有一种"钉靴",一般以布做成,用桐油反复涂抹,使它不再漏水;条件好的人家,也有用牛皮来制作的。钉靴底下钉上一些踏钉,使之更加耐磨耐穿,过去它就是江南水乡的雨鞋。在民间信仰里,钉靴似乎还和稻作生产的气象有些关系。苏州人以为农历九月十三是钉靴生日,要祭钉靴;这一天如果天晴,就有利于稻谷收获,故有"九月十三晴,钉靴挂断绳","九月十三晴,不用盖稻亭"之谚。

江南稻作区农民,雨天戴箬笠避雨,夏天戴草帽防暑,冬天则戴毡帽防寒。妇女较少戴帽,但在田野进行稻作生产,风大,头发易被吹乱,为了适应劳作的需要,她们多戴"勒子"或包头巾。苏州地区称"勒子"为"鬓角兜",由两片状如半月的黑色帽片连结而成。稻作生产对服饰的影响,最突出地表现在胜浦、甪直、唯亭、陈墓一带农村的妇女服饰上。这些地方的妇女梳盘盘头,扎包头巾,着拼接衫,穿作裙,裹卷膀,蹬绣花鞋,正所谓"青莲衫子藕荷裳",浑身上下透着水乡气息。

水稻生产,脚陷泥浆,手沾泥水,弯腰屈背,低头沉肩,够艰辛的了。这时如果再碰上头发散乱,散发下垂,遮住视线,又刺得面孔上痒痒的,满手污泥,挠也不是,搔也不是,那更是"握拉不出"

了。农妇们"发明"了盘盘头,将头发在头顶上挽成结,就没有了这个麻烦。盘盘头梳扎紧密,纹丝不乱,弯腰劳作,眼前一明二亮。特别是稻忙季节,夏雨绵绵,野风阵阵,头上的斗笠常会被风吹落,但梳盘盘头的农妇,正好将发髻嵌入笠帽,再将帽带一结,这样,风吹雨打都不怕了。盘盘头有如此的功效,难怪这一带的妇女每天凌晨对镜梳妆,定要将自己的盘盘头梳得光正丰满,缕缕分明才罢;还常在发髻或两鬓插上几朵鲜花,称之"鬓边香",使她们更显得生机勃勃,楚楚动人。

下过稻田的人都知道,插秧、收割都要背风劳作,否则稻穗被风一吹,就会拂人面孔,使人无法睁眼。但背风劳动也自有背风劳动的麻烦,背后吹来的风会将散发吹向前额,遮住眼睛。同时,夏秋季节,田间飞虫常会飞进人们头发里去乱叮乱咬,甚至钻进耳朵,闹得人奇痒难熬;这时满手泥浆,又无法抓挠。于是农妇们便扎起了包头,包头能将发团固定,不让它被风吹散;弯腰劳动时,头发也不易脱落下来;同时又能防止小虫的侵扰。它夏天遮阳防晒,冬天挡风御寒,脱谷时还能防尘保洁。

包头巾裹着发团的部分容易坏,容易脏,聪明的农妇干脆一开始就将它用异色布镶拼而成,包裹发团的部分用深色布,这样既耐污糟,磨损以后又便于调换。而且异色拼接,竟产生出了意想不到的审美效果,农妇们还常在拼角的边缘用异色布滚上边,或用彩色绒锁边,在角上绣上花,使它的色彩更加鲜艳;戴在头上,形如卷曲欲展的荷叶,真是美不可言。

种稻人着的衣服,肘部、肩部特别容易破损,别具审美眼光的农妇们发现,破损部位补上不同颜色的布料以后,颜色、花纹、图案各不相同，反而特别好看。于是，她们干脆在制作新衣时，就用不同颜色和花纹的布料拼接肩头、衣袖，这样就产生了"拼接衫"。拼接衫大襟，攀纽，衣长，腰宽，紧身适体，袖口特别小，袖底却特别宽大。衣长，在弯腰插秧、耘稻、收割时，后摆能遮住臀部，避免烈日的暴晒或冷风的吹袭；腰宽，使在弯腰、扬臂、摆动身体进行各种稻作劳动时，始终舒适自在，天气炎热时，汗水也能畅流，胸背透风凉爽；袖口小，下田时往手臂上一捋，就能紧紧扣住手臂，劳动时不易下滑沾上泥水，又可防止小虫、杂草的侵入；而袖底宽大，则可避免胳肢窝和衣服的牵扯摩擦。紧身、窄袖，更衬托出江南农妇婀娜的身姿。

后来拼接技术又发展到裤子、裙子。裤子的裆特别易坏，因此也用布拼接，一般用蓝、黑等深色布料，这样在田间劳动，即使田埂上坐坐，也不易见脏，还特别符合青年妇女的生理特点。顺便提及，农妇们穿着的裤子，也是裆大，裤脚短而裤管小。稻田劳作，经常弯腰起蹲，裤裆宽大，避免了起蹲时衣服和臀部等的摩擦，使人感到舒适宽松，出汗时也不致感到懊恼；而裤脚短，下田时就无须揎卷，用稻草在膝弯下一扎，野风吹不进，小虫爬不进，立在泥潭之中，也不会沾上污泥。

前面说过，苏州人将劳作时穿的裙子叫作"作裙"。作裙束在拼接衫外，一般由两幅布前后叠压做成。裙腰两侧多折裥，缝制裙裥的针法灵活迂回，花的针工也最多。裙子一般臀部位置最易损坏，而腰部最不易坏，裙身坏时，往往腰部还完好无损，弃之可惜，因此就用新布换去损坏的裙身，利用原来的裙腰，又成了一条新的裙子；两色相拼，又省工又省料又好看。裙子周围用浅色布或花布在正面绲边，背面贴边,这样还可以两面穿。系裙腰的带子很长,在腰间绕一周后再在腰部挽结。作裙中间开裆,蹲下劳动时不至沾到泥土;也可将前面的两片拉起来,煞在腰里,这种穿法,当地人称作"燕子梢"。妇女的上衣较长,作裙将它们束在腰里,再加上腰带,弯腰劳动时,腰、背部不易受到寒风的侵袭,站立时又能增加腰部的力量。作裙的下摆大,不会影响行动,下身也较为暖和。在田野"方便"时,还可以起到遮羞的作用。

为了保护作裙,防止在灶台等处做事时弄脏,减少洗涮次数,延长使用寿命,作裙外面还常常束一件围裙,俗称"褊腰头"。在田间休息时,可以取下来垫在臀下;采蚕豆等物时,又可以将它当兜袋使用。这种褊腰头还有装饰作用,特别是与褊腰头相连的腰带(俗称"穿腰"),当地妇女喜欢在上面绣上几何图形和寓意图案,如八吉、藕、鱼,以及凤穿牡丹、鸳鸯戏水、双蝠翩舞等,寄托她们的希望和追求。

村姑们还常喜在小腿上裹卷膀,裹了卷膀不但可以抵御风寒,而且还能防止杂草、小虫、尘土的侵扰。总之,这种别具特色的服饰都与稻作生产密切相关。

清人戴九灵有《插秧诗》,生动勾画出了水乡妇女劳动和服饰之美:"青袱蒙头作野妆,轻移莲步水云乡。裙翻蛱蝶随风舞,手学蜻蜓点水忙。紧束暖烟青满把,细分春雨绿成行。"如今这种水乡妇女服饰已引起了服装设计师的兴趣,经他们的加工和改造,频频展现在T形舞台和众多服装展销会的展橱中,成为江南服饰文化的一种典型。

苏州不但盛产稻米,而且也盛产丝绸,被世人誉为"丝绸之乡",因而,以绫罗绸缎为衣的历史也已经悠悠数千载了。

1958年，我国的考古工作者在苏浙交界的湖州吴兴区钱山漾，挖掘出了距今有4 700多年历史的家蚕平纹织物。1959年在吴江梅堰，也出土了一批陶、石纺织工具，其中有丝绞纹和蚕形纹的黑陶和骨针、纺轮等，这一切说明，至少在中原地区传说嫘祖开始养蚕时，太湖流域也已经开始蚕桑生产了。到春秋战国时期，吴地的蚕桑生产更有了巨大的发展。公元前544年，吴王余祭之弟季札到中原诸国考察观礼，分送各国的礼物，就是丝织品"缟带"。吴王僚当政之时，吴、楚两国边界上的妇女争夺蚕桑，竟成了战争的导火索，可见当时蚕桑在国民经济中的地位。当年吴王宫廷设有"织里"，为专门织造丝绸的场所。现在苏州司前街口的"吉利桥"，原名就叫"织里桥"，桥名便出于这一机构。相传当年吴王曾以锦为帆，乘风游春；隋朝时，隋炀帝南游，亦称"彩锦作帆，连樯十里"，用的都是吴地织的锦，以至今天苏州城内还有"锦帆路"这一地名。

明清之时，"环太湖诸山，乡人比户蚕桑为务"，苏州盛泽等地，成了"日出万绸，衣被天下"的丝织业重镇，出现了"万户机声传小巷""晴翻千尺浪，风送万机声""染坊罢而染工散者数千人"的景象。苏州同时也就成了丝绸交易的商埠，一幅清人所作《姑苏繁华图》，上面的绸庄竟有14家之多。

唐代诗人杜荀鹤《送人游吴》诗云："君到姑苏见，人家尽枕河。古宫闲地少，水港小桥多。夜市卖菱藕，春船载绮罗。遥知未眠月，乡思在渔歌。"诗中用"绮罗"来指代仕女，当时苏州穿着"绮罗"者之多，也就可想而知了。

这里简单介绍一下罗。"罗"原是指一种纺织方法，后来专指用此类方式编织的丝织品。它是"以罗组织织成的一类丝织物。外观似

绣娘

平纹绸,具有由经纬纱绞合而成的有规则的横向或纵向排孔,花纹美观雅致,且透气性好。质地较薄,手感滑爽。"(《辞海》)屈原《楚辞·招魂》即有"蒻阿拂壁,罗帱张些"之句。绮罗织物历来为人们所喜爱。白居易《杨柳枝二十韵》诗有"身轻委回雪,罗薄透凝脂"之句。

由于织罗工艺复杂,织工精细,美观典雅,穿着舒适,是一种珍贵面料,历来被视为丝绸珍品,大多用于皇家官衙制作服饰、帘幕帐帷、屏风隔扇等。丝罗服饰更被看作是一种身份的象征,后来才在民间流播,如罗襦、罗窗、罗幔、罗幕、罗帐等,制品之多,足见人们的钟爱程度。

苏州织罗技艺历史悠久,考古工作者在草鞋山遗址发掘的碳化纺织物残片,即是以野生葛为原料的罗纹织物,距今已经有六千多年的历史。可以说,苏州也是罗的故乡。苏州织罗技艺高超,至迟到宋元之际，已经名闻天下，有"吴罗"之称。南宋吴曾所撰《能改斋漫录》卷十五就有"少卿章岵，尝官于蜀，持吴罗、湖绫至官"的记述。到明清两代，吴罗更成了丝织品中的佼佼者。明代田艺蘅《留青日扎》有"今吴地出水纬罗"的记载。（转引自沈自南《艺林汇考》卷十）明代张时彻《采葛篇》有"吴罗五文采，蜀锦双鸳鸯"之句，对吴罗色彩倍加称赏。

喜好在衣服上加以刺绣点缀，是吴地服饰的又一特点。早在春秋时期，吴地已有"绣衣而豹裘者"（刘向《说苑》）。秦汉以后，"妻妾衣服悉皆锦绣"（陈寿《三国志·蒋钦》），更成风尚。宋代皇家专在苏州设立"绣局"，征收绣品。当时苏州绣品，已是"针线细密，用绒止一二丝，用针如发，细者为之。设色精妙，光彩射目，山水分远近之趣，楼阁具深邃之体，人物具瞻眺生动之情，花鸟极绰约馋唼之态，佳者较画更胜"（董其昌《筠清轩秘录》）。从前些年虎丘、瑞光两塔发现的经帙上的刺绣来看，宋代苏绣确有如此风姿。当时苏州城内出现了一些刺绣业集中的街巷，如"滚绣坊""锦绣坊""绣花弄""绣衣坊""绣线巷"等，有些街坊名称，至今犹存。

从明清到民国，刺绣已成了苏州姑娘的"必修课"。苏州城乡几乎出现了"家家有绣棚，户户有绣娘"的景象。苏州人在托媒择偶时，都要看对方姑娘的绣品，以此了解姑娘是否聪明灵巧。姑娘的闺中绣品，如荷包、香囊、扇袋、镜帙、眼镜套，乃至裙袍、披肩、衬衣、鞋帽等，也成了陪嫁中不可少的东西。这些绣品常以花鸟山水为题材，往往还具有吉祥的寓意。

明人笔记中说："吴制服而华，以为非是弗文也……四方重吴服，而吴益工于服。""吴服"之美，当时已为世人瞩目。

服式和社会的沧桑变迁有着千丝万缕的关系，从长衫马褂，到西装革履；从中山装、学生装到列宁装、布拉吉；从绿军装、一步裙到喇叭裤、牛仔服，我们几乎可以从百年来的服式变化中，读到一部中国近现代史。然而，民间的"吴服"，至今却仍流行于水乡泽镇，它依然故我，升华为时装设计主题之一，表现出了顽强的生命力。

楼台俯舟楫
——苏州的民居

吴地先人自古既以稻耕为生,这对吴地的居住民俗也就必然产生巨大影响。

在吴江梅堰大约距今 5 200 年前的新石器时代文化遗存中,明显地可以见到水稻作物作为"建材"在先民住房建筑中的应用。吴江梅堰等处的住房遗存,都是浅地穴式或半地穴式的。这种房子大致以竹木为架,外面是稻草或芦苇,再敷上泥土。房子周围的红烧土中,发现有稻谷。在生活面中发现有草木灰,房子底下也垫有草木灰。由此可见,稻草在这里不光用来盖屋顶,而且还是造墙的材料;为了防潮,人们还用稻草来烧烤土层,使它硬结干燥,或用垫草木灰的方法来吸湿。

其实,直至近现代,苏州农村还常用稻草来建房盖屋。前些年我们还可以在农村的屋后、田边看到一种简易厕所,即苏州人所谓的"茅坑"。这种茅坑的结构颇似原始的"风篱"。它一般用树干或竹子插入土中为柱,构成一面披式的墙,上面覆盖稻草。一面披墙的地下埋一只大缸,俗称"粪缸"。一面披墙既挡了风雨,又在野外起了遮羞的作用。过后,农民就将粪缸内发酵过的粪便,作为有

农村的草屋

机肥沤田。

农村里类似的建筑还有猪棚牛舍,不过它们一般都有矮墙,在矮墙上搭披,加盖稻草。

过去人们还常用稻草来搭屋住人。这种房子,苏州人通常称作"草棚棚"。竹木稻草是江南随手可得的材料,因此草棚造价便宜,造不起瓦房的就搭间草房住人。这种草房,以竹木扎成屋架,从屋顶到屋面、四墙,全部用稻草扎成。造房前,先将稻草杀青理齐,制成草扇,然后逐层披盖,不留丝毫缝隙,可以达到滴水不漏的程度。民间传说这种草屋是仙人修仙时住的,所以"冬暖夏凉秋不热,日安月乐年百七"。它简朴美观,造价低廉,经济实惠,长期以来被民间广泛使用,农民称之为"仙屋"。

除此之外,过去太湖流域有些穷人还常用稻草来筑泥墙造屋。这也是一种比较原始的造房方法。造墙时先将两块木板平行放好，扎牢，中间留出墙的宽度，然后将稻草铡断搅细，拌在湿泥巴里，填入两块木板之间，用夯夯坚实。造好一段，两块木板就上移一段，直至整个墙壁全部造好，再结顶盖稻草。这种草泥墙还不易倒塌。

稻草又常被人们用来编成草荐，做草门和草窗。

稻作生产对太湖流域农舍的结构、布局影响也很大。江南农村住房与稻作生产关系最大的是"场"。所谓场，就是民宅前边用来打谷、晒粮、堆柴火的空地。场是稻作生产区农村住房的一个有机组成部分。场一般以砖砌成，贫困人家砌不起砖场，只有泥场。靠北近房的场地，当地人称之为"上场"；与正房相对而离得较远的地方，就叫"下场"。秋收割稻以后，稻子就在田野上放晒，三个日头后再将它们扎成捆，用船运到家中场上脱粒。脱粒后的稻谷也要放在场上晒干，再去轧成米，然后放入存粮的地方。

苏州农村的住房一般都造在场地的北边，坐北朝南。民间有"祖上传下朝北屋，世世代代朝俚哭"之谚。坐北朝南是为了不让住房挡住太阳，使场上有足够的阳光来晒谷、晒柴火，同时也为了使住房能冬暖夏凉。下场头一般无房，过去只有比较富足的人家，才在下场造房，称为"下场屋"；与此相对，造在北面的正房，就称为"上场屋"。有些地方没有下场屋，场的周围也没有围墙，而在正房的后面另造一排比正屋矮小的房屋，用作牛棚、猪棚和堆放农具、杂物的偏屋。

江南农村，储放粮食和柴火是个大问题。有些人家有专门放粮和放柴的房间，即所谓"粮仓""柴房"；有些人家就在客堂或房间里，用"缮条"（一种篾编的长席）或稻草围成米囤存米；而脱粒后的稻草,则二十个一捆,堆成柴垛,放在下场。

稻作生产和水无法分离,苏州更是著名的水乡泽国,河网密布。所以,农家一般都有船,罱河泥、送粪肥、运稻运草、粜米卖谷等都要用船,因此房子大多造在河边,屋前大多靠河,这样吃水、洗刷方便,可以停船,并随时照看。

有船人家一般都要在河边搭船棚,用来停船。船棚以竹子为架,稻草披顶。比较富有的人家,则以木材造船舫,这种建筑一半在水里,一半在岸上,以便住人看船。江南有些地方,还有以条石为柱的石船舫。

上场屋的间数一般为奇数,如三间、五间等。亦有为便于今后弟兄分家而造四间、六间的,但以三间为多。以三间为例,如果是一家居住,一般是东房西灶,中间作客堂。如果是两家分居,则往往是中间客堂合用,两边各一户人家;两边房子的布局是,外面搭灶,里面作房,所谓"灶头连房"。倘是兄弟合住,一般是哥东弟西;如有下场屋和老人,那么老人就住在下场屋中。

下场屋的中间一间开门出入,吴中地区俗称为"墙门间"。墙门两边的房间,如不住人,就作牛棚、猪棚,或堆秧灰、农具等。

苏州民间强调"亮灶暗房",即灶间要亮,房间要暗,有"亮灶发禄,暗房聚财"之说。其实,灶间亮,有利于农时早起做饭烧菜,可以节约灯油;房间暗,符合农民富不露财的心理,给人以安全感。

门,在苏州人看来是至关重要的,民间有"千斤门楼四两屋"的谚语。因此造屋安门是一件大事,要由风水先生来择定日子。门的朝向也十分重要,一般以朝南为贵,特别是农舍,为求日照长,便于在场上晒稻谷和稻草。但是,民间认为只有皇宫、庙宇才能朝向正南,

苏州的私家园林

所以一般造房都和正南方向略有偏移。

　　门是温暖的家和外界广袤空间的界定点。古人以为，外部世界里充满了妖魔鬼怪，而门正是避凶禳灾、保护家庭安全的重要关卡。因此，门安好后还要点缀各种各样的避邪吉祥物，大门上往往饰有照妖镜、八卦、剪刀、柏枝、米筛、三叉戟等物。特别当有河流、道路、粪坑、坟墩以及屋脊蚩尾等物对着大门时，更被认为太不吉利，因此更要在大门前用山海镇、石敢当、磨盘、黄老虎等物来禳解。石敢当是一块 1 米长、0.45 米左右宽的条石，上面以阴文刻着"石敢当"三个字，将它放在门口或大门左右都可。磨盘一般只取一爿，大的直径可达 1 米左右，砌在大门边的墙上。黄老虎是用泥灰塑成的老虎头，额顶画一个"王"字，龇牙咧嘴，形貌可怖，常塑在大门左边墙上。过年时，门上还要贴上春联和门神画像。门同时也是一个家庭社会地位的象征，有财有势的人家，都是高门大户。过去结婚联姻，即有"门当户对"的说法。

灶间也是住宅的重要组成部分。灶头的朝向也颇有考究，灶间内，灶头不能与房屋同向，否则就成了"烧出火"，人家就不会"发"。苏州人笃信灶神，称之为"灶界老爷"，每家每户的灶台上几乎都有灶神的神龛。这神龛就在灶墙高处烟突前面，里面供着灶神纸码，考究一点的则是木制的灶君神位，与祠堂里的神位相似，红框绿底，飞金楷书"东厨司命灶君神位"等字。神龛垂着竹帘，叫作"灶帘"，龛角往往还挂着灶锭，前面则有香炉蜡扦。

客堂是家人平日吃饭、团聚、会客、宴请和进行家祭活动的地方，一般在住房的中间。客堂内通常摆有长桌和八仙桌等家具。值得一提的是，桌子的放法在常熟、吴中等地很有讲究：凡婚礼等喜庆场合，桌上木板的拼缝，一定要直对大门；而过节、祭祖等所谓"阴事"，则桌缝一定要与大门平行。客堂北面墙壁靠西部的顶端，供奉祖先神位的神龛是不能少的，当地人称之为"家堂"。

房间陈设以床、柜、橱为常，苏州人讲究美观实用，大多置备雕花大床，床前有踏脚板。床必须与房间同向，否则放成"骑梁床"，是不吉利的。天窗阳光不能直射床上。房间内，外人一般不能擅入，即使父母也不例外，民间有"房门大于衙门"之谚。

苏州农村住房对屋脊讲究颇多，屋脊两端多有纹饰，一般以"哺鸡""纹头"为多。正脊的当中要留长、宽各五寸，高一瓦距离的空间，当中填上泥土、鸡粪等肥料，将发禄袋里的千年芸、龙头葱种在里面。龙头葱耐旱易活，花若龙头，年年发芽，青翠碧绿，有"年年发"的寓意；千年芸有千年来运的好兆头。民间还常在屋面上砌上

"瓦老爷"。瓦老爷或用陶制,或为砖质,高 30 厘米左右,造像面目和善,神情呆板。据说它是姜太公的化身,姜太公归天时,天上神位已经排满,玉帝就封他为瓦老爷,保护百姓住宅。

农村住房上,常绘有各种吉祥图案,这些图案通过借喻、比拟、双关、象征和谐音等多种手段突出吉祥寓意,如鱼、莲组合,寓意"连年有余";鱼和蝙蝠、磬组合,寓意"福庆有余";佛手和桃子、石榴组合,寓意"福寿三多"等。除此之外,尚有以文王访贤、郭子仪做寿、三国故事以及二十四孝等内容为图案的装饰画。

苏州城里的老式住房,保留有许多农村住房的特点,可以看出从农舍向城镇住宅演变的印记,但也有自己的强烈特色。

"君到姑苏见,人家尽枕河。古宫闲地少,水港小桥多……"前面引过的唐代诗人杜荀鹤这首诗,描绘出了苏州水城的风姿。苏州住房也多有水城的特点:有的建于滨河街巷一侧,街巷临河延伸,河岸上杨柳依依,石栏相连,住房则临街面河,排列成线。有的建于街巷与河道之间,前街后河,建筑飞临水面,别具"楼台俯舟楫"的韵味。有的跨水而筑,河沿两岸的建筑,常以红栏小桥相连。苏州还多明清时代官宦商贾所筑的深宅大院,这类住宅在主轴线上往往建有门厅、轿厅、大厅、住房等;左右轴线上则布置有客厅、书房、次要住房和杂房等。各组住房之间均有备弄交通,每进之间辟有庭院。这类住宅的门楼,往往饰以精美的砖雕。院墙漏窗,图案素雅秀美。庭院叠石凿池,缀以盆景花木。屋内配以红木家具,墙上布置书画对联,古色古香,典雅明净。这一切都充分显示了苏州建筑艺术与文化艺术的特色。

为了达到"不出郭廓,旷如郊墅"的效果,这类住宅大多在左右

人家尽枕河

或后方构筑有花园。花园里凿池引流,叠石为山,栽花植树,雕梁画栋,亭阁参差,小径幽曲,洞壑森然,条石漏窗。这类私家花园,将园林建筑和诗词文学、书法绘画、雕刻园艺等多种艺术有机结合,如入林泉,达到一种诗情画意的境界。闻名中外的苏州园林,都是留存至今的这类私家花园。

改革开放以来,苏州市政府为了更好地保护老城,开发建设了新城区。新城区里,现代化的高楼林立,马路宽阔,使人心旷神怡。与此同时,市政府也十分重视老城区的改造,既要保持苏州民宅的地方特色和传统风格,又要改造住房的内部设施,以方便居民生活。因此,尽管苏州已经发生了翻天覆地的变化,但今天旅游者在苏州古城仍然能见到粉墙黛瓦的古老建筑,欣赏到水乡"小桥,流水,人家"的独特韵味,这便是被世人誉为"双面绣"的苏州特色。

舳舻过画桥
——水乡的交通

丰沛的水源，给吴地的先民们带来了鱼鳖之利，为稻作生产提供了自然条件，却也带来交通上的不便，人们只有克服了水的阻隔才能往来。船多桥多，正是苏州古城数千年来交通的特点，与交通有关的习俗亦多牵连到船和桥。

船的产生，最早可能与鱼的关系更为密切，但后来随着稻作生产规模的日益扩大，在水乡泽国、河网密布的特殊地理条件下，船便与稻作发生了更加密不可分的关系。

春秋战国时期，吴地的造船业就非常发达。《越绝书》说，越人"水行而山处，以船为车，以楫为马"。《春秋大事表》也说，吴人"不能一日而废舟楫之用"。

在渔猎活动和稻作生产中发展起来的舟楫这种运载工具，在上古时期诸侯间的军事纷争中就已得到了充分的利用。据《左传》记载，哀公十年，"齐人弑悼公，赴于师。吴子三日哭于军门之外。徐承帅舟师，将自海入齐……"关于当时这些舰船的情况，伍子胥《水战兵法内经》中曾经作过描述："大翼一艘，广一丈五尺三寸，长十丈；中翼一艘，广一丈三尺五寸，长九丈；小翼一艘，广一丈二尺，长五

水乡以舟楫代车

丈六尺……"遥想当年,决定吴越生死存亡的大决战,其最终胜负,也就取决于用这些船舰进行的太湖水战。

当时除"三翼"船外,还有"突冒""余皇"等多种舰船。晋代诗人葛洪在《抱朴子》中说:"余皇,鹢首,涉川之良器也。"唐代诗人元稹有诗云"光阴三翼过",以"三翼"形容流光之速。这一切都足见当时吴地造船技艺的水平。

尽管渔猎和战争推动了古吴之地的水上交通,但对水上交通影响最大的,恐怕还是要数稻作生产。

船在稻作生产上具有许多功用,粗略言之,约有以下几种:

购置农具。随着农业生产的发展，农具的种类日趋繁多，如耕地用的犁耙锄头铁搭，施肥用的瓢勺桶担，运肥用的箩筐畚箕，灌溉用的水车、转盘，加工稻谷用的舂臼风箱，等等，这些东西都要从集市上购买并运回家中。到了现代，更有化肥、农药等要购置。

罱河泥、运肥。河泥是江南稻作区稻作生产所必需的一种有机肥，每年一开春，农民们就要为春种作准备，罱河泥了。罱河泥也非要船不可，诚如民歌所唱："四月半，丘丘田角开灰潭；五月半，大河罱泥一船船……"（《十二月半苦歌》）。除了河泥以外，过去江南农村还常将人粪、尿作为有机肥用来浇田。至今，在农村田岸上还能够看到散布着的一只只粪缸。农民们还到城镇里去收集粪肥，装运粪肥也需要用船，这种船常被人们叫作"粪船"。在水乡购运粪肥，除用船水运以外，旧时是很难想到其他便捷、妥善的运输方法的。

收割后运稻。农民们劳动的农田往往并不在住房附近，扛着锄头到田里去劳动还不算什么，收割后要将大批的稻子运回家中，这就不是轻松的事了，在河网密布的江南水乡，非船不可。

交租、交税、收账。宋代著名吴中诗人范成大曾有诗云："租船满载候开仓，粒粒如珠白似霜。"过去农民每年要向朝廷交税，向地主交租，在租税都以粮食计算的时代，交租交税也是非用船不可的。地主也往往有专门用来收租、收账的船只，像过去吴江农村就有这种"账船"。后来，租税改为以货币计交后，这种账船也就改作他用了，如医生坐账船出诊等。

运粮到专门工场进行加工。随着农村分工的精细，原来像脱谷、轧米等都是每家每户自己解决的，这时就必须到专门的工场去加工了，又都需要有船来运输。

卖柴卖米。稻作生产的产品就是柴和米，农民们生产稻米和稻柴，除了自己吃用以外，还将剩余的部分运到市场上去卖掉，将这些米粮和稻草运往市场也就非船不可。

总之，船在稻作生产中有着广泛的用途。手提肩挑固然不失为一种运输手段，但毕竟劳动强度大，效率低，田间小道，步履艰难，加之河网阻隔，十分不便。而吴地的稻作生产，即以吴越春秋之时而言，也已具相当规模。吴地先民，"春种八谷，夏长而养，秋成而聚，冬蓄而藏"（《吴越春秋·勾践阴谋外传》），可以做到"十年不收于国，而民有三年之食"（《国语·越语上》）。如果没有相当规模的稻作生产，那是很难设想的。吴王夫差时，越国向吴国借粮，吴王一次就借给越国"万石"，这都说明当时的稻作生产已经具有非常大的规模。这种大规模的稻作生产都要求比手提肩挑更为先进的运输手段。

稻作生产的不断发展，使吴地逐渐成了全国重要的粮食产地。上面提到的越国向吴国借粮万石一例，说明早在春秋时期，吴中的稻米除了供当地食用以外，已经有余粮可以外调。而以万石计的稻米要从南往北调，如果没有发达的水上运输，那是不可想象的。

自三国孙吴据有江东之后，东晋和南朝的宋、齐、梁、陈，时称六朝，先后统治江南地区三百多年。这一时期尽管北方战乱不已，但南方的生产却得到了很大的发展，稻作生产更有了长足的进步。史称："江南为国盛矣……地广野丰，民勤本业，一岁或稔，则数郡忘饥。"（《宋书·孔季恭传》）江南的米粮，作为最重要的货物远销四方，所以史称"今自江以南，所在皆穰""从江以南，千斛为货"（《宋书·周朗传》）。

唐宋时期，江南水利设施不断完善，"低田常无水患，高田常无旱灾，而数百里之地，常获丰熟。"（范成大《吴郡志》卷十九）宋代郏亶在给朝廷的奏章中说："天下之利，莫大于水田，水田之美，无过于苏州。"唐代诗人皮日休在《太湖诗·崦里》诗中歌吟道"膏腴二十顷""风吹稻花香"，可说是整个太湖流域丰收图景的写照。

明清两代，太湖流域更成了全国最为富庶的区域。当时民间有"苏湖熟，天下足"之谚。江南的稻米自给有余，剩余的就通过赋税和商品两种形式，分两种途径外运。而大批稻米的外运，必然促进水运的发展。

西晋文学家左思在《吴都赋》中，对吴地就有"国税再熟之稻，乡贡八蚕之绵"的赞叹。江南稻作区更成了隋唐时期中央政府的重要粮仓，洛阳含嘉仓城是隋唐时的皇家粮仓，其中有多个米窖专存苏州米粮，一个可储大米一万三千余石，可见苏州大米北运数量之巨。宋时，范仲淹在《答手诏条陈十事》中更具体地指出："臣知苏州日，点检簿书，一州之田，系出税者三万四千顷。中稔之利，每亩得米二石至三石。计出米七百余万石。东南每岁上供之数六百万石，乃一州所出。"中稔指通常丰收年景，如逢大熟，收成当超过此数。平江一府产量相当于东南每岁上供之数，可见产量之高。当时平江府城中设有南北两仓，据元丰三年（1080）统计，两仓储粮达三十万斛，以供外运和京师之需，难怪当时有"东南之计，仰给于此"的说法。

明清之际，漕运稻米更巨，以洪武二十六年（1393）为例，全国农田平均每亩征收税粮为 3.46 升，而苏州府农田每亩征收的税粮却高达 28.53 升；苏州实征粮食 2 746 990 石（其中主要是稻米，麦只占百分之二左右），占全国税粮总数的 9.55%。而据清道光《苏州府志》记载，嘉庆十六年（1811），苏州府各个县派兑漕船总数达 1 125 艘，亦可见其时漕米北运数量之巨。

这一切都充分说明了江南稻米作为税粮大量北运，促进了江南水上交通的发展。为了保证江南粮赋能顺利北运，隋炀帝前后发动百余万民工开掘运河。运河沟通了黄河、长江、洛河、淮河等我国主要水域，从此以后，南北漕运络绎不绝。而早在汉初，吴地船运就已十分发达，有"吴地一船之载，可以当中国数十辆车"之说。粮食的北运，不仅促进了内河航运，而且也推动了海运业的发展。杜甫《后出塞》诗有"云帆转辽海，粳稻来东吴"之句；另有《昔游》诗云："幽燕盛用武，供给亦劳哉。吴门转粟帛，泛海陵蓬莱。"说的都是江南之粟从苏州通过海运直送幽州，以供军需的情况。

元朝统一之初，大都所需粮食亦多由江南供给，但由于当时部分运河壅塞，如何把江南大米迅速运至大都就成了一个紧迫的问题。至元十九年（1282），元政府命造平底海船六十艘，运粮四万六千余石，自此以后，海运粮食的数量逐年增加，"终元之世，海运不废"。元末明初，太仓刘家港就已成为江南漕粮海运京师的基地，海外各国客商也来此进行贸易，当时被称为"六国码头"。

江南大米除了作为税粮北运以外，还作为商品大量外销。"福建之米，原不足以供福建之食，虽丰年多取资于江、浙。"（《皇朝经世文编》卷四十四）像福建这样仰给于江南稻米的地方很多，因此稻米就成了一宗特别巨大的贸易。而这些外销的大米，几乎也全是通过水路运往各地的。

> 枫江之舳舻衔尾，南濠之货物如山，则谓此亦江南一都会矣。（崇祯《吴县志》）

水巷小桥多

月城……有南北濠、上下塘,为市尤繁盛。(乾隆《苏州府志》)

枫桥……为水陆孔道。贩贸所集,有豆米市,设有千总驻防。(同治《苏州府志》)

(安亭镇)自早至日中,澁沓相竞,声沸水面。(《安亭志》)

许市……居民际水,农贾杂处,为一大镇。(正德《姑苏志》卷十八)

(黎里镇)每日黎明,乡人成集,百货贸易,而米及油饼尤多。舟楫塞港,街道肩摩。(嘉庆《黎里志》卷二,转引自《黎里镇志》)

平望镇（按指明弘治以后）……居民日增，货物益备，而米及豆麦尤多。千艘万舸，远近毕集，俗以小枫桥称之。（乾隆《吴江县志》卷四）

上述方志记载的市场集镇，几乎都是在水运交通线上。这一切都说明，江南稻米的外运和水上交通有着不可分割的关系，并有力地推动了水上交通的发展。

苏州与各乡镇之间，过去大多也以船交通。这种专供载客的航船，舱中两边搭有坐板，以供旅客踞坐，一船大致可坐三十多人。它们一般都停靠在专门的码头，除途经各客埠均停靠、搭客以外，在荒坂、野地、桥头、岸边也随时可以停靠搭客。这种船一般速度较慢，为解旅途寂寞，乘客往往相互攀谈，因此航船上又成了传播社会新闻、民间传说的场所。夜航船，则于傍晚从某地开出，第二天凌晨到达目的地，一般航程较远。夜航船的船身较大，分上下两层，下层载货，上层乘客。船板上铺有席子，可以坐人，船上备有被褥，供乘客租用，可以开铺睡觉。因为是夜航，所以一般途中不再停靠。

苏州不仅郊外河网交错，城里也是水道纵横。过去，以船代步是最寻常的事。如要从城之一隅到另一隅，就往往雇一种"小快船"前往，船上坐卧舒适，喝茶饮酒均可。城里河道宽处，多有这些小快船专供人随时雇用。每年清明时节，苏州城内人家多到郊外上坟，"上坟船"便盛极一时。搬家之类事务，更是非船不可。全城内外，码头林立，有"三关六码头"之称。

苏州城内过去还有一种专门用于游览的"灯船"，颇有特色。这种船装饰精美，窗有隔层，以明瓦或大理石镶嵌。船上悬灯结彩，暮色四起之时，点起灯烛，这时船灯与月光相辉映，远远望去，犹如群星自天而落，分外迷人。游人聚于舱内，或作牙牌之嬉，或请名媛弹唱，或传杯盘宴饮。水面上笙歌盈耳，倍感风雅。这种灯船，大多船艄厨具毕备，且有专事烹饪的船娘，手艺高超，河鲜海味、山珍野蔌，都能做出脍炙人口的佳肴。著名的苏州船菜、船点，就是由此而兴的。

苏州小桥、流水、人家的宁静风貌，到中日甲午战争之后，才被外国火轮的噪声和煤烟破坏。

如果说船成了吴中大地的水上交通工具，那么桥则便捷了这里的陆上交通。俗话说："村村有河，河河有桥。""水港小桥多"，成了苏州水乡的一大特点。唐代大诗人白居易曾写道："绿浪东西南北水，红栏三百九十桥。"同治《苏州府志》则说苏州"坊市棋列，桥梁栉比"。苏州有许多乡镇即以桥命名，如枫桥、长桥、妙桥、塘桥、花桥、钱桥、查桥、厚桥等。桥用以沟通陆路，河用以沟通水路，有桥的地方大多是水陆交汇之地，这里商贾云集，桅樯林立，市镇由此而兴，是理所当然的了。

苏州的桥种类很多，除了按造桥的材质可分为木桥、竹桥、石桥等以外，还可以按桥的形式来分，如桥孔呈方形的石桥，上搁木板的穿板桥，河中立柱的三节桥等。而最有特色的，当推石拱桥。石质拱桥和轻柔水波相映衬，圆拱凌波，质坚形柔，分外优美。这些桥梁不光在交通运输中发挥了极大的作用，而且还成为别具民俗特色的重要景观，吸引了远近的广大游人。

苏州城外寒山寺旁的枫桥，曾是一座颇为有名的桥梁。枫桥原名封桥，它的出名乃与大运河的开凿有关。由于有"枕漕河，俯官道，南北舟车所从出"的地理优势，其地成为水陆要冲，那时每到夜里就要封锁起来，因而称为封桥。后因唐代诗人张继《枫桥夜泊》诗有"月落乌啼霜满天，江枫渔火对愁眠。姑苏城外寒山寺，夜半钟声到客船"之句而易名"枫桥"。那里曾因水陆交汇，商舶云集，货物山积，而成为著名的米、豆集市，枫桥镇便由此而兴。过去这里设有标准粮斗，称为"枫斗"。明代诗人高启有诗云："画桥三百映江桥，诗里枫桥独有名。"枫桥的出名，当然与它的经济地位有关。

横卧在苏州城外大运河和澹台湖上的宝带桥，是唐元和十一年（816），为适应南粮北调漕运事业的需要，由当时的苏州刺史王仲舒变卖了束在身上的宝带，筹资建造的。人们为了纪念王仲舒的义举，便将此桥叫作宝带桥。这是一座多孔式连续石拱桥，全长316.8米，桥下有53孔相连，这样不仅减轻了桥的分量，而且泄洪畅通。桥从13孔开始隆起，到15孔为最高点，以利于大船的通行。桥面平坦，宽4.10米，便于纤夫拉纤。它的形制亦如宝带凌波，恰似其名。

觅渡桥，也是横卧在京杭大运河上的重要交通枢纽。此桥始建于元代，当时苏州商业繁荣，但行旅常被运河阻隔，交通很不方便。桥建成后，过河不必再摆渡，因此叫作"灭渡桥"，后被改为"觅渡桥"。

苏州人对桥梁的命名特别有讲究，有以飞禽走兽命名的，如卧龙桥、狮子桥、乌鹊桥等；有以花卉命名的，如白莲桥、桃花桥、水仙桥、香花桥等；有以自然风光命名的，如塔影桥、虹桥、星桥、彩云桥等；更有以吉利口彩命名的，如寿星桥、万年桥、吉利桥、利市桥等。

苏州有许多与桥有关的民俗。例如，元宵夜妇女就有"走三桥"的习俗。每年正月十五元宵佳节之夜，苏州的妇女们都要三五成群地去走三座桥,据说可以免除百病。长洲、元和县志均载:"上元,妇女走历三桥,谓可免百病。"明代陆伸《走三桥词》云:"细娘吩咐后庭鸡,不到天明莫浪啼。走遍三桥灯已落,却嫌罗袜污春泥。"再如,孩子满月,除了要吃满月面、喝满月酒、剃满月头以外,还要给孩子戴了新帽,身上放一本历本,历本角上用红绿丝线串一枚"太平"铜线,由舅舅抱了,撑一把油纸伞,去走太平、吉利、状元(或万年)三座具有吉利名字的桥。水乡迎娶,往往要用花轿船,花轿船每经过一座桥梁时,必须放炮仗,有的还须由新郎、伴郎一同起立,向桥梁打拱作揖,叩求保佑。总之,桥在苏州人的心目中,是具有特殊神力的建筑,从以上这些民俗也可以看出人们对桥梁的敬畏和重视!

过去除船之外,苏州城内最重要的陆上交通工具便是轿了。清代,对于轿的使用政府有明文规定:轿有官民之分,且分黄、绿、蓝、黑诸色,抬轿人也多寡不等。一品大员以上官员才能坐八抬绿呢大轿;二品以下官员,只能坐四人抬的蓝呢轿。轿夫沿途吆喝,以示官府威严。轿之优劣和抬轿人数的多少,便成了身份、地位的象征。至于普通百姓,当然只能坐两人抬的民轿,唯有新娘出嫁才不受此限,可以坐豪华的花轿。苏州人最爱做工精致的宁波花轿。这种花轿木质镂花、朱漆鎏金,轿顶往往还刻有麒麟送子雕像,轿身绘有盘龙、舞狮等图案。花轿有内外两层,中间可以点烛,内层以红缎作幔。穷困之家的新娘当然坐不起这种花轿,只能坐那种以竹为架,仅以绣幔遮围的普通花轿。

苏州多士绅豪门,这些人家的院宅往往都有轿厅,家中自备轿子,轿夫长年养在家中,称为"长班"。有的人家出门,需临时召请轿夫,但往往也靠定某一领班,称为"靠班"。据说,旧时苏州城内专以抬轿为业的轿夫，就多达两千余人。一些富豪之家的太太小姐还喜欢坐"飞轿"。所谓飞轿，即抬轿者健步如飞；这些轿夫大多技艺极高，据说轿内即使放上一碗水，飞跑一二里路，碗中的水也不会有涓滴外溢。

过去苏州城里街巷狭窄，又多桥梁，骑马极为不便，至于马车，更难通行。进入20世纪以后，苏州出现了根据"东洋车"改制的黄包车；阊门外马路拓宽后，石路一带以及从石路到虎丘等地，马车方风行一时。民国初，苏州开始修筑公路，兴办汽车运输。清光绪三十二年（1906），沪宁铁路苏州段始通车，苏州通往外地的火车也相继开通。随着陆上交通的发展，苏州的舟楫日渐减少，河道也日趋壅塞，古城的街道却越拓越宽了……

千百年来，苏州那种以楫代马、以轿代步的风情，已被现代交通的繁忙景象所取代。但是，近年来苏州市政府在发展现代交通的同时，仍致力于河道的疏浚和治理，苏州的河流又变得清灵了。还开通了水上巴士，现在外地游客到了苏州，就可以登上水上巴士，荡舟水巷，浏览苏州的水城风光了。水上巴士能把你送到这座历史文化名城的主要名胜景点。

◎ 民 间 信 仰 ◎

苏州民俗 >>>

太湖之滨的古吴之地，曾经是一个环境非常险恶的地区。泛滥的洪水，荡涤过这块土地；江河湖泽，蛇虫为害；可怕的疠疫，夺去过无数人的生命……

江南水乡给吴地先民创造了种植水稻的条件，带来了鱼鳖之利，但水稻生产和渔猎活动又非常艰苦。水涝灾害和蝗虫的袭击，常使农民们丰收的希望化为泡影；惊涛骇浪和不测风云，也常使渔民船翻网破、葬身江湖……

在生产力水平十分低下、征服自然的能力非常有限的时代，人们对许多自然现象无法解释，无法逃避各种各样的苦难。于是，从现实生活中找不到的答案、得不到的力量，就只能到虚幻的世界中去探求、寻找，民间信仰和崇拜就这样产生了。

恩格斯曾经指出："一切宗教都不过是支配着人们日常生活的外部力量在人们头脑中的幻想的反映，在这种反映中，人间的力量采取了超人间的力量的形式。"（恩格斯《反杜林论》）

传说中的猛将曾驱走过蝗虫，于是农民们便将驱蝗的希望寄托在猛将身上；神话里的大禹征服了蛟龙，于是渔民们就把渔船的安全和渔业的丰收都求之于禹王。民间信仰中的偶像崇拜，其根本原因往往出于恩格斯所说的那种"幻想"。人们认为神灵、菩萨有非凡的能耐，这正是人类自身对自然软弱无能的体现，迎神赛会也好，祭祀膜拜也好，无非是想通过"温和谐媚手段以求哄诱安抚顽固暴躁、变幻莫测的神灵"（弗雷泽《金枝》，转引自朱炳祥《中国诗歌发生史》），希望他们不要作祟并多加保佑的一种努力。

苏州经济繁荣，百业兴旺，于是也就有了众多的行业神崇拜。

诸多的民间信仰，充分反映了人民群众对生活的美好愿望。对于灶神、财神、禹王、猛将、花神、蚕神、酒仙、药王等的祭祀和庙会，便是人们对于家庭和睦、家道兴旺、风调雨顺、行旅平安、百业丰茂等愿望的表达。婚俗中的种种民间信仰事象，如照轿、拜天地和合、撒帐、合卺等，无一不是对夫妻幸福、无灾无殃、生儿育女、和谐相处等美好景象的召唤。丧俗中的一系列民间信仰活动，就其本质而言，也完全是人们对于生命的热爱和留恋的一种表露。人民群众在严酷的自然和冷漠的社会面前无法把握自己命运的时候，民间信仰既是他们对自我的一种慰藉，也是他们对于主宰自己命运的权力的一种呼唤。

民间信仰同时也是人民群众道德理想的一种反映。看看民间信仰中诸多的崇拜对象就可以知道，被人民群众当作正神来崇拜的，多是那些在传说中或历史上为人民创造了功勋，作出了贡献，受到人民群众拥护和爱戴的人：大禹治水，猛将驱蝗，鲁班创造发明了那么多的工具与器物，吕祖给人们带来康复，张仙送子，和合二仙使家人团聚……人们还将曾经为地方上做过好事的人奉为城隍、土地。

信仰民俗和其他许多民俗事象一样，都是将多种社会功能融于一体的复杂事物，信仰民俗除了信仰的主旨以外，它同样蕴含着文化娱乐、经济商贸、道德教化等多种作用。同样，其他民俗事象中也渗透着信仰的内涵，如人生礼仪民俗等，因此有些信仰民俗的内容，我们将放到有关的篇章中去介绍。

驱蝗刘猛将

江南农村无论老幼,几乎没有人不知道"猛将老爷"的,祭祀猛将的庙堂曾经遍布太湖流域。

猛将是民间的驱蝗神,关于他,曾经有种种传说。有的说,猛将就是南宋抗金名将刘锜;有的则说,猛将是刘锜的弟弟刘锐;还有的说,猛将是南宋时"死元兵难"的文州知州刘锐;等等。他们死后被封为神,专司驱蝗。

但在太湖流域民间传说中的猛将,却是一个让人同情、使人钦佩的儿童。

据说猛将姓刘,是个苦孩子。母亲死后,父亲娶了后妻,后娘待猛将十分刻薄,处处刁难。后娘把被牛蹄踏扁的蚕豆拿给猛将去种,居然被他种活了。今天,我们还能吃到这种又大又扁的蚕豆——苏州人称它为"牛踏扁"。后娘又把炒熟的黄豆拿给他去种,结果又被他种活了;只不过黄豆皮上留下了斑斑驳驳的焦斑,这就是我们今天还能见到的"虎皮黄豆"。后娘看难不倒猛将,就开始挑拨猛将父子的关系。冬天,她给自己亲生的儿子穿上丝棉袄,而给猛将穿的"棉袄"里塞的却是芦花,两件棉袄外表看来一模一样,穿在身上的感觉

猛将堂（木雕）

却大不相同。父亲从外面回来，问儿子冷不冷，小儿子说不冷，猛将说冷。后娘就在他父亲面前说："你看这个孩子就是不老实，穿得暖暖的，还要说冷。"因此，父亲也不喜欢猛将了，后来还把他赶出了家门。猛将无家可归，最后被外公和舅舅收留下来。

有一年，田里的稻子都开花结籽了，突然飞来大群蝗虫，眼看稻田里的庄稼都要让蝗虫吃光了。猛将说："不要紧，我来把它们赶走。"他拿起一根竹竿，脱下身上一件破衣衫，往竹竿上一扎，就冲到田里去赶蝗虫了。猛将想："要是我把它们赶到别人田里，蝗虫就会吃别人田里的庄稼；还是让我把它赶到海里去喂鱼虾吧。"就这样，他日夜不停地赶，赶得精疲力尽。蝗虫果然被他赶到了海里，他自己却也被一个浪头卷到海里去淹死了。也有人说，他是被蝗虫咬死的。

尽管猛将只是个孩子，但他为大家做了好事，大家就永远纪念他，为他造了个像，供在庙里，尊敬他，称呼他为猛将老爷。每年他生日那天以及稻子成熟的时候，都要出会祭祀他。苏州周边农村的猛将像，多数都光头赤脚，着短衫短裤，完全是个孩子的形象。有的神像头上还扎着一块红布，那是因为被后娘打破了头，鲜血将扎头布都染红了，民间称他为"扎头猛将"。据曾在宋仙洲巷猛将堂附近住过的老人说，那儿猛将老爷塑像的嘴唇还豁了一块，连牙齿也露了出来，据说是被蝗虫咬掉的。吴中木渎一带的老人说，他们那儿的猛将神像，不仅赤脚、光头，旁边还有两座小的立像，左边是他的娘舅，右边是他的外公；因为他们收留了猛将，所以老百姓也永不忘记他们的好处。昆山周市的猛将老爷，也是一个穿着短打的赤脚少年，头上扎一块布片。这种种形象正和民间的传说吻合。太湖流域民间曾流传过好些有关猛将的神歌和宣卷，尽管其中夹杂了一些宣扬因果报应的情节，但还是能够看出源于上面介绍的这些朴素的民间传说。

清代顾禄在《清嘉录》中记录了当时人们祭祀猛将的情景："穹隆山一带，农人舁猛将，奔走如飞，倾跌为乐，不为慢亵。"农民们在完成了田间犁地、下种、松土、锄草等繁忙农活之后，便"各醵钱以赛猛将之神。舁神于场，击牲设醴，鼓乐以酬，四野遍插五色纸旗……"直到近代，苏州农村"待猛将"时还是充满欢乐和生气，人们抬着猛将神像，在田岸奔走嬉戏，哪怕将猛将老爷跌倒在地也不要紧。当地人干脆就将这样的出会叫作"嬉猛将"。

吴中木渎镇南刘庄、蒋家村、顾家墩等村的"待猛将"有个奇怪的名称，叫"碰瘌痢会"，原因便在猛将是秃头的。吴江芦墟等地的农民称猛将为"庄家圩大老爷"，这种称呼本身就反映了当地农民与猛将之间那种亲昵的关系。

刘庄等八个村的村民，供奉、祭祀猛将的方式就更独特了。他们每村都有个神龛，里面供着猛将和他两个亲戚的塑像。村民们轮流当会东，神龛不供在庙里，而放置在当值会东的堂屋里。传说农历正月十三是猛将的生日，每到这一天，八个村的猛将老爷都要抬到诸士庙去出会。大年夜上午，会东家中请了道士、鼓手，供了纸马供品，焚香点烛请猛将老爷"下殿"。从正月初一开始，会东家门前放上三副锣鼓，让村里大人小孩来随意敲打，一旦来人少了，会东还得去村里请人来敲打。到十二日上午，会东的至亲便送来糕团。这种团子非常大，直径足足有60厘米，上面弯弯曲曲地盘着两条龙，大团子周围放上六只小团子，象征六畜兴旺。晚上，全村人都聚到会东家里陪伴猛将老爷，人们吃着糕团，喝着甜酒，聊着天，孩子们则尽情地敲锣打鼓，一直要闹到半夜三更才各各回家。正月十三下午，铳声三响，鞭炮锣鼓震耳欲聋，会东将"猛将老爷"请入轿内，两尊小老爷同时请入两顶小轿。这时浩浩荡荡的出会队伍就出发了。老爷塑像都要用丝带或汗巾系缚牢，这样在出会过程中就不致因激烈活动而将老爷颠出轿来。出会队伍每至一村都要锣鼓大作，在路上则拼命奔跑，都想抢先抵达诸士庙，当地村民将此称作"抢轿"。队伍到达庙场后，气氛就更加热烈，轿夫把小轿不停地往空中抛，落下时却能稳稳地接住；抛轿之举常常能博得众人的喝彩，小伙子为给自己村里"扎台型"，往往使出浑身解数。在此同时，大轿也在轿夫手中左右摇晃，上下颠簸，尽情嬉乐。众村民看完抛轿比赛，上过供品，给猛将老爷叩过头，才尽兴而归。

各地的猛将会颇多相似之处，联想到人们心目中的猛将是个被后娘欺凌的苦孩子，上述种种很有人情味的民俗活动就不难理解了。人们尊敬他,因为他为大家赶走了蝗虫;人们更同情他,希望给这个从小就没了亲娘的苦孩子带来热闹和欢乐。

苏州等地还曾流行过这样的传说:抗日战争时期,日本侵略者想把猛将老爷的神像运走,谁知平日人们出会时抬着猛将神像,奔走如飞,非常轻松,日本人一抬却觉得就像山一样的重,神像刚被抬出庙门,就压得他们哇哇直叫,一个个肩膀都被压肿了,无奈只得乖乖地放下神像,灰头土脸地溜走了。第二天,老百姓跑去一看,猛将老爷已经稳稳地坐回了庙里。

变异和附会本是民间传说的特点,在民族矛盾激化的历史背景下,人们让猛将来充任民族英雄或赋予猛将以崇高的民族气节,是不难理解的。所以,有些地方的猛将神像,就被塑成了顶盔披甲的一员武将形象。

过去,苏州城内宋仙洲巷也有一座猛将堂。农历正月十三,到猛将堂去看大蜡烛,曾经是苏州城内春节、元宵期间的一个特别节目。这一天,远近的农民都赶到猛将堂来庆贺猛将的生日,对他进行祭祀。

正月十三是元宵灯节上灯之时,姑苏城内通衢大道、各座桥梁上面几乎都搭起了灯塔,挂满了彩灯;有些地方还竖起竹竿、木杆,悬着一串串红彤彤的九连灯;一到夜晚,璀璨的灯光倒映在水波荡漾的河面,景色分外迷人。这时候,看灯的人满街游走,熙熙攘攘,整个古城充满了节日气氛。而苏州城内宋仙洲巷的猛将堂,除了张灯结彩以外,还有大蜡烛可看,因此更是人头攒动。据说这对每年由烛业公所捐赠的大蜡烛有五六十斤重,足足可燃半个月。后来人们干脆在猛将堂里做了一对木质巨烛,中间镂空,灌满菜油,用灯芯燃烧。再后来，木质巨烛改由铜皮制成，灌油时都要用铜勺子来舀。到了元宵夜晚，猛将堂还要燃放花炮焰火。花炮装在粗竹筒里，点燃引线后，随着一声巨响，便在空中散成梅兰竹菊之类璀璨的图案。焰火挂在高架上放，蹿入半空，喷发出天女散花般美妙的奇观。这些花炮焰火则都是由烟花业同人捐赠的。

猛将堂看大蜡烛，成了当时苏州城内春节、元宵期间的重要景观和特别节目。而从猛将崇拜的形成过程，则不难看出人民群众的爱憎与忧乐。

佑渔大禹王

平台山在太湖中，上面原有禹王庙。禹王庙是太湖渔民禹王信仰的产物。太湖周近曾有四处禹王庙，其中一处，在明代已沦为湖。还有两处，其地偏僻，交通隔绝，渔船往还不便，经冲积和人为垦殖，逐渐与陆地相连，成了内陆的一部分，香火渐趋冷落。唯平台山地理位置特殊，它位于湖中，处于捕捞作业区要冲，四面远离陆地，面积不大，海拔不高，渔民上岛祭祀，往还十分方便。平台山又处于太湖的最深处。此处湖面辽阔，风急浪高，翻船死人的事时有发生，在茫茫湖面上，平台山是唯一可见目标和躲避风浪的去处。在"上不着天，下不着地"，充满了风险的浩渺太湖中，渔民们便祈求禹王来保佑平安。后来其他地方的一些神像又陆续迁到平台山禹王庙中，于是香火益盛，终于成了太湖渔民禹王信仰的中心。

据考，平台山禹王庙的始建，最迟不会晚于宋末，至今已有900多年历史。明代时该庙已具相当规模，大学士王鏊曾为之题书刻石。原庙在清咸丰年间毁于兵灾。同治年间，太湖渔民发起修葺，苏州知府曾题赠"天下第一山"匾额。

平台山禹王庙背山面湖，坐北朝南；周围古木参天，绿树掩映，藤蔓缠绕；岛外是一望无际的太湖，惊涛拍岸，气势宏伟，整个庙宇庄严肃穆。中华人民共和国成立后，平台山庙会被禁，香火逐渐冷落，庙祝回村务农，庙宇失修坍塌。"大炼钢铁"时，村民上岛扒砂炼铁，顺手带走庙宇门窗等材料，坍塌日益严重。20世纪60年代初，庙宇被拆除，在庙基上建起了渔船导航灯塔，平台山禹王庙从此消失。但是，这里仍是渔民心中的圣地，禹王仍是他们精神寄托的支柱，至今还经常有零星渔民在废墟上烧香祭祀。

过去，平台山禹王庙每年有正月"上峋"、清明"祭禹"和冬季"献头鱼"三期大香信，而其中尤以清明"祭禹"最为隆盛。

正月"上峋"，是纪念禹王圣诞和祭鳌求福的祭祀活动。俗传正月初八是禹王生日，吴地有神诞庙会的习俗，在庆贺禹王诞辰的同时，祭鳌求福，祈求鳌鱼不要兴妖作怪，同时也祭祀庙内诸神，祈求他们保佑渔民平安。整个活动从正月初八开始，持续半个多月。

祭祀以"带"为单位，每带祭祀一昼夜。所谓带，实际是生产时的一个作业单位，每带四条大渔船。因为大家都想来"烧头香"，所以开始几天，祭祀的船最多；有的船却避开高峰，干脆将祭祀放在最后几天，称为"收大元宝"。

祭祀前，每带都要备幕纸（纸马）100多张以及大量的钱粮、香烛、纸元宝。荤供有全猪、全羊各一头，7个猪头、8只连脚猪蹄、7只鸡、7条鲤鱼干，称为"七头八脚"。杀好的全猪、全羊背部要留一撮毛。另外，还要配一只鸡、两条活鲢鱼供祭鳌时用。素供有茶点、糕团、干果、水果、豆腐干、百叶和用米粉做的猪、鱼、鸡"粉三牲"。备好供品后，渔船要直航平台山等候祭祀，不能再捕鱼了，否则据说会纲断网破。各主祭单位均备一副香烛，到庙内烧香挂牌，按到达先后确定祭祀日期,并在水牌上写明,即所谓"拈香为定"。前一带船祭祀结束,要请接着来祭祀的渔船上的八个人吃一顿,称为"接张",此后便依次接下去。祭祀后,四条船各分得一份供品,一份留给庙祝,剩余的集体吃掉。

清明祭禹,是全湖渔民的公祭,由各香社统一安排实施。香社是渔民的祭祀组织。香社各有香头负责,公推有威望、热心祭祀活动的人担任,负责筹集经费,组织祭祀活动。不同类型的渔民,按渔船的大小组成不同的香社。

清明"祭禹",香期为七天。前三天祭祀,后四天娱神。清明前一天,渔民们要折幕纸,摆供品,为祭祀做准备。第二天起神、上供单、请神。第三天主祭。后四天演戏酬神。演戏必有开场锣鼓,接着是"跳加官",先由一名戴白色假面具、穿蟒袍、持朝笏的演员扮"天官",边舞边展"天官赐福""风调雨顺"等条幅。接着是穿红袍、戴金色面具的财神,手持金元宝,做招财进宝等舞蹈动作。这些都是哑舞表演。然后演正戏,每天下午、晚上两台京戏,每台四折,《打渔杀家》是必演的剧目。戏班子是设备简陋的草台班。最后一天猛将出会,由"五方"开道,"肃静"、"回避"、官衔行牌随后;轿前是銮驾,神轿内坐着木制的手臂可活动的猛将;轿后是穿红着绿、腰束绸巾的丝竹乐队和挑花篮、踩高跷等表演技艺的民间艺人;最后是许愿、还愿的渔民和收梢锣鼓。许愿、还愿的渔民装扮成"罪犯",挂着臂锣、臂香在队伍中行走。出会队伍沿平台山巡游一周后回到禹王庙参拜禹王。

祭禹王的同时,各香社在庙旁空地搭香棚,设香案,置幕纸供奉。各香头都期望自己的香社办得隆重、体面,互相攀比、炫耀。各香社还向庙里赠送袍盔、旗幡等物。

吴庄《六桅渔船竹枝词》云:"一年生计三冬好,吃食穿衣望有余。牵得九囊多饱满,北嵝山上献头鱼。"太湖渔民中有"三季靠一冬"之谚。到了冬季,幼鱼已经长大,此时成为捕捞的黄金季节。冬捕开始,渔民要将捕到的第一条大鱼献给禹王,这就是"献头鱼"的习俗。献头鱼的本意,是表示捕鱼不忘本,祈求禹王保佑渔汛丰收。

献头鱼没有固定日期,一般在农历十月初,要视天气而定。大船靠风力行驶来捕鱼,大风越多,产量越高,因此有渔谚曰:"农民牵三日三夜耷,不及渔民一枒风。"从九月初九"重阳报"开始到年底的"风信",占全年的一半。"九月廿六一头风,单牵樯缆不用篷",从此,渔民们用樯缆风捕鱼,标志着冬捕的开始。冬捕开始后,渔民们即以捕到的最大的鲢鱼"献头鱼"。献头鱼时间比较集中,香期一般为两天。因正值旺季,故随到随献,亦可数船同时祭献。除常规供品外,祭献时一条活的大鲢鱼是必备的,边上还要放一杆秤,寓有请禹王称一称,看看这鱼大不大的意思,并含有"称心如意"的美好祝愿。用鲢鱼献祭,是因为"鲢""连"同音,取连年丰收之吉。

太湖渔民大禹信仰的产生和历久不衰,是有其历史渊源的。

大禹治水,在中国几乎是家喻户晓、妇孺皆知的故事。《山海经》中就载有鲧禹治水的神话:传说鲧为制服滔滔洪水,从上帝那儿窃得一种能生长不止的泥土"息壤",用来堵截洪水,结果因触犯了上帝而被杀。但他死后尸体不烂,剖其腹而得禹,于是大禹继承父亲的遗志,与洪水进行了长期而艰苦的斗争。如果说《山海经》将鲧禹治水作为神话来记录的话,那么,司马迁则将鲧禹治水看作历史而将其载入史册,说鲧治水失败被杀之后,禹终于采用疏导之法,制服了

太湖渔船

洪水，当时华夏部族的领袖舜就让位给禹。大禹成了部落联盟的领袖，并开创了夏王朝的基业，因此史家又称他为"夏禹"。大禹为治水患，长期在外奔波，三过家门而不入的精神十分感人，后人为了纪念他的业绩，建庙祭祀，他也就成了我国古代著名的英雄神。同时，他又是华夏的先祖，因此也成了中华民族的一位祖先神。

吴越是"东南水都"，古代洪水泛滥，以太湖为中心的吴越故地首当其冲。大禹治水的重点是吴越地区，他功绩显赫，对太湖流域产生了广泛而深刻的影响。史有大禹治水，"于吴，则通渠三江、五湖"（《史记·河渠书》）等记载。大禹用了疏导之法，使三江通流入海，太湖水患得以平息。所谓"三江既入，震泽底定"（《尚书·禹贡》），震泽就是太湖的古称。太湖水患成了水利，"天美禹德，而劳其功,使百鸟还为民田"(《吴越春秋·越王无余外传》)。其实,"鸟耕"只是一种候鸟冬去春来的自然现象,但当时人们却将其看作是大禹"美德"感动天地而带来的好处,可见人们对大禹的崇拜和信仰。当然,"震泽底定"不光促进了太湖流域的稻作生产,也有利于当地的渔猎活动。"禹劳天下而死为社"(《淮南子·氾论训》),大禹治水,对太湖流域功德无量,因此他也就成了包括渔民在内的当地人民心中的神。直至今天,太湖流域还流传着许多关于大禹治水的传说,如洞庭西山林屋洞内就有"灵威丈人索大禹治水素书处"等景点,传说当年大禹治理太湖洪水时,曾得一黑衣仙丈指点,在林屋洞内取得了治水的"天书",大禹即按天书秘诀开凿三江,平息了水患。后来,吴王阖闾派灵威丈人入洞,秉烛行七十日,得"素书"三卷,阖闾不知为何书,使人问于孔子,孔子说这是禹的"石函文",要懂得天意的人才能看出里面的字。这些虽为传说,却也足见大禹在当地的影响。

俗话说:"水火不留情。"太湖渔民长期在"三面朝水,一面朝天"的险恶环境中生存。与风浪打交道,经常会遇到狂风巨浪、洪水激流等人力不可抗拒的自然灾害的袭击,翻船、触礁、溺水等湖难事故频频,正如渔民所说:"三寸板内是娘床,三寸板外见阎王。"古代吴越水泽又多蛇蟒,也常为害,同样使人产生恐惧心理。太湖的大渔船古称"戈船",就是由于"有蛟龙之害,故置戈于船下,因此得名"。渔民在湖上作业时鱼是游的,水是流的,风是吹的,看不见,摸不着,一切似乎都捉摸不定。渔民艰苦的捕捞作业,所处的恶劣环境和低下的抗御自然的能力,都需要有个神作为精神上的支柱。对于看不见、摸不着、猜不透的风信、水文、鱼情等,古人无法用科学的方法来解释，便很自然地将它们和"水妖""水怪"联系了起来，认为狂风巨浪是鳖鱼作怪，山洪暴发是蛟龙出洞……而大禹正是这些蛟龙、鳖鱼的克星。要确保湖上太平，夺取渔业丰收，当然只能去祈求大禹的保佑了。

一些民间传说，正是这种观念的体现。太湖渔民中流传着这样的故事：观音脚下的鳖鱼，因看管不严，逃了出来，常在湖上兴风作浪，残害生灵。后来它被大禹收服，锁在太湖中央的平台山上，身体就成了湖上的"四崦"（在古书里，这个"崦"字就是"鳖"字）。北崦是鳖鱼头，禹王坐在上面，不让它再兴风作怪，因此渔民习惯称平台山为"鳖上"。西面的"沙带"即是在戏水的鳖鱼尾巴。还有一个传说，说大禹治水来到了太湖的平台山，见有蛟龙作怪，山泉如涌，泛滥成灾，就铸了个大铁镬，堵到泉眼上，但水仍汹涌不止，情急之中他就坐到了铁镬上，这一坐，泉水就被堵住了。据说平台山地形平坦，形似馒头，上有铁砂，它就是当年大禹铸成后倒扣着的铁镬，如今孽龙还被覆盖在下面呢。《吴门表隐》中就记录了这个传说：平台山上"有砂如铁，大禹铸铁釜，覆孽龙于此"。这些传说发生在当地，渔民从小就有所闻，印象深刻，思想上便深化了对禹王的迷信。这样，就逐渐形成以水、风、鱼和大禹相联系的信仰范畴，确定了以治水的禹王为保护神的信仰体系。

太湖的渔业生产，旺淡季节划分鲜明，清明实在是太湖渔业年度的分界线。清明"祭禹"，恰好是渔业生产由旺转淡之时，渔民们正可利用庙会，重新组织生产。太湖渔船的作业方式是夏秋两船结"对"、冬春四船成"带"。每条船要配七个到九个劳动力。清明则是汛末结账、汛初重新组织生产之时，他们就在庙会期间找搭档，重新组合姐妹船，船主招雇渔工，渔工受雇于船主。好的渔工早有雇主，体质弱、技术差的则挤在庙前等待雇主，被称为"烂木头"。渔民之间有了纠纷也说："清明禹王庙公断。"这样，清明庙会就成了一年一度的渔业劳动市场。

渔民在太湖上捕鱼作业，平时不进港，卖鱼有行账船前来收购，兼送米粮等生活必需品下船。渔民们终年在茫茫太湖上，生活非常枯燥，经过冬春两季辛劳，在清明渔业生产转入淡季后，正好借庙会来调节、轻松一番。平时亲友们各自在渔船上捕捞，难得见面，因此庙会又是渔民们探亲访友的好机会。

清明之时，旺季刚结束，渔民们手中有钱，谚云："春尴尬，夏讨饭，秋瘪三，冬小开。"他们的消费观是"今日有酒今日醉"，平时在湖上无法消费，庙会实际上为他们提供了一个放松心情、享受一回的消费场所。所以，庙会期间渔民们乐意消费，也有钱消费，有些人就迎合渔民的心理和需要，看准了这个赚钱的机会，开茶馆，开酒店，设赌场，变戏法，玩杂耍，无所不有。有岸上设摊的，也有船上交易的。庙会实际上成了一次规模很大的交易会，一个五彩缤纷的娱乐场，一次生动活泼的大联欢。

夏禹治水，为民造福，劳苦功高。对他的祭祀寄托着渔民美好的愿望，这对弘扬民族的优秀品德，有历史的和现实的意义。庙会虽以敬神为主，但又为渔民提供了一个沟通思想、交流感情、进行文化娱乐的场所，形成了一个特殊的劳动市场，对调剂劳动力、规范渔业生产也起过积极的作用。这些，大概就是历史上太湖渔民的大禹信仰经久不衰的深层原因吧。

灵旗社鼓说迎神
——苏州的出会

"江南……其俗信鬼神,好淫祀。"(同治《苏州府志》)吴地自古崇信鬼神,迎神赛会习俗就是鬼神崇信的一种表现。

迎神赛会,俗称"出会"。周秦时代,每到十二月,人们都要陈酒食祭田神;出会,便是从古代这种腊祭演变发展而来的信仰民俗。每年春秋两季,人们抬了神像,排了仪仗,配以鼓乐、杂戏,周游街巷,还愿酬神。苏州过去最有名的就是"三节会",即每年清明、七月半、十月朝(初一)的三次出会。而尤以清明最为隆盛。

苏州城内有三十多个土谷神像,那一天都要排了仪仗,经阊门山塘街,到虎丘郡厉坛受祀。届时,城乡居民蜂拥而至,渡僧桥、山塘街一带,看会的人真是摩肩接踵,万头攒动,人山人海,连两边店铺里的柜台都成了临时看台。这就是过去苏州的山塘看会习俗。苏州人历来热情好客,这一天,住在附近的居民,往往特意杀鸡宰鸭,烧鱼煮肉,要留前来看会的亲友吃饭,俗称"留会饭"。

庙里的菩萨,犹如人间的老爷,出会时的仪仗一如官衙老爷出巡。队伍前面有鸣锣开道的差役,内外执事扛着"肃静""回避"以及写着老爷职官、身份的衔牌,除此之外,还有"西军夜""红衣班"。所谓西军夜,即是神道老爷的皂隶(公差),多由衙门里的差役乔扮;红衣班即是刽子手,他们敞胸腆肚,一般由肉店里大肚子的老板扮演,人称"荤肚皮"——如果由水果店、豆腐店的大腹店主扮演,就叫作"素肚皮"了,往往更被人看重。至于提大锣、扛茶箱担的,大多是社会上的一些游手好闲之辈。出会队伍里的这些角色,架子十足,神气活现,招摇过市。队伍中地位最高的神像,要数城隍老爷了,他非但有轩轿、暖轿相随,还有神马备用。

时常可见一些善男信女,手持小板凳,也混杂在出会队伍中。他们的小板凳上系着木鱼、云磬,边走边敲,口中念念有词;念完一段,便就地跪拜,这就是所谓的"拜香"。另有许多还愿者,红衣红裤,披发加铐,扮作犯人,表示愿作神灵阶下之囚。最使人触目惊心的,是那种叫作"臂锣""臂香"的苦刑。所谓"臂锣",就是将钢针穿在手臂上,下面挂上一面大锡锣,每走几步敲一次,每次十三下;如果挂在手臂上的不是锡锣,而是几十斤重的铁香炉,那就是所谓的"臂香"了。也有挂石锁、锡烛台等物的。用以悬挂大锣等物的钢针有百余只,几乎穿满一条手臂,使手臂都不能弯曲。停步不走时,要用木棒撑住,手臂的沉重可想而知,但是敲锣时,声震云霄,他们却面无惧色,奔走自如,绝不喊疼、皱眉。这些人之所以忍受如此苦刑,是因为想以此来求得神灵的赦免。

出会队伍中除了菩萨、神灵的仪仗之外,还有众多的民间杂技、文艺表演,这是出会队伍中最为围观群众所喜闻乐见的部分。文艺表演主要有抬阁、高跷、十番等项目。所谓抬阁,就是由四到八名壮汉抬着行走的红漆台子,周围饰以龙凤、云纹图案等装饰,有孩童在台上扮作戏文人物,摆出造型动作;扮演的戏文通常是《棒打寇承女》

《火烧红莲寺》《貂蝉拜月》《昭君出塞》《西施浣纱》《贵妃醉酒》《卧薪尝胆》等，不下数十种。抬阁的一种简化形式是"站高肩"，即扮演戏文的孩子站在一个高大结实的壮汉肩上。高跷一般有五六尺高，踩高跷者也都扮作戏文人物，常见的戏文有《唐僧取经》《二十四孝》《白水滩》等，多至数百出。他们边走边演，还有高跷独跳、踢飞脚等特技。精彩的表演，常使观众看得颈酸。十番，即是民间乐队，有笙、箫、笛、琵琶、弦子、京胡、二胡、月琴等乐器。乐队周边常围以活动布棚，称为"锣鼓棚子"。

此外还有飞马叉队、关刀队，这其实是杂技和武术表演了。马叉队的表演者上身赤膊，马叉在肩上、臂上"锵锵"连声地滚动，边行边滚；关刀队则舞刀前进，停顿时便会集体耍出一套刀术套路。这种杂技表演队，往往有数十队之多。

另外还有"八宝箱"，即红木制成的什景架，架上陈列着白玉、翡翠制成的花瓶、骏马、杯碗等珍玩。扛八宝箱的人需要经过特别训练，以扁担一根，上扎珠花或鲜花，两人分前后，不以手扶，前人以肩挺后，后人以胸顶前。他们穿白缎开衩袍，腰束排须腰带，足蹬黑缎靴，头戴白色细藤帽，缀以大珠；行走时，双手叉腰，扁担上的花丛就随着他们的脚步而颤动，煞是好看。

还有"托罗手"，两人一组，服饰与扛宝箱者相似，手执圆盘，上置翡翠玉器，插着名贵鲜兰，香气四溢；细香炉内，云香袅袅，沁人肺腑。

出会队伍中还常有一个喝夜壶水的"痴官"。这个"痴官"歪戴官帽，帽子两边两个碗口大的铜钱帽翅上下颤动。"痴官"手持夜壶，行进途中每逢酒店，必要进店讨酒喝，喝得烂醉如泥，东倒西歪，一副狼狈相。这个形象往往最能博得观众的哄堂大笑——在群众的心目中,"痴官"就是现实生活中昏官、贪官、赃官的写照。

除"三节会"外,苏州城乡的出会活动还甚多,如观音山香会、穹窿山介饷会、何山会等就是。

农历二月十九俗传是观音生日,枫桥镇辖区内的观音山原有盛大香会。观音山原叫支硎山,有南、北、中三峰,山上多平石,是晋朝高士支遁隐居的地方。山的东部有座观音寺,所以俗称观音山。山上有石室、寒泉等古迹;支遁曾有诗云:"石室可蔽身,寒泉濯温手。"观音生日前后,香客们叫了船前往观音山烧香,顺便游山玩水,借佛游春。过去,苏州市民死后在观音山做坟地的特别多,苏州有清明扫墓的习俗,自二月初开始,城里就有大批人来此扫墓。上坟的人都要雇了小快船向观音山进发,这几天通往观音山的河浜里,都是坐满了男女老少的上坟船。有些阔绰的人家,或是会馆里集体扫墓的,排场很大,大多雇"双开门"的大船,船上请有"堂名",一路上吹吹打打;有的还带着和尚,在船上作法事,船过时,引得两岸许多人都来看热闹。听说上坟祭祀时,这些堂名和和尚还要在坟上吹打宣佛,引动附近众多村民前去观看。上坟是祭祀祖先的活动,但也不无借上坟之机踏青春游的意味。观音山香会和清明扫墓加在一起,顿时使此山热闹非凡。

过去吴中女子多小脚,三寸金莲,步履艰难,因此烧香、上坟的妇女多乘坐观音山的竹舆上山。竹舆俗称山轿,这种竹舆不装帷幕,也没有舆盖,两人抬起,轻巧玲珑。苏州有句歇后语,叫作"观音山轿子——人抬人",意谓人与人要相互帮衬,这句歇后语便出自于此。清代诗人沈朝初有《忆江南》词,专写观音山进香扫墓盛事:"苏州好，二月到支硎。大士焚香开宝座，小姑联袂斗芳骈。放鹤半山亭。"不难看出，观音山香会实在是内容丰富的游春活动。过去每至其时，当地的村民便会拿出他们用枣、栗等诸种木材制作的盂、碗、葫芦、小木船之类木质玩具来卖，因而有了"乖乖乖，观音山买木枕柴"的儿童歌谣。

民国时期，每逢春末夏初，苏州又有行"介饷会"的习俗。寺庙里的庙祝预先叫人捐了"解天饷"的旗子，在各街巷敲响大锣，催信徒们送香烛钱粮和解饷费。半个多月后，认为催得差不多了，便择日举行介饷会。到了介饷会前夕，庙祝率领庙里管事，雇上几条大船，排成水上道子（仪仗），把神像送到穹窿山去。船到穹窿山，五更三点"老爷"（神像）就要抬上山，往玉皇殿见驾，举行过介饷仪式之后，便各各乘船回庙。

介饷会仪仗最著名的，要数枫桥边的何山会。何山会的仪仗队中除了一般应有的仪仗外，还有轮车、抬阁、高跷、臂锣、臂香等平时老百姓不易看到的节目。轮车上有两个不满十岁的小孩，扮作两只猴子，在轮车上翻筋斗，动作非常惊险，使观看者为他们捏一把汗。抬阁上有孩子扮演戏文，由四个人抬着走，边走边演：扮白娘娘的手拿拂尘，拂尘尖上立着许仙；崔莺莺就站在张生手中的那封信上；孙行者的金箍棒上，立着白骨精；梁山伯的折扇上，站着祝英台……使人叹为观止！其实，在拂尘、折扇等道具里面都有架子，站在上面十分稳帖，这种装扮实在巧妙。高跷上的演员也都演绎戏文，木杆高的高跷，其高度可以让演员坐上屋檐；功夫好的演绎《铁公鸡》，一路打斗，技艺高超，热闹非凡。难怪每当何山会的队伍到来时，要观者如潮了。

除介餉会外，过去每逢农历四月十八，何山自己也有极盛的庙会。道子里有抬阁高跷，表演精彩。出会队伍要经过枫桥和上津桥，城里人这时都会争先恐后地前去看会，连玄妙观里的小摊，此时也都搬到这里来凑热闹，做买卖。

出会队伍中的各种表演，本意当然是在娱神，而事实上真正得到娱乐的，却是广大的民众。无怪乎在文化娱乐生活十分贫乏的过去，包括山塘看会在内的各种迎神赛会，要被人民群众视为盛大的节日了。出会无疑又是劳动人民一献艺术才华的难得机会。它为人民群众所欢迎，也就不言自喻了。

苏州的出会

出会活动作为一种民俗风情，它的形式一经形成，就有了相对的独立性，即使剔除迷信内容，仍有蓬勃生机。因此，今天已经有不少有识之士，利用这种形式来开展经贸、文化、旅游活动。如今在苏州名胜虎丘，几乎每年都要举办庙会，届时广大观众不但可以看到抬阁、高跷、龙灯、舞狮、蚌舞、杂技等民间文艺表演，还能看到民间艺人捏像、绘画、编织等绝技的当场表演，品尝到苏州的传统风味小吃，充分领略昔日庙会文化的精华和苏州民间艺术的风采。

五日财源五日求
——吴地的财神

苏州有一句歇后语:"路头菩萨——得罪不起!"苏州人将"路头"看作财神,得罪了财神,让你穷得揭不开锅,那可不是闹着玩的。

路头菩萨又叫作"五路财神",农历正月初五是路头菩萨生日,苏州民间素有"接路头"的习俗。这一天,家家户户都想将路头接到家中,为他祝寿,好好地孝敬他一番;如果能由此而巴结上财神,那就一定会财源滚滚,往后的日子便不用说多么好过了。有些人家因怕路头被别人先接走,干脆将接路头的仪式提前到初四深夜进行,在仪式进行的过程中进入初五的凌晨,这样就不愁不能把路头抢到手;难怪民间要将这种提前在初四进行接路头仪式的行为称为"抢路头"了。

清代蔡云有一首专门描述抢路头者心态的诗:

五日财源五日求,一年心愿一时酬。
提防别处迎神早,隔夜匆匆抢路头。

五路财神

路头究竟是谁？其实接路头、抢路头的人自己也未必知道。据有关的资料来看，至少有以下三种说法：

第一种说法认为，"五路神，姓何名五路。元末御倭寇死，因祀之。"也就是说，路头姓何，是抵御倭寇而牺牲的英雄，因此民间对他进行祭祀。但是这个何五路似乎和发财致富并无关系，不知道他怎么竟变成财神了。

第二种说法认为，五路财神就是苏州上方山的五通神。上方山有"借阴债"的民间习俗，五通神好像确与"财"有点关系；但苏州人都知道，上方山的五通神的生日是农历八月十八，而路头的生日却在正月初五，似乎又对不上号。

第三种说法认为，路头原来是行神，所谓"五路"，是东、南、西、北、中的统称。过去经商的人常年在外，南来北往，如果路途不畅，商业活动就无法正常进行，因此行神就和财发生了联系，慢慢也就变成了财神。所以清人姚福均说："五路神俗称财神，其实即……行神，出门五路皆得财也。"这倒似乎有点道理。我们现在都知道，"若要富，先筑路"，如果没有畅达的交通，或者路虽好而到处设卡收费，雁过拔毛，或者治安不佳，路途危险，商旅难行，那么商品就流通不起来，经济就无法搞活，富裕也只能是梦。苏州一向商业发达，商品流通也十分频繁，苏州人对此大概感触也最深，所以干脆将"行神"当作"财神"来看待了。

不管"路头"到底是什么神演化而来，民间反正是将他（或他们）当作财神来对待的。因此，接路头的仪式也就特别的隆重。一般都在大厅中进行：正月初五还在年节中，大厅上应还挂着神轴，这时只要在神轴前添上五路财神的纸马就行了。神轴前的方桌，要系上红桌帏，点上香烛，桌上供"猪头三牲"。有的人家，供鱼必用活的鲤鱼，上供时用红丝线将鱼头和鱼尾扳得翘起来，形成元宝的形状；鱼眼睛都要贴上红纸，因为是活鱼，上供时还会噼噼啪啪地跳。供过神以后，就将它送到放生池去放生，以得"鲤鱼跳龙门"的吉利。

桌上陈设的东西，还随行业的不同而有所不同。例如米行，斋路头时筹筒、斛子、扬匾也都要摆出来。扬匾的摆法是：一只在下，两只一左一右置于其上，上面再压一只，构成元宝的样子。有的店家则将算盘、银锭、天平等物置于桌上。更有人家在供桌上放一把刀，上面撒一把盐，叫作"现到手（盐刀首）"，寓意钱财利益马上就能到手；想发财真是想昏了头，居然想得出如此的"妙计""绝招"。

仪式开始，筛酒半盅，烧香点烛。商店里一般由主持人叫店员的名字，叫到谁，谁就跪倒在红毡毯上，叩头膜拜。要是谁没有被叫到名字，那就意味着被歇了"生意"，准备卷铺盖滚蛋吧。据说典当业的规矩是，吃路头酒时，鸡头朝谁，就是暗示要歇谁的生意。另有些店，歇生意是在初五早上，如果主管人事的总管约谁去茶馆喝茶，就是要辞退谁了。因此，过去接路头对于店家的职员来说，无疑是一道难过的关，大家都颇为紧张，人心惶惶。

斋供有顷，便焚化钱粮，将路头的纸马拿到门外焚化（亦有不焚化的），其时便大放鞭炮。此后，店内员工就团坐一桌，喝路头酒，吃路头面，仪式也就到此结束。一般人家斋路头的仪式，也大体相仿。

其实路头只是苏州的土财神，除路头之外，还有一位"正统"财神，那便是赵公明赵公元帅了。

查查赵公明的历史，倒颇为有趣。原来，赵氏的出身并不怎么样，在晋人干宝的《搜神记》中，他不过是个干干勾人魂魄之类差事的皂隶式的小神灵。隋代，他被视为五大瘟神之一，主秋瘟事宜，也不是什么光彩的角色。直到明代，道教才封他为"上清正一玄坛飞虎金轮执法赵元帅"，他的差事也变成了"驱雷役电，唤雨呼风，除瘟剪疾，保病禳灾"，而最重要的，则是他有了保佑"买卖求财""使之宜利和合"的神通。大概没钱比生病遭灾还难过，所以到了后来，人们只对他的"买卖求财"这一能耐最感兴趣，他也渐渐演变为"专职财神"了。至于他的其他种种职司，早已被人们忘得干干净净了。

赵公元帅对苏州人倒一向关爱，比如明人陆灿《庚巳编》中就写到过，他帮苏州一个叫张廷芳的赌徒反败为胜，赢了大量钱财。再如清人王有光《吴下谚联》中，也讲到赵公明帮一个吴地卖菜的穷汉赢了几百两银子的故事。

赵公明封号中有"玄坛"两字，"玄坛"本为北方之神的祭坛名。按照古代五行学说，北方与黑色相配，故而他的神像也是头戴黑冠，黑脸黑须，手执黑鞭，跨一条黑虎。过去苏州人对赵公元帅也颇为信仰，农历三月十五赵公明生日时，苏州人要举行"斋玄坛"的仪式。顾禄在《清嘉录》中记述道："十五日为玄坛神诞辰。谓神司财，能致人富，故居人多塑像供奉。又谓神回族，不食猪，每祀以烧酒、牛肉，俗称'斋玄坛'。"

不知是何缘故，也不知从何时起，苏州人竟慢慢对赵玄坛失去了热情，以致三月十五斋玄坛的习俗也不再流行，人们只在正月初五斋路头时，顺便加一副赵玄坛的纸马，供品中给赵玄坛多准备一盘羊肉，一盅白酒而已。至于接路头之俗却至今不衰，每年农历正月初五凌晨，苏州农村此起彼伏的爆竹声就是明证。

不管是"斋玄坛"还是"接路头",这些习俗在苏州的兴起和盛行都是有依据的。明代我国已经产生了资本主义萌芽,而苏州正是资本主义萌芽催发最早的地区之一。对财神信仰的热情,既是人们迫切需求资本的反映,也是人们对富裕生活向往的表现。但在过去,不管是玄坛还是路头,都无法帮我们实现人人富裕的梦想;只有在不断深化改革开放的今天,共同富裕才有可能逐步变成社会的现实。

吴郡百业有神佑
——苏州的行业神信仰

苏州（吴郡）自古就是闻名遐迩的鱼米之乡，经济繁荣，百业兴旺，因此地方上行业神崇拜也特别风行。除上面已经讲到的大禹、猛将助佑渔民、农民以外，还有许多行业神祇和民间信仰活动，在此略举数例。

赕酒仙（农历三月二十三）

苏州市郊横泾镇上，原有酒仙庙。《吴门表隐》卷九曰："酒仙庙在横金镇，祀杜康、仪狄，宋元丰二年建，酿酒同业奉香火。"杜康，是传说中的酿酒始祖。《博物志》云："杜康作酒。"仪狄，也是传说中著名的造酒始祖。《世本》云："仪狄始作酒醪。"明代袁宏道《觞政》说："仪狄、杜康……皆以酝法得名，无关饮徒，姑祠之门垣，以旌酿客……"他们是酒业祖师，是造酒者心目中的神灵，俗呼为"酒仙"。横泾每年原有"赕酒仙"的民俗活动。

这一民俗活动的形成，和横泾的酒业发展关系甚大。横泾，又名横金，旧时吴县六大古镇之一，是远近闻名的"酒镇"。产酒的历史一直可以追溯到春秋时期。

据《横金志》载:"鱼城西南,有故城,长老云:'吴王筑以酿酒。'今俗人呼为苦酒城。"早在春秋时期,吴王就曾在横泾一带造起了酒城,专为酿酒。

吴王沉溺酒色,不听忠言,骄于兵,蔽于佞。就在吴王为美色佳酿所陶醉时,越王勾践却卧薪尝胆,休养生息,图谋复国。结果吴王终于落得了个国破家亡的可悲下场。明代苏州诗人高启《苦酒城》诗云:

酒城应与酒泉通,长夜君王在醉中。
兵入馆娃犹未醒,越人应赏酿夫功。

当年,吴王为了能品到美酒佳酿,曾从各地征召酿酒高手。吴亡

酒仙　　　　　　　　　　三星像

后，酒城与其他的吴王宫馆一样，都成了鼠跑兔走的荒芜之地，但酿酒之术却在横泾一带流传了下来。诚如吴钦《酒城诗》所言："霸王昔耽饮，割地五湖傍。迁徙善酿者，居地各献长。至今得其术，以业走四方。吾庐隔卅里，无乃是醉乡。嗟哉池与城，曷不为金汤。"

到了唐代，时任苏州刺史的白居易将外地酿造技术引入苏州，精心改造苏州的酿酒工艺，他的《府酒五绝·变法》诗云："自惭到府来周岁，惠爱威棱一事无。唯是改张官酒法，渐从浊水作醍醐。"在他的推动下，苏州酒业渐趋成熟。

宋代，在横泾到渡村这一带，出现了许多酿酒糟坊。这里有优质米麦，又有甘醇的太湖水，经自然发酵，稻草文火蒸馏，酿出的烧酒，醇香浓郁，酒度适中，绵软可口，饮后回味无穷。元代时，横泾烧酒在大江南北已小有名气。《横金志》有烧酒"以出于横金者为贵"的记载，清乾隆年间，曾作为贡品入京。从此，横泾也成了远近闻名的"酒镇"。

横泾一带多以酿酒为业。当时镇上酒店酒行遍布，港内酒船、粮船樯帆林立。横泾镇民也多有喝酒习惯，特别与众不同的是，以喝早酒为俗。每天清晨，人们在酒肆、茶楼，与三五知己，拷一斤烧酒，数碟酒菜，消磨一二小时，细细品味，谈古论今，个个都如酒中逸仙。

有如此众多的酒坊，有如此众多的酒徒，于是也就产生了酒仙崇拜。过去横泾每年有"赕酒仙"的民俗活动。到20世纪30年代后，这一活动与每年三月二十三的"义金庙会"合二为一，成了一年一度的大型庙会和酒业同业盛会。"赕酒仙"的民俗活动，不仅具有祖师崇拜的宗教意味，同时还是酒业员工的节日、酒业同人的行业例会。

届时，同业公祭酒神，行业员工放假一天，还可免费享用酒宴。同时对行业中衡器、量器进行校验，规定行规，规范行业行为。

"赊酒仙"这一民俗活动直到 20 世纪 50 年代才停办。

药王会（农历四月二十八）和天医节（农历八月初一）

苏州中医，历史悠久，独树一帜的吴门医派素享盛名。马可·波罗在他的游记中曾提到，苏州"医士甚众""善能辨病源，投方药"。苏州药业也甚为发达，苏州郊外诸山盛产草药，尤其是穹窿山、阳山、七子山、洞庭东山和西山，出产的草药更为丰富，有两三百个品种。今学士街，旧称"药市街"，有"吴中药市，名闻天下"之称。药农采集药材之后，运到苏州，集中在这条街上出售，日子一久，便形成了"药市"，街名也由此而得。苏州所产的吴白芷、吴茱萸、薄荷、紫苏、蛇床子、麦门冬等均为医家所称道，更有人说："穹窿地僻坞中，有半部《本草纲目》。"历来苏州医药工作者极众。

苏州洙泗巷，原有三皇庙，庙里祭祀的是伏羲、神农、黄帝。后来又增加了夏禹，并以岐伯、伯高等配祀。苏州卢家巷，原来也有一座药王庙，那儿供奉的药王则是神农。伏羲、神农、黄帝等曾被尊为中华医药之祖，有"药王"之称。所以过去每到农历四月二十八日，俗传为药王生日这一天，苏州的医生药师们，都要涌到三皇庙或卢家巷药王庙去烧香，为药王庆寿。还凑了钱，请了戏班子到庙里去演戏酬神。这天的赛会，就称为"药王会"。

说四月二十八是药王生日，其实是个极大的误会。被供奉的药王，谁也说不清哪一位是四月二十八出生。四月二十八生日的药王倒是有一位，却与中国古代的"药王"毫不相干，那便是佛教里的"药王"。据《观药王药上二菩萨经》记载，星宿光、电光明兄弟俩，曾持良药供养月藏比丘及其他僧众，受到大众赞叹，"号兄为药王，弟为药上，是今药王、药上二菩萨也"。《月令粹编》则说："佛书，四月廿八日，药王生日。"（转引自赵杏根《中华节日风俗全书》）将梵天佛国里的菩萨生日，当成了中国民间供奉的药王生日，真是"冬瓜缠刺茄门里"。由此也可看出，民间信仰的附会性。但无论如何，药王信仰总还是彰显了苏州医者、药师对祖师的崇敬以及广大民众对于在医药科学领域有贡献者的感佩和对健康的向往。

此外，农历八月初一，俗传是古代的天医节，这一天人们要祭祀黄帝、岐伯。

《帝王世纪》云："岐伯，黄帝臣也。帝使岐伯尝味草木，典主医病经方，《本草》、《素问》之书咸出焉。"在中国古代传说中，黄帝、岐伯是医学的鼻祖，他们医术高明，曾留下中国医学的开山之作《黄帝内经》。正因为此，医术也就有了"岐黄之术"的称呼。

据《药皇庙太和公所记》说："苏城各饮片药铺公所，向在吴邑……养育巷柳巷内三皇庙，崇祀太昊伏羲氏、炎帝神农氏、黄帝有熊氏，由来久矣。"天医节这天，以岐黄之术为生者都要到三皇庙去祭祀一番。

这天，苏州民间还有"天灸"之俗。即早起取草头露水，用以磨墨，然后就像针灸一样，用牙签点染小儿额、腹等处，俗传这样就能压疾患、去百病。虽然这种方法的疗效值得怀疑，但希望孩子无灾无病、健康成长的愿望却十分明显。

老郎庙演青龙戏（农历七月十五前后）

作为东南一大都会的苏州，历来经济繁荣，文化发达，做官的人多，做生意的人多，读书人多，连卸任养老的人都喜欢到苏州来定居。这些人多有看戏听书、悠闲消遣的嗜好。所以苏州以演艺为生者也众。

苏州演艺界奉老郎为祖师，据《吴门补乘》记载，苏州老郎庙在镇抚司前。过去，凡梨园弟子，都要对老郎进行祭祀。清代，老郎庙由织造府管辖，凡入乐籍以演剧为生者，必先到老郎庙登记署名。宫廷遴选伶人，就由织造府负责，到老郎庙登记的艺人中选取。老郎庙实际上也就成了当时的梨园总局。

清时，苏州的戏院，兼供酒菜，市民凡有宴请，多去剧院，一面宴饮，一面看戏。

当时，苏州的剧院甚众，仅金阊一带，就有十余所，剧院四面设有栏杆，栏外闲人，也可以在栏杆外面站立看戏，称为"看闲戏"。每有演出，人头攒动。无名氏《咏看闲戏》诗，摹写了当时情景：

金阊市里戏园开，门前车马杂遝来。
烹羊击鲤互主容，更命梨园演新剧。
四围都设木阑杆，阑外客人仔细看。
看杀人间无限戏，知否归场在何地？
繁华只作如是观，收拾闲身闹中寄。

苏州这样一个梨园弟子聚集的地方，老郎信仰当然十分盛行，对老郎的祭祀活动也非常之多。老艺人回忆道："以前苏州老郎庙里给祖师爷做生日，非常热闹。每逢农历六月十一日和十一月十一日这两天，都要给祖师爷做寿。……祖师爷泥像的大神龛在大殿正中，神龛面前供着寿桃糕团，插蜡烛的拱形架子叫作'蜡桥'，香烛点起来，香烟袅绕，灯烛辉煌。"（《笛情琐忆》）每年节日活动或有重大社会庆典时，也须对老郎进行祭祀，如玄妙观等处举行雷尊诞活动时，苏州伶人就将老郎神抬入观中"监醮"。

吴地旧俗，每年中元前后，必择日祀神，并演"青龙戏"。因清代苏州的剧院与酒宴联系在一起，所以每到农历五月，天气开始炎热，宴请渐稀，戏班、剧团也就停业歇夏，称为"散班"。到中元节前后，天气渐凉，艺人开始散而复聚，称为"团班"。祀老郎，演青龙戏，实际上就是歇夏以后，剧院重新开始演出前一次祭祀祖师的活动，也可以说是重开锣鼓的一个总动员。因其时已入秋深，所以演出中还增加了"灯戏"。顾禄《清嘉录》曾对此做过描述："灯戏出场，先有坐灯，彩画台阁人物故事，驾山倒海而出，锣鼓敲动，鱼龙曼衍，辉煌灯烛，一片琉璃。"

关于老郎神的来历，有多种说法。一说是唐明皇玄宗。清代著名戏曲艺人黄旛绰《梨园原》说："老郎神即唐明皇。逢梨园演戏，明皇亦扮演登场，掩其本来面目。维串演之下，不便称君臣，而关于体统，故尊为老郎之称。今遗有唐帽，谓老郎盔，即此义也。"《吴门补乘》在介绍老郎庙时也说："其神白面少年，相传为明皇，因明皇兴梨园故也。"据史书记载，唐玄宗确实爱好音乐舞蹈，且有很高的艺术天赋，他曾选乐工三百人，宫女数百，教授乐曲于梨园，以至后世称戏班为"梨园",戏曲演员为"梨园子弟",民间还有他上天偷取《霓裳羽衣曲》的传说。《清稗类钞》在述及"梨园供奉之神"时说:"梨园子弟之唱昆曲者,辄奉一少年白皙冠服如王者之神为鼻祖,谓为老郎,相传即唐玄宗。殆以中秋游月宫霓裳偷谱之事,而玄宗且自称三郎,又因禅位倦勤退为上皇,而称之曰老郎。"还有人说老郎是唐明皇时的一个伶人,或说是后唐庄宗。此外,还有说他是翼宿星君,是颛顼之子老童的,乃至说他是一只老灰狼的。但苏州梨园子弟,似更相信,他就是唐明皇。

苏州琢玉业者的盛会——周王庙会（农历九月十三）

苏州是我国有名的玉器产地,据范成大《吴郡志》记载,早在唐、五代时,苏州已有琢玉行业。至明代,苏州琢玉就享誉南北,有"良玉虽集京师,工巧则推苏郡"之说（宋应星《天工开物》）。到清代,苏州的玉器生产更为兴盛,阊门内专诸巷、学士街一带,玉作坊鳞次栉比,一度多达八百三十多户。阊门外吊桥周近,玉器摊店林立,吊桥因此而有"玉器桥"之称。乾隆年间,朝廷曾几度来苏招募玉工进京。

据志书记载:嘉庆二十五年（1820）,琢玉业曾在阊门石塔头宝珠庵建玉祖师庙,同奉香火。后又将周宣灵王视为祖师,将阊门内周王庙作为玉器业公所。周王庙遂有"玉器庙"之称。据说九月十三是周王生日,因此每年九月十三日起,十五日止,庙门前都要扎了五色彩楼,大殿前堆着菊花山,热闹三天三夜,算是给周王老爷庆祝寿诞。每年此时,周王庙里都要举行盛大庙会,场面特别宏大。琢玉业的工匠、业主都要赶到周王庙来，挂灯结彩设寿堂，组织班口，来庆贺周王圣诞，揖拜祖师，祭祀周王，还在周王庙的戏台上唱戏给周王看。同业各选精心杰作拿到周王庙来供神，同时也借机各自斗胜，相互观摩。这些玉器往往是稀世之珍，难得一见。

这几天里，周王庙会轰动一时，从各地赶来的游客和香客，成千累万，将周王庙围得水泄不通。可以毫不夸张地说，当时的周王庙会，实际上已成了苏州每年一度，以琢玉为主要内容的工艺博览会。

当年供奉周王的玉雕精品，如璧玉蟾、团鹤伞、白玉牌、百宝茶箱、全金用端等，如今都被藏于苏州博物馆内，成了苏州琢玉业这段辉煌历史的见证。

那么，被苏州琢玉业者奉为祖师的周王是何许人呢？

据相关文献记载，王姓周，名雄。"王生于宋季，锐志恢复，抑郁以殁。其忠诚激烈，固宜与日月争光矣。"（钱养濂《周宣灵王像赞并序》）可见，周王生前是个忠君爱国的志士。

周雄为杭州新城县渌川埠（现杭州富阳区）人，二十四岁时，舟行至衢，闻母讣，哀伤而死，直立不仆，衢人异之，即奉神周躯，敛布加漆建庙祀焉。故而世人又将周王视为孝子。

周王生前还曾修过仙，不幸坠水，竟出现了"香闻数十里"的奇观："少授仙指，失足堕水，溯波而上，香闻数十里，因而建庙塑像于浙之西。"

周王死后，还颇有灵异："衢于是立庙，新城继之，旱潦祷之辄应，疾疫祈之遂痊。"（《海塘录》）

将这样一位亦孝、亦忠、亦仙的周王奉为琢玉业的祖师，可见苏州琢玉业者的价值取向和道德追求。

捕蛙船家的蛇王崇拜（农历四月十二蛇王生日）

蛇要咬人，毒蛇咬人更足以致人死命。因此，人类本能地对蛇怀有恐惧之心。古代的吴中大地，作为水乡泽国，蛇蟒常成灾害。太湖的大渔船，古称"戈船"，因置戈于船下而得名。可见当时蛇蟒之害的严重和人们的恐惧心理。对于危害人类的事物，古人所能使用的方法只有两个，如果你有足够的力量，那就战而胜之；如果你无法战胜它，那就只能对它顶礼膜拜，求它不要作祟为害。发明戈船，那是试

蛇王庙遗踪

图战胜蛇害的举措。但蛇蟒防不胜防,因此膜拜仍是不可少的。于是就有了蛇王信仰。祭祀蛇王,无非就是讨得它的欢心,希望它能管束群蛇,不要为害。

苏州民间对蛇蟒的敬畏之心随处可见。如蚕农倘在蚕室发现有蛇,不能声张,而只能说:"青龙来了。"还坚信,被蛇吃掉的蚕,还会被它重新排泄出来,而且会比吃进去的还多。胜浦的乡农到田里去做任何农活时,嘴里都要先嘘一声,有驱赶蛇蟒的作用,意思是:"我给蛇打招呼,请赶快走开,以防被铁锄伤到。"前戴村更有禁止捕蛇的村规民约。一旦在家中发现蛇蟒,也不好打,只能取一些草木灰,撒在蛇身上,请它走开。

苏州原有蛇王庙。据《吴门表隐》记载:"蛇王庙,在娄门城下,向在城外,地名毒蛇墩。凡捕蛙者,祭献不绝,明末移建今所。"苏州的蛇王庙原在娄门外,庙废后又在娄门内重建。钱希言《狯园》也说:"蛇王庙,在娄门外葑门,捕蛙者祭献其中。庙旋废,不知何年重建于娄门内。祭赛者不独捕蛙船矣。"《吴门补乘》更对蛇王庙作了描绘,道:"蛇王庙在娄门内,负城临水,杰阁巍然,与毗陵舣舟亭相似。前殿塑蛇将军,特假蛇耳。"

俗传,四月十二为蛇王生日。"进香者骈集于娄门内之庙,焚香乞符。归粘户牖,能远蛇毒。"(顾禄《清嘉录》)这一天,人们聚于蛇王庙内,对蛇王祭祀膜拜,特别是以捕蛙为生的船家,礼拜更是虔诚。

在人们的想象中,蛇王一定具有蛇类的所有特性,且能统率众蛇。捕蛙,是蛇的拿手好戏,捕蛙船民当然要去膜拜蛇王,让他们能多多捕蛙,以充生计;而毒蛇又是捕蛙者之患,他们也要祈祷蛇王,不要让毒蛇为害。吴地本是水乡泽国,气候又潮湿温热,蛇虫之害并不少见。即使不捕蛙的群众,也常以蛇虫为害,被蛇咬伤的事时有发生,因此每到蛇王生日,"祭赛者不独捕蛙船矣"。他们也要到蛇王庙去对蛇王祭祀一番,而庙里的道士,也会"以意为符,屈曲其形,刻板印之",用这种"板印"之符分送香客,带回家去贴于门窗,说是可以远避蛇毒。

蛇王信仰,源自于原始的动物崇拜,但后来人们却将蛇王和历史人物扯上了关系,即奉人鬼为神了。

太湖流域流传着"蛇王为方正学"的说法。方正学,即明代的方孝孺。

《中国人名大辞典》上对方孝孺作这样的介绍:"方孝孺,字希直,一字希古。从宋濂学。恒以明王道、致太平为己任。洪武间,除汉中府教授。蜀献王聘为世子师。名其庐曰正学。建文时为侍讲学士。燕师入,召使草诏。孝孺衰绖至,号哭彻殿陛。成祖降榻劳之,顾左右授笔札曰:'诏非先生草不可。'孝孺掷笔于地曰:'死即死耳,诏不可草。'遂磔于市。宗族亲友坐诛者数百人。有《侯成集》《希古堂稿》。学者称'正学先生'。福王时追谥'文正'。"

方孝孺是浙江海宁人,明建文帝时,官至"侍讲学士",解答皇帝读书时的种种疑问,并参与政事,深受建文帝信任。但建文帝的亲叔叔燕王朱棣这时却以"清君侧"为名,攻入当时的帝都南京,篡夺皇位,建文帝在乱中被烧死(一说潜逃江湖)。方孝孺被投入狱中。朱棣很赏识方孝孺的学问,也想借名士来巩固自己统治,掩盖篡位的罪名,因此将他从狱中提上朝来。谁知方孝孺竟披麻戴孝来到宫廷,一到宫廷就放声大哭,声震殿宇。朱棣耐着性子,"降榻劳之",亲自走下坐榻，慰劳他，令左右拿出笔墨，要他起草皇帝即位诏书，还讨好地说，这起草诏书的事，非先生不可。谁知方孝孺掷笔于地，决不肯为他篡君夺位文饰。据说，朱棣当时以诛九族相威胁，方孝孺却道，即使灭他十族，也决不从命。结果朱棣不仅灭了他九族，还将他许多学生、朋友一并杀戮，以凑"十族"之数，被杀者达八百七十多人。连原有方孝孺题刻，竖在苏州玄妙观的一块碑文，也被刮得一字不留，成了至今还矗立在玄妙观广场的"无字碑"。

这样一位骨鲠之臣，怎么会成为蛇王的呢？

《孤树裒谈》引《传信录》云："方正学父营葬其祖，夜梦朱衣

玄妙观里的无字碑

人告请缓期垦土，当即徙避。及梦醒之明日，起土即得一穴，赤蛇数千，公举火焚之，有烟一道，直入其家。时母方妊，数日生公，舌能舐入鼻中。后官学士，尽忠建文，遭赤九族，世以为蛇报。"（转引自潘君明《苏州街巷文化》）据说，就因为方孝孺的祖父死后，在营坟落葬时打死了一窝蛇，蛇就投胎到了方母的肚里，生下了方孝孺，并通过他报了灭族之灾。

方孝孺是个出名的人物，被诛十族又是轰动一时的大事，请他出来当蛇王倒也具有"名人效应"。或许，正是因为当时老百姓怎么也无法解说统治者会下如此辣手，怎么也无法想象方家会遭灭十族这样的惨祸，才自作聪明地将赤蛇报仇的故事移植到他身上，以自圆其说。而朱棣大概也乐见其成，以洗刷自己沾满鲜血的龙袍和双手。这样的残杀实在令人发指，连明朝后来的统治者都觉得"忒矣过分"，给方孝孺追加了个"文正"的谥号，以缓民愤。

其实，方孝孺的生日并不在四月十二。说四月十二是蛇王生日，那是因为四月是"巳"月，在十二地支中，"巳"为蛇。在以附会性和芜杂性为特点的民间信仰中，找一个和蛇有些许关系的日子，作为对蛇王祭祀的缘由，也是可以理解的。

荡志耗财的上方山庙会

苏州上方山,在石湖旁,山上原有五通神庙,香烟鼎盛。每年农历八月十八前后,苏州人素有游石湖的习俗,而来自苏州城乡、上海、无锡、常熟,甚至浙江嘉兴、湖州等地的善男信女,更是蜂拥而至。他们爬到上方山顶,虔诚地焚香膜拜,或"借阴债",或求子求福,或求医求寿,热闹非凡,形成了一年一度苏州著名的上方山庙会。古诗云"神应借地灵",此为实例之一。

明人朱逢吉于永乐二年(1404)在其《游石湖记》中写道:"由山麓抵绝顶,可三里,晋支遁尝栖其上。唐因建梵宇曰楞伽,后立浮屠,岌岌撑太虚,若欲飞动;前辟小殿,列为神像者五。自前代时,城内外暨村落百余里间,男女稚耋,当春夏月,远近各相率舟行,载酒肴杂乐戏具,徒行,乘马驴竹兜,竞以壶榼食器自随;或登以乐神日,肩摩迹接,毕则宴游,以乐太平,逮今如之。"从这篇游记看,上方山自晋代开始,就有了宗教活动。"自前代时",即明代以前,尽管当时似乎还无专门的五通神庙,而只是"前辟小殿,列为神像者五",但庙会活动已经十分活跃,游石湖与"乐神日"的关系也十分明确。另据明正德元年(离上边这篇游记写作年代约一百年后的

毁淫祠

1506年）刊印的《姑苏志》记载："楞伽山，一名上方山，在吴山东北。其顶有浮屠，五通庙在其下。"则此时上方塔下已经有了独立的"五通庙"殿宇了。从这些记述来看，明以前已开游石湖之俗的先河，且与上方山五位神灵的"神日"相联系；到了明代，上方山五通神民间信仰活动与游石湖习俗已经十分活跃。上方山庙会的历史，可说是非常悠久了。

旧时上方山最为著名的民间信仰活动是"借阴债"。这种借阴债活动究竟始于何时，已难以查考。但康熙二十四年，即公元1685年，时任江苏巡抚的汤斌在《奏毁淫祠疏》上已说："商贾市肆之人谓称贷于神可以致富，借直还债，神报必丰。"汤斌上疏之时，离清世祖福临建立大清的顺治元年（1644）仅仅相距41年，可以推想，"借直还债，神报必丰"的借阴债习俗，当不会是这41年间才产生出来的，因此我们似乎可以推断，借阴债之俗至迟当始于明代。前面说过，明代正是我国产生资本主义萌芽的历史时期，苏州又是我国最早出现这种萌芽的地区，明代苏州的商品经济已经十分繁荣。商品经济的发展，产生了对资本的迫切需求，上方山借阴债之俗可能正是这种情况的反映。

当时借阴债的具体做法是这样的：农历八月十八夜，月亮东升时分，由一名巫婆焚香拜神，然后由两名巫婆扶持着，从上方山顶疾走而下，俗称"跑马"。巫婆来到山下香火旺盛处，呵欠一伸，两眼一翻，呈癫蹶之状，算是五通老爷上了身。巫婆口中又哼又唱，念念有词，有时还吞吃点燃的蜡烛，显示五通神的法力无边、神通广大。庙里，借债的人依次供上香烛钱粮，斋献供品，叩头默祷。这时男觋女巫在旁边开出条件，借者接受条件后就从桌上取下四只纸制小元宝，带回家中放在家堂内，隔几天后，若元宝没有走样，说明已蒙允借贷；若元宝已经瘪掉，则说明没有借到。有时也采用求签方法来借债，得上、中签的，说明已经借到；得下签者，只能颓然而归了。所谓借到了阴债，并非真从五通神庙中借到了钱，而是指神会在暗中相助，使你日后财运亨通，发家致富。借了阴债之后，如果真发了迹，每逢朔望都要在家烧香拜神，每年农历八月十八前后还须到上方山去烧香"解钱粮"，向神偿本付息。如果本人死了，子孙仍需继续"清偿"。所以，苏州又有一句歇后语，叫"上方山的阴债——还不清"。

清代以后，借阴债不只限于农历八月十八夜，几乎一年四季都有这种活动，一直延续到中华人民共和国成立。到上方山去借阴债的有乡下财主、城里老板、小商小贩、开赌场开妓院的，乃至当时的军政要员，总之各种人物都有。据说当年上海滩的大流氓黄金荣也曾到上方山来借过阴债。那时阴债的借法有两种：一种是在塔里斋献后取回金纸做的大元宝一只，一种是斋献后将自己的若干钱钞包好后揣入怀里，带回家中。借阴债者一般都要用重香重物祈神，除香烛外，尚需猪头三牲、干鲜果品、糕饼，另外还要出重钱，当时大约要几十担米价，才可换回一只纸制大元宝。大元宝带回家后，也要烧香点烛，"招财进门"。

这种借阴债活动当然是十分荒诞的，因此屡屡遭到有识之士的反对和查禁。其中影响最大的当推康熙二十四年江苏巡抚汤斌的大破五通神。顾公燮在《消夏闲记选存》"汤文正治吴"一条中写道："康熙二十四年，诸生范姓，被五圣占夺其妻，再三求祷，不应而死。范怒，赴抚辕控告。汤公诣山，坐露台上，锁拿妖神，剥去冠带，各杖四十，投其像于湖……"关于五通喜淫人妇的传闻，诸多笔记上每有记述。汤斌还认为这种迷信活动"荡民志，耗民财"。他在《奏毁淫祠疏》中说："苏松淫祠，有五通、五显、五方贤圣诸名号，皆荒诞不经。而民间家祀户祝，饮食必祭。妖邪巫觋创作怪诞之说，愚夫愚妇为其所惑，牢不可破。苏州府城西十里，有楞伽山，俗名上方山，为五通所踞几数百年。远近之人，奔走如鹜，牲牢酒醴之飨，歌舞笙簧之声，昼夜喧闹，男女杂沓，经年无时间歇。岁费金钱，何止数十百万？商贾市肆之人，谓称贷于神可以致福，借直还债，神报必丰。谚谓其山曰玉山，其下石湖曰酒海。荡民志，耗民财，此为最甚。更可恨者，凡年少妇女有殊色者，偶有寒热之症，必曰五通将娶为妇，而其妇女亦仿佛梦与神遇，往往羸瘵而死。家人不以为哀，反艳称之。每岁常至数十家，视河伯娶妇而更甚矣。"

汤斌毁淫祠之举在苏州乃至江南一带影响深远，于世道人心裨益不小，深得民心。"祀淫神不福，颓俗竟诬罔。凛凛中丞公，破愚匪矫枉。至今绝本根，快事缅畴曩。"（褚廷璋《上楞伽山登浮图绝顶》）当时诗人多有题咏。苏州史志《百城烟水》上称颂汤斌道："公绝诞节馈献，抑豪猾吏胥，毁巫觋淫祠。""自待甚俭，日给腐菜，苏人戏呼为'豆腐汤'云。"苏州百姓对汤斌很有感情，以至于他卸任离苏时，一万多人挥泪号泣到码头送行，三天不散；后来百姓还在胥江畔为汤斌建了一座"民不能忘"牌坊，以示纪念。

在汤斌大破五通神这一壮举影响下，苏州曾一度兴起大破迷信之风。据《丹午笔记》载："（康熙）二十九年，抚军洪公之杰拆承天寺。乾隆二十四年，抚军陈公宏谋拆治平寺，以驱逐淫僧，皆大快人心。"

据韦光黻《闻见阐幽录》记载，一百多年以后的道光年间，"裕谦抚吴，尽拆殿宇"。当时上方山香火又已死灰复燃，而且变本加厉，江苏按察使裕谦闻知后，仿效汤斌，发通告勒令摧祠毁神，五通神再一次遭到冲击，连栖身之地也被毁掉了。

但是，单靠摧祠毁神是无法根绝迷信活动的，上方寺与五通神像仍然屡毁屡建，禁而不止；因此，到了1929年，时任吴县县长的王引才再一次毁神投河，把神像沉到了石湖里。当时正好庙会刚过，山上清静，此事没有马上传开；隔了一天，人们在横塘河里见到了头戴珠冠身穿绣袍的太姆（五通的母亲）像，消息才传播开来。

中华人民共和国成立后，严禁巫觋，虽偶有活动，终难公开露面，但借阴债习俗却屡禁不绝。后来的"求富""求财""借富"等，就是借阴债的变异形式。

而后开展的违反自然规律、破坏生态平衡的"围湖造田"运动，使石湖遭到严重破坏，游石湖、看串月这样的民俗活动也一时绝迹，然而上方山的香火还是屡禁不绝。

作为一种文化现象，上方山民间信仰活动"荡民志，耗民财"的迷信内涵确实应该摈弃，但作为民俗文化活动，其形式层面的一些东西，又与经济、文化诸多领域都有关系。八月十八上方山庙会、游石湖的习俗，完全可以开发成一个文化内涵十分丰富的旅游项目，并加强它与经济活动的联系。因此，比简单而奏效不大的查禁更好的办法，应该是了解它、研究它、引导它，逐步开展游石湖、灯船、拳船、武术、杂技、戏曲、弹唱以及庙会集市等积极健康的活动，发挥它的积极作用。

经过多年的努力，上方山、石湖一带已经被开发成了苏州的一大风景旅游区，成了广大游人喜爱的打卡地。

颇含喜剧精神的轧神仙

每年的农历四月十四日,苏州城内有一个几乎是妇孺皆知的重要民俗活动——到神仙庙去"轧神仙"。这个"轧"字,在吴语中读作"嘎"(上声),是挤来挤去的意思。传说这一天是八仙之一的吕祖吕纯阳生日,他要化作凡人,到人间来点化世人。他的形象也许是衣衫褴褛的乞丐,也许是挑夫走卒、香客游人……总之,这一天遇到的每一个人都可能是吕祖的化身。因此,大家都要到神仙庙挤来挤去,希望"轧"到神仙,沾上一点仙气,可以消灾祛病,益寿延年,交上好运。人们从四面八方赶到神仙庙来,甚至杭嘉湖和沪宁沿线各地都有人来苏州"轧神仙",商贩们也趁机赶来做生意,于是每年其时,这儿就形成了一个盛大的庙会。

神仙庙原名福济观,坐落在《红楼梦》中所说"最是红尘中一二等富贵风流之地"的苏州老阊门内下塘街虹桥附近。据清同治《苏州府志》记载,该观始建于宋淳熙年间,迄今已有八百多年历史,神仙庙是它的俗称。据老人回忆,神仙庙坐北朝南,占地一千五百多平方米,头山门前有照墙,门前有古井。经山门,过御道,即是正殿。正殿前为露台,露台上有三米多高的丹炉。御道两边,古树葱茏。正殿内，绣幡高挂，香烟缭绕，金钟、木鼓分列两边，正中即是吕祖神像，左右两神，一为柳大仙，一为白大仙。庙内还有三观殿、雷祖殿、火神殿、文昌阁、魁星殿、钟楼等附属建筑。

苏州神仙庙的最大特点在于它同时又是一座"神医院"，或称"天医院"。这恐怕和吕纯阳的传说有关。苏州民间把吕纯阳说成是一个身背药葫芦，云游四方，能为百姓消灾祛病、悯老济贫、点化世人、超度众生的神仙。苏州的中医，就将吕纯阳看作医药业的祖师。

神仙庙里原有仙方店，实际上是一个中草药铺。来神仙庙烧香求神的大多是有病的穷人，生了病没钱医治，只得来求助于神仙；或是患有顽疾的人，"凡间"的医药久治不好，转而来求神仙，碰碰运气。到了神仙庙内，只要花七个铜钿买副香烛，祭祀叩拜一番过后，就可晃动签筒来求签问病了。签筒五个，分男、妇、幼、眼、外五科，共有三四百根签子，其中只有一根"罚油签"，表示心不诚，抽到的人要主动交罚款，罚款能交多少就是多少，表示心诚而已。其他每根签子上均有数码，每个数码对应一副"仙方"。求签后到仙方店配药，价格低廉，一副草头方最多也只有二百多钱，相当于现在两毛多，而且还可欠账。这些方剂，男科无非是补肾养肝、止咳化痰、顺气开胃；妇科无非是调经活血；幼科无非是化惊风、消热积、止泄泻；外科无非是消炎、化肿；眼科无非是明目清火之类，适应性广，又吃不死人，加之心理暗示作用，往往颇能奏效。病好了的，到庙中还愿烧香，有的还请了堂名到庙里唱戏弹曲给神仙听，来酬谢神灵。这种酬神活动，等于活广告，于是庙里的香火便越来越旺。到了四月十四吕祖生日这一天，各地善男信女赶来烧香的就更多了。四乡拥来的船只，常常将窄窄的河道堵得水泄不通。许多香客四月十三夜里就来，挤在神仙庙内外,守候天明,准备十四日一早烧头香。

十四日前后,供应香火祭品、各种小吃和手工艺品的摊子也摆满了神仙庙周近街巷,而最多的还得数卖千姿百态各色花草的小摊。沈朝初有《忆江南》词道:"苏州好,生日庆纯阳。玉洞神仙天上度,青楼脂粉庙中香。花市绕回廊。"那天所卖的花草,统统称为"神仙花",有些还有特别好听的名字,如"万年青""千年蕴""吉祥草""龙爪葱"等。轧神仙庙会几乎成了苏州传统的花市,市民将花草买回家去,种植起来,待到来年轧神仙前夜,将老叶剪掉,铺在自家门口,据说是让来给吕纯阳祝寿的各路仙人从叶子上踏过,借以得些仙

位于南浩街的神仙庙

气。真是"残翠满街人踏运,手拿龙爪认楼葱"。

除花草以外,各色民间玩具也颇为引人注目。特别是庙会上的泥玩具,最具特色。虎丘泥人早就名闻遐迩,在这儿人们可以买到吕祖等八仙的神像,以及财神老爷、王母娘娘等仙界名流的造像,还可以买到人们熟悉的戏文人物和不倒翁。虎丘泥人衰落后,无锡惠山泥人就特别多,最受人喜爱的是大阿福和皮老虎。大阿福笑容可掬,一团和气;皮老虎形象可爱,用手一挤便会呱呱作声,惹人发笑。还有歪嘴和尚念经、老头老太、小狗小猫、积钱罐等,也备受人们欢迎。用废铁皮做的三眼灶、黄包车、小水吊,用破布、竹木、玻璃做的万花筒、吹叫叫、飞飞转、摇糖鼓等,更牵动着孩子们的心。

馄饨、豆腐花以及线粉血汤之类风味小吃,引得游人垂涎欲滴。还有卖梨膏糖的,敲着小锡锣,唱着"小热昏"招揽顾客。庙会上还有变戏法、演戏文、唱九腔十八调的,熙熙攘攘,人来人往,热闹非凡。

这一天,一切东西都带上了"神仙"两字:五色米粉糕,叫作"神仙糕";庙会上卖的小乌龟,叫作"神仙乌龟";喝一杯茶,叫作喝"神仙茶";剃个头,也叫作剃"神仙头"。

在漫长的封建社会,人们不能把握自己的命运,当他们找不到生活出路时,便幻想着神仙来让他们从痛苦中解脱。而在轧神仙中,神是虚幻的,人是实在的,最终还是人们自己导演了一场富有神话色彩和浪漫气息的人间喜剧,得到了文化娱乐和身心的满足,这便是轧神仙几百年来盛行而不衰的内在因素。"文革"期间,神仙庙彻底被毁,"轧神仙"的民俗活动却绵延至今。因为轧神仙已经不再是单纯的宗教活动,甚至可以说,宗教活动只是一种外壳,一种形式,实际上它已经成了老百姓购买花草虫鱼、欣赏文艺演出、体味民俗风情、游览古城街巷,得到物质和精神两方面满足的民间节庆。而今,神仙庙已经被移建于南浩街上,轧神仙已经成了苏州地区重要的文化、旅游、商贸活动,焕发出它神奇的光彩。

◎ 人生礼仪 ◎

苏州民俗 >>>

人生礼仪民俗是人生不同年龄阶段举行不同仪式的习俗。苏州素有"礼仪之都"的美誉，对人生礼仪一向十分重视，有所谓"三风光，两不见"之说。"三风光"是指一个人一生中有三次重大礼仪特别风光，那就是满月剃头，结婚成亲，死后丧葬。这三次重大礼仪中，只有结婚仪式自己清楚，满月剃头时还蒙然不知事，死后自己当然也全无知觉，所以叫"两不见"。

由于具有极强的传承性，民俗几乎成了一种"活化石"，我们可以从留存至今的一些人生礼仪习俗中窥探到古人的某些生活情景，也能从中发现许多宗教迷信乃至古代巫术的痕迹；但透过这些迷信的外衣，我们依然可以发现，这一切无不是人们对生命和对美满幸福生活的呼唤。当然，在人生礼仪民俗中，我们也可以看到某些因民俗而引起的奢靡和铺张。

古婚制的活化石
——苏州传统婚俗

有许多民俗，流传到后来就很少有人知其所以然了。但是，民俗形成之初，肯定是有原因、有道理的。因此，我们如果对民俗做一番追根寻源的工作，往往可以发现许多风俗展现了我们所不知道的先人的生活情状。从这个意义上讲，民俗是古代文化的一种化石，一种活的化石。从苏州的传统婚俗，我们就可以窥见远古时代婚姻制度的一点影子。

苏州城里，现在举行婚礼往往无所谓早夜了，但古代是一定要在晚上的；苏州四郊的一些农村，直到今天还恪守着这个古老的习俗。也正因为嫁娶都以"昏时为礼"，故而"婚姻"二字原写作"昏因"，那"女"字旁是后人加上去的。那么，嫁娶何以一定要在黄昏呢？对于这个问题，就众说纷纭了。

欧阳修《生查子》词有句云："月上柳梢头，人约黄昏后。"王实甫也有"待月西厢下，迎风户半开。拂墙花影动，疑是玉人来"这样的吟唱。男女情爱本是两人之间的事，比较幽秘，往往要借夜幕的掩盖；光天化日之下总不相宜，因此多在黄昏之后。这似乎已成了一条不成文法，成了一种习俗，而且早早已然。《诗经·陈风·东门之杨》

曰:"东门之杨,其叶牂牂。昏以为期,明星煌煌。"《楚辞·湘夫人》也有"登白苹兮骋望,与佳期兮夕张"之句。可见自古男女幽会都是在黄昏的,所以男女的结合就叫作"昏因"。昏,即黄昏的昏;因,据张揖《广雅·释诂》讲,乃"友、爱、亲也"。由此看来,昏因者,原来指的就是男女双双在夜幕遮掩下相亲相爱。此是一说。

另一种讲法似与中国古代的阴阳学说有关。我们的先人很不简单,在自然科学兴起之前的一片冥冥之中,居然发现了"阴""阳"两字,将大千世界一切对立而又统一的事物概括为阴、阳这样两个相反而又相成的概念:地为阴,天为阳;月为阴,日为阳;夜为阴,昼为阳;女为阴,男为阳,如此等等。东汉历史学家班固在《白虎通义·嫁娶》中说:"所以昏时行礼何?示阳下阴也,昏亦阴阳交时也。"古人以为,黄昏正是昼尽夜始、阴阳相交之时。女为阴,男为阳,男女婚媾,也是一种阴阳相交;取昏时结合,即示阴阳相交,阴阳和谐之意。所以,许慎《说文解字》释"婚"字曰:"娶妇以昏时。妇人阴也,故曰婚。"

其实,昏时行嫁娶之礼的习俗,源于古代的掠夺婚。

婚姻制度有一个历史发展的过程。在原始社会从母系氏族向父亲氏族的过渡阶段,原来"从妻居"的婚俗变成了要把妻子带到男家落户的新俗;尽管恩格斯称之为"人类所经历的最急进的革命之一",但在当时,这种改革是受到了巨大阻力的,这样就产生了掠夺婚。昏时行嫁娶之礼,是因为昏暗不清,便于到"岳父"家去偷袭,抢劫新娘。"娶",本作"取",这个字从又、从耳,乃以手提耳,手到擒来之意;作为象形字,它原来画的是割取俘虏耳朵的形象。《周礼》就说:"获者取左耳。"《说文解字》释"娶"字说:"娶妇也,从女,从取。"又注"取"字为"捕取也"。所以,"娶"字的本义是"抢女孩子(新娘)";后来,掠夺婚仅仅作为习俗礼仪形式的因素而留存下来,变成"假劫真婚"了。《易经·屯》引有这样的诗句:"乘马班如,泣血涟如。""屯如邅如,乘马班如。匪寇婚媾。"这几句诗应是上古的民歌,从民俗学角度考察,似可这样"破译":"(小伙子)骑着马儿回来,有人(指被抢的姑娘)啼哭哀哀。——这不是强盗掳人,而是婚姻喜事。"它可以说是对于掠夺婚的生动的描写和说明。有时新娘虽然"泣血涟如",心底里未必真的不肯,特别是到了后来,这种哭就演变成纯粹的礼仪形式了。

苏州婚俗,新娘上轿就必须纵声大哭,此之谓"哭嫁"。据说其他地方、其他民族也有类似的习俗。

历来人们总是把嫁娶视为人生一大喜事。苏州人将结婚称作"办喜事";结婚那天叫作"大喜之日";届时连门上、窗上、箱上、柜上,也要贴上一个个大红喜字。而姑娘出嫁却偏偏要哭,这究竟是何道理?有人说,这是因为旧社会妇女婚配不自主,婚后生活往往十分悲苦,故临轿而泪下。但姑娘家即使找到了一个如意郎君,出嫁时也还是要嘤嘤假哭的;时至今日,婚恋自由,生活幸福,苏州某些郊县仍不改哭嫁之俗。其实,哭嫁也是古代劫夺婚的遗风,是劫夺婚留下的影子。当初,妇女从母方家庭中被抢出来,当然难免要纵声大哭了。产生劫夺婚的年代早就过去,然而劫夺婚作为一种婚嫁习俗,却在一些民族中传承了下来,当然这已是"假劫真婚"了,所以劫夺婚又叫作"佯战婚"。魏晋以后,我国有一些民族仍实行劫夺婚制。据嘉庆《滇南杂志》记载:女家在嫁女三日前,"执斧入山伐带叶松,于门外结屋,坐女其中。旁列米淅数十缸,集亲族执瓢、杓,列械环卫。婿及亲族新衣黑面，乘马持械，鼓吹至女家，械而斗。婿直入松屋中挟妇乘马，疾驱走。父母持械，杓米渐洗婿，大呼亲友同逐女，不及，怒而归。新妇在途中故作坠马状三，新婿挟之上马三，则诸亲族皆大喜"。这可说是对劫夺婚极为形象的表演和描述了。近代，在我国的瑶族、彝族等少数民族中，也还有"抢婚"的习俗。

有些民族尽管早就结束了劫夺婚制的时代，但劫夺婚留下的印迹仍然是可以寻觅得到的。除了嫁娶要"昏时为礼"、新娘子要"哭嫁"以外，苏州旧时婚俗，女家见了男家迎亲队伍，非但不吹打迎接，反将大门关闭，就是一例。时至今日，苏州郊县新娘出嫁上轿，还不肯自己挪动"金莲"，总是要父兄或娘舅等男性亲族抱之上轿，这又是一例。连传统婚俗中的红绿牵巾，据说也是劫夺婚时捆绑妇女的绳索演变来的，到了后来才变成爱情的象征。

凡此种种，都是劫夺婚制留下的影子；而从新娘子头上的一块盖头方巾中，我们还能看到比劫夺婚更为古老的婚制。

新娘子头上盖一块红帕儿，从审美角度看，确是颇有魅力的。那红帕儿下面是怎样的一副花容月貌？可以让人的想象自由驰骋，得到一种艺术联想的享受。

那红帕儿就是盖头，苏州人叫它"方巾"。过去的婚姻是"父母之命，媒妁之言"，有些男女，直到洞房花烛夜，还未曾谋过一面，难怪挑方巾时新郎新娘要激动不已了。红帕儿一挑，出现在面前的，会是什么样一个人呢？那一方盖头，不知揭开了多少婚姻悲喜剧的序幕。但是，当初方巾的发明者绝不是为了追求戏剧效果。那么，盖头方巾的来由是什么呢？

据说北宋末年，康王南逃之时遇到了追杀的金兵，当时一个正在场上晒谷的姑娘将他藏在倒扣的谷箩里，救了他。为了报答救命之恩，康王送给姑娘一条红帕，并说，明年的今天要来迎娶姑娘，到时只要她在上山时将红帕盖在头上，他就可以找到她了。康王辞别姑娘，到了杭州，做了南宋皇帝。第二年，他如约而往。谁知山野之间处处都有红帕盖头的姑娘，竟然无法将那个姑娘找到。原来，那农家姑娘与康王邂逅以后，思量再三，觉得嫁个君王还不如做个村妇自在，可是皇命难违，却怎生是好？与小姐妹一商量，最后想出了这么一个锦囊妙计。这个故事越传越广，姑娘们都觉得有趣，以至于从此以后，出嫁时都要备一条红帕盖头了。

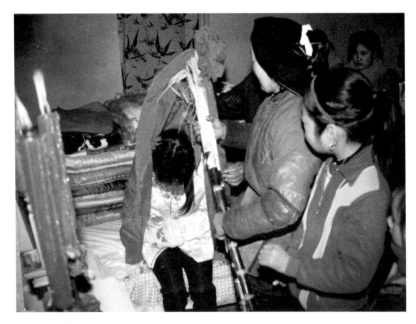

挑方巾的遗存

这当然只是一个传说，其实遮面之俗早就有了。有人说，自汉魏之际，便开始形成了遮面习俗；而据《仪礼·士昏礼》"妇乘以几，姆加景，乃驱"的记载来看，此俗可能还要更早。"景"，即盖头方巾之类东西。

唐代李冗《独异志》中有这么一个传说：宇宙初开之时，世上只有女娲兄妹两人，他们议为夫妻，却又自感羞耻，就爬上昆仑山，并且赌咒说："如果天意要我们成夫妻的话，那么就让天上的烟云聚合起来吧。"结果烟云果然聚合，于是哥哥便结草为扇，让妹妹以扇障面，他俩就成了夫妻。从这个古老的传说中，我们似乎可以窥探到一点方巾来历的秘密。

无独有偶，类似的传说在其他民族中也有。台湾高山族中流传着这样一个故事：有一次发洪水，淹死了许多人，世上只剩下了兄妹两个，妹妹想要和哥哥成婚，哥哥却不同意。后来妹妹告诉哥哥说，山下岩洞里有个姑娘，并劝他和那个姑娘结婚。哥哥下山到岩洞中，果然见到一个蒙面姑娘，于是就和那个姑娘结了婚。结婚以后才知道，那姑娘正是妹妹。从此以后，新娘结婚就有了蒙盖头巾的习俗。海南黎族的传说则是这样讲的：古代有兄妹两人，妹妹约哥哥到山下去围山追逐。两人来到山下，哥哥向左转去，妹妹用锅底灰涂黑了脸，从右边转去，两人相遇时，哥哥认不清妹妹，于是成了婚。据说，从此黎族姑娘在婚嫁时就有了文面的习俗。文面和结草为扇一样，大约都是方巾的"前身"或一种变异吧。

方巾的来历是否就是如此，谁也难以定论。然而从这些传说中，我们却可以清楚地看出，在人类社会发展的历史过程中，确曾有过一个兄妹可以通婚的血缘群婚阶段，上面介绍的那些传说，应是产生于这一人类历史阶段。因兄妹为婚而有羞耻之感，应是血缘婚向"族外婚"转化时期或转化之后才会有的观念。"洞房昨夜停红烛，待晓堂前拜舅姑。"古代把公婆称为舅姑，今天苏州民间还有将嫂子称为姐，将姐夫称为哥的习惯。这些奇特的称谓亦可从另一个方面佐证历史上确曾存在过这种婚俗。当然，在今人看来，兄妹成婚已是不可思议的了，但"在原始时代，兄妹曾经是夫妻，而这是合乎道德的"（恩格斯《家庭、私有制和国家的起源》）。

千百年中盖头遮面之俗为何能久传不衰呢？这恐怕还与古人的迷信有关。据说新娘子从娘家嫁到夫家，一路上会遇到不少煞神侵扰，头上蒙一块红帕儿就能趋吉避凶，煞神会畏惧而走。另外，姑娘出嫁总有一种羞涩之情，有一块红帕儿遮遮，也颇合新娘的心理。到五四新文化运动时，新青年们往往以墨镜一副取而代之。据说眼下苏州郊县还有出嫁用盖头遮面的，但这终究是极少数了。不过，这一尚存的旧俗，正是古代文明的活化石，使我们得以想起并追踪蛮荒时代的婚姻状态，为文化人类学提供了丰富的内容和极有意义的课题。

从纳采到迎娶
——旧婚俗中的六礼

旧时苏州的婚嫁，必行纳采、纳吉、纳征、请期、亲迎等五礼，后来又在纳采之后加上"问名"一礼，统称为"六礼"，繁复程度可想而知；虽然时有变异，但基本都是照这"六礼"进行的。直到中华人民共和国成立，这种婚姻习俗才发生了根本的变化。

纳采为六礼之首。所谓纳采，就是男方聘了媒人到女家去说亲，男女双方采择成偶之意。有趣的是，古时纳采一定要以雁为礼，而且在六礼中，除纳征之外，其他五礼都要用雁。为什么在缔结婚姻的过程中要以雁为礼物呢？原来，古人以为雁是候鸟，来去有时，可以用来表示议婚双方言而有信。据说，雁群中雌雄一经相配，便固定不变；即使死了一只，另一只也不另择偶；因此用它为礼，又象征着对婚姻的忠贞。古人笃信阴阳之说，认为男属阳，女属阴，南属阳，北属阴；雁儿南来北往，顺乎阴阳，因而以雁为礼还象征这对男女必定阴阳和顺。后来，雁儿日渐难得，往往就只能以鹅、鸭、鸡等来代替了。苏州近代的纳采礼，是由男家委托媒人，带了写有"遵求""遵允"字样的两副帖子到女家去提亲的，倘女家将"遵求"这副帖子留下，而将"遵允"这副帖子请媒人带回的话，那就表明女家已经同意议婚了。

问名为六礼之二，女家一经同意议婚，男家就请媒人到女家去问待嫁女子的芳名和出生时日。古人既无出生证，又无户口簿，但每个孩子出生三个月时，父亲就会为其起名，并将出生的年、月、日、时书写保存起来，这就是民间所谓的"庚帖"。因为过去是用天干地支来记录时间的，年、月、日、时共计八个字，所以即称之为"年庚八字"，问名也就被叫作"请八字帖"。

纳吉，即纳取吉利之礼。古人十分迷信，一对男女是否可以结成百年之好，还要看他们的"命相"是相成还是相克。纳吉就是将两人庚帖交给巫师，然后用龟甲或蓍草卜卦，看看是吉是凶。近代苏州地区的纳吉礼更是滑稽，媒人请了姑娘的年庚帖子，要默然不语，径直回到男家厨房，将帖子连同红米、千年芸一起，供在灶座下。三日之内如果家中平安无事，就取出帖子，请算命先生去合婚或求签占卜；三日内若有碎碗破甑之类所谓不吉利的事，或算命先生算下来以为八字相克，就只能借故将八字帖子退回女家，这门亲事也就告吹了。据说，直到眼下，居然还有人相信此类胡说八道，将好端端的有情人活活拆散。

纳征，又叫纳礼、纳成，也就是下聘礼，苏州人称为"送盘"。经过占卜、算命，得了吉兆，双方都同意缔结这门亲事了，男家就要行纳征之礼，向女家下聘礼。古代聘礼多为束帛和上好兽皮，其用意与送雁相仿。后来就发生了变化，聘礼之中求吉利、讨口彩的东西固然不少，但主要内容却是非要金银钱钞不可。除此之外，一枚银质镀金或铜质镀银的"求"字也是少不得的，女家回礼时也得有一枚"允"字。"求"而获"允"以后，这门亲事才算正式定了下来。

请期，苏州人叫"送日子"。纳征订婚以后，双方准备就绪，就选择一个好日子成婚。何时是好日，过去大多是算命先生根据两人八字来撮合的。甚至于新人何时沐浴，泼水的方向，铺床、合卺的时间，须忌避什么人，也都由算命先生算定。几乎新郎新娘一举手一投足都得受制于算命先生的胡说八道，想来实在有点滑稽。可喜今天已经没有多少人相信这一套了。

对于整个婚礼来说，以上五礼还只能算是前奏，嫁娶的真正高潮是发轿亲迎。亲迎，也就是迎亲、迎娶，其中的繁文缛节就更多了。

迎娶是件非同小可的大事，没有足够人手便难以应付。过去苏州专门有一种帮助操办红白喜事的人，统称为"六局"。所谓"六局"，由来颇早，宋代吴自牧《梦粱录》已见记载，为"果子局""蜜煎局""菜蔬局""油烛局""香药局""排办局"；苏州则指茶担、掌礼、鼓手、执事、铳事、门甲等人，后来连扎彩、轿夫、喜娘、拆管、厨师也包括在内。

"茶担"专门负责喜事中的茶水供应，火炉、铜吊、茶盏之类烹茶、饮茶用具一应俱全，全装在一种专用的茶担箱内，扛到喜事人家，往院子或大厅里一放，即时就能升炉供应茶水，再无须主人操心。喜宴时，他们还负有烫酒的责任。过去左邻右舍乃至过路客人，都可以到喜事人家去讨一杯"喜茶"喝喝，所以茶担的任务也就甚是繁重。

现在婚礼多放鞭炮，过去除放鞭炮外还有放铳的习俗，"铳事"就专负放铳之责。"铳"是一种金属制成的管状器具，外形颇似老式的手榴弹，面里装上火药，铳事手执木柄，将引线点燃，铳内火药爆炸，即刻发出轰然巨响，几个铳事同时放铳，声势浩大，将喜庆的热烈气氛推向高潮。

闹新房

门甲负责看管大门,如有来宾,还需高声宣唱通报。掌礼就是"司仪",由他主持整个婚礼的仪式。

六局中,茶担、掌礼、鼓手、执事等人,都是当日下场,事情一完,就能结账回去;而喜娘、扎彩、厨师等行当,却在正日之前就要到主家,在主管的指挥下,借物的借物,采购的采购,挂灯结彩、备料烧菜、铺排场面,忙个不停。正日过后,还要去将借来的东西送还,悬挂的灯彩卸下,门窗户闼要重新上好,恢复原样,因此分外辛劳。当然,如能讨得主家欢心,赏钱是不会少的。

六局除从主人家拿工资、赏钱外,还能大饱口福:其他帮忙者只能吃客席剩菜,而六局却都能吃到"原只头菜"。特别是茶担,整甏头的老酒只管喝,因为酒都经他们的手温烫,他们能喝到不掺水的酒，客人有时反倒只能喝加了水的酒，正是"近水楼台先得月"。有些场面大的人家迎娶时，要动用好几十人甚至一二百人，尽管有账房开单调派职务并将单子贴在墙上，但到周堂吉日，人来客去，丁口众多，难免混乱，有些拆管、轿夫等也就趁机将一家老小都带来吃喝，或同时接好几家生意，走马灯似的轮流穿梭——他们只要买通账房，瞒上不瞒下，就可到几家人家去结账拿钱。

从苏州旧时的六局，我们也能感到传统婚礼的复杂繁缛。

在古人看来，婚姻是"合二姓之好，上以事宗庙，而下以继后世"的大事，因此被列为礼仪之本。其实，搞出这一套如此繁复的礼俗，恐怕还是另有用意的。封建时代的婚姻是"父母之命，媒妁之言"的包办、买卖婚姻，根本无爱情可言，要想维系一种没有爱情的结合，除了实行这一套庞杂的礼俗，让双方铭志不忘以外，大约也没有其他办法可想了。今天，爱情已经成了婚姻的基础，再也无须这一套繁缛的礼仪来帮忙维系了。

情寄同心结
——苏州婚俗中的祝愿象征

"关关雎鸠，在河之洲。窈窕淑女，君子好逑。"这是我国历史上第一部诗歌总集《诗经》中一首描写男女情爱的诗，它以雎鸠起兴是大有深意的。古人称雎鸠为贞鸟，据说此鸟和雁儿一样，一经选定配偶就永不变更。看来自古至今，人们一直在追求执着坚贞的爱情和以这种爱情为基础的美满婚姻。"得成比目何辞死，愿作鸳鸯不羡仙"，人们甚至甘愿为此献出生命，这就是植根于我们民族心理中的崇高情操。这种追求和情愫，在苏州的传统婚俗中也随处可以看到。如果说那些繁文缛节主要是企图维系无爱情的婚姻的表现，那么下面这些习俗则主要寄托着人们对美好的爱情的追求和祝愿。

过去苏州人定亲送"小盘"时，茶叶是最为要紧的礼品。装茶叶的锡制罐头被苏州人叫"锡得"，所送茶叶要装四个大锡得、四十到一百个小锡得。四个大锡得是女家留着自己用的，装小锡得的茶叶则分送亲友，以此宣示已经吃了男家的茶，女儿已定了人家。之所以茶叶如此重要，乃是因为传说茶树一经下种，就不可更移，象征着爱情的坚贞不移。所以"纳征"之礼，又称"茶定"。女家还送的礼品中，百果喜糕是不可少的，特别是喜糕。男家收到后，也要分赠亲友。糕，是高高兴兴的象征；喜糕更寓寄着对小夫妻今后生活甜甜蜜蜜的祝愿。

苏州人举行婚礼，喜堂正面的墙上一定要悬挂和合二仙的画像。二仙形象是两个胖乎乎的男孩，蓬头笑面，一个手持荷花，一个捧着圆盒。苏州人认定，和合二仙就是枫桥寒山寺的寒山、拾得二僧。民间传说，他俩原居北方僻远乡村，虽为异姓，却亲如兄弟。后来，寒山与拾得同时爱上了一个女子，却相互并不知晓，待到临近婚期才真相大白。于是善良的寒山便弃家出走，来到苏州枫桥镇，削发为僧，结庵修行。拾得知其良苦用心，便也舍下恋人，到处寻觅寒山，后来听说寒山在苏州枫桥，便也到了枫桥镇。他折了一枝盛开的荷花前去与寒山会面；寒山见拾得到来，也兴奋不已，连手里捧着的盛放斋饭的圆盒也来不及放下，就迎了出去。两人相见，不禁大喜，相向而

喜堂

舞。拾得于是也入了空门，当了僧人。直到现在，寒山寺里还保存着一块青石碑，上面刻着他俩的画像和名字，老百姓称之为"和合二仙"。"和合"实为荷、盒谐音，苏州人将他们视为夫妻和合之神，作为婚礼时膜拜的偶像，因此结婚拜堂，一定要拜天地和合。拜天地以示庄重；拜和合，就寓有夫妻情感笃厚、和谐好合之意了。

喜堂上也少不了喜帐，喜帐上的喜对定然是"百年好合""白首偕老"一类寄托着人们美好愿望的字句。洞房里，床帷桌衣上的绣像也定然少不得成对的鸳鸯、飞鸟。把夫妻比喻成戏水的鸳鸯、比翼的飞鸟，这也正是人们美好愿望和向往的写照。

拜堂之后，男女两家还要各拿红绿绸布，挽成同心结，让红男绿女，各执一端，以此来表示"愿得一心人，白头不相离"之意。

夫妻双双进入洞房之后，还有坐床、结发、合卺之仪。坐床，苏州人又称为"坐富贵"。据说谁先坐下，今后就要受压，因此谁也不肯先坐；相持良久，往往还是新郎迁就新娘，先坐上床沿，因此有人说，苏州男人怕老婆的特别多。这个传说有点戏谑的味道，但另一个传说倒颇有意思，说是谁先坐床今后谁就会先死，因此谁也不肯坐下，最后总是夫妻双双一起坐，表达他们不求同生但求同死的心愿。

结发更是爱情的一种相当感人的象征。据说，古代的女子一经许配夫家，便要用一种叫"缨"的丝绳来束发，以此表示已经有了人家；直到成婚时，那条丝绳才由新郎亲手从她头发上解下来。《仪礼·士昏礼》说："主人入，亲脱妇之缨。"讲的就是这个情况，"主人"即新郎。到中唐以后，男女往往各自剪下一绺头发，挽在一起，用以作为爱情的信物。晁采有《子夜歌》云："侬既剪云鬟，郎亦分丝发。觅向无人处，绾作同心结。"这就是置世俗礼仪于不顾，用发结私立生死誓约了！在苏州，结发则是在结婚之日，男家要把从新郎头上剪下的头发派人送往女家，女家即将这些新郎的头发编入新娘的发髻之中；形式不同，但表示爱情坚贞、终老白头的意思却是一样的。

合卺，历来被看作婚礼的重要项目。卺，原是匏瓜一剖为二做成的盛器。在婚礼中，将其底部用红绿丝线挽作同心结联结起来，新婚夫妇就用卺中的酒轮换漱口。匏瓜苦不可食，用匏瓜盛酒，寄托了夫妻应该同甘共苦的意思。另外，匏为古代八音之一，用作笙竽；以匏瓜作饮酒之器，还寓有音韵调和、琴瑟好合的意思。后来合卺之礼演

当代的拜堂仪式

变成了饮交杯酒的习俗。到今天,饮交杯酒的仪式也很少有人进行了,但在婚宴上,新婚夫妇还是要频频举杯、互相祝愿的,那种白首偕老、永志不变的情怀仍然一脉相承。

"君当作磐石,妾当作蒲苇。蒲苇韧如丝,磐石无转移。""侬作北辰星,千年无转移。"千百年来,人们以最大的热情讴歌纯洁的爱情,然而那时真正能得到幸福爱情的又有几个呢?传统婚俗中表现相亲相爱的习俗如此之多,恐怕正好从反面证明了几千年来的封建统治对"爱情"这朵人类之花的摧残。

意寓柔糯甜
——苏州婚俗中的求吉意蕴

过去的婚姻既是"父母之命,媒妁之言"的强迫婚姻,男女双方当事人当然几无任何自由意志可言,因此往往酿成悲剧,而人们却将其归咎于"中邪"。苏州地区的婚俗中具有许多求吉避邪巫术意味的习俗,就是这种心理的体现。

在苏州婚嫁所有的聘礼和嫁妆中,常有一组礼品,包括兔毫毛笔两支、金锭或银锭一只、如意一枚。它们寄寓着"必(笔)定(锭)如意"的良好祝愿。后来有人干脆将这几样东西做成金银或铜质模型:"金锭"上交叉着一柄如意和一支毛笔。吴中农村在结婚日铺新床时,床上要铺十二束到二十束糯米稻草,床头要放两根红皮甘蔗,取"柔糯甜蜜"之意。苏州新郎挑方巾要用秤杆,希望婚姻能"称心如意"。而这一些习俗,往往正是过去婚姻难以如意、并不甜蜜这种现实的反证。

苏州新娘出嫁多坐花轿,结婚前一天晚上要举行"亮轿"仪式。这天下午,花轿要抬到男家,停在厅中,轿上燃烛百支,所以称为"亮轿",意在驱除轿内妖邪之气。过去苏州风行漂亮的宁波花轿,这种花轿有内外两层,中间可以点烛,内层以红缎作幔。空轿去女家

新床上的秤杆和床边的甘蔗

时,轿外要加罩;将新娘接回家时,则需去罩点烛,其用意也在避邪。苏州四郊水乡,花轿要用堂船装运,轿子下船时,后面紧随一人,手执红绿布条缚住的公鸡、母鸡各一只。船到女家,执鸡人上岸后,一边走一边将两鸡相撞,让它们不断发出"咯咯"的叫声。女家开门后,执鸡人直奔入内,转一圈后即出,以此来"驱鬼避邪"。

驱邪的习俗还有不少,如苏州郊县某些农村的烧三股头,即将一把麦草的上面扎成一束,下边扎成三股,放置在地上,新娘花轿来时将它点燃,花轿要从焚烧的三股头上越过,这是古代"火袚"的变异形式,以为这样就可以驱邪了。喜堂上贴龙虎对也是一种避邪习俗,所谓龙虎对,就是在红纸上分别书写"龙""虎"两个大字,张贴在喜堂两侧的墙上。龙为"鳞虫之长",虎是"百兽之王",由此推理,它们当然能负起镇邪的重任了。

随着社会的进步和男女自由恋爱、自主婚姻的普及,这些习俗已经失去了它们存在的温床,如今尽管在某些农村还能看到它们的影子,但对于不信鬼不信邪的当代青年来说,这一切都只不过是有趣的故事和古老的遗风而已。

生儿育女,传宗接代,在我们这个宗法制度延续了几千年的国家里,一向被看作是天经地义的、第一等的大事。孟子早就说过:"不孝有三,无后为大。"因此,"香烟不绝,子孙满堂",几乎就是人生最美好的理想了;而"断子绝孙"就成了最可怕的诅咒。稍稍留神,不难看出祝祷生育的习俗几乎贯穿于传统婚礼的始终。

苏州地区有这样的旧俗:迎娶前十余日,新郎要邀请亲友中没结过婚的男子同床而眠,以此作为将来生儿子的吉兆,称之为"暖床"。成亲的前一天,按规矩女家要到男家"铺床",这铺床的差使必选多子的夫妇去完成,其意亦在祈盼新人"多子多福"。至于女家陪嫁之中,小儿尿桶、睡桶、立桶等生儿育女的家什,是断断不能少的。

直到今天,苏州人嫁女,陪嫁中还断断少不掉一只马桶。现在新住宅造了不少,"抽水马桶"也为许多中国老百姓所享用,但是无论新房中卫生设备多么现代化、多么齐全,在运送嫁妆的队伍里,我们往往仍然可以找到那漆得色彩斑斓、油光锃亮的马桶,而且照例将其冠以"子孙"两字,叫作"子孙马桶"。

人类学家考察研究后发现,人类分娩时的体位是随着人类文明程度的不断提高而逐渐发生变化的。据说,远古时代妇女是采取站立的体位来分娩的，在一些处于文明前期的原始部落中，人们常常见到这种分娩形式。现在妇女分娩，大多是采用卧位了，而从站式分娩到卧式分娩这个漫长的发展过程中，坐姿或蹲姿，又是妇女分娩时普遍采用的体位。过去苏州城乡妇女正是蹲坐在马桶上生孩子的。所以，那桶不只是便溺器具，它还与生育有着这样一段渊源，怪不得要在"马桶"前冠以"子孙"两字了。苏州妇女骂起自己子女来，常用的一句话是："懊恼当初朆（吴语，读作 Fēn，未曾、不曾的意思）拿你们揿杀勒马桶里！"这句话的出典，盖源于此焉。

马桶既是生养孩子的器具，陪嫁中备了它也就意味着将来子孙兴旺。此类带有巫术意味的求子习俗还有许多，如在发送嫁妆时，子孙马桶中要放五只红蛋：蛋为鸡子，蛋、诞又同音，放了蛋在桶内，今后也就会"诞子"于桶了。放蛋要放五只，那是取"五子登科"之意。子孙马桶带到了男家，要取用时，又必先请一小男童向里边撒一泡尿，以为如此一来，今后定会生个又白又胖的小男孩了。

至于张贴在洞房中，刺绣在挂件、饰物、桌围、椅披、服装上的吉祥图案，祝祷生育的就更多了。麒麟送子是常见的：一个长得粉白滚壮的童子，手持莲花，胸前抱着一支芦笙，跨着麒麟自天而降。麒麟是传说中"音中钟吕，步中规矩，不践生虫，不折生草，不食不义，不饮洿池"的"仁兽"。以麒麟送子来作为求子的吉祥图案，其含义不只在祈求多子，还含有希望子息仁贤的意思。鲤鱼跳龙门的图案也为洞房里所多见，鱼是繁衍力极强的一种生物，传说鲤鱼跳过龙门即可成龙，祝祷之意也就很清楚了。绵绵瓜瓞，榴开百子，百子图则更为多见。有些地方，民间婚俗中还有张贴《张仙挟弹图》的。据说张仙"喜猎，善弹"，宋代著名文学家苏洵曾经梦见他挟两弹，

麒麟送子图

以为是诞子之兆,后来果得苏辙、苏轼两个儿子,还都成了大文学家。因为"弹子"与"诞子"谐音,从此张仙也就成了送子的仙人。

婚娶之日,宾客所赠送的礼品之中常有莲心、桂圆、石榴等物。莲心、桂圆祝祷"连生贵子";石榴多子,表示"多子多孙"。喜堂的供桌上,则少不了栗子、枣子,用以表示"早生贵子""利子"的意思。

在行过参拜天地的大礼以后,新郎新娘手执红绿牵巾,对面而行,一路往洞房走去。这时候,地上要铺上几只麻袋,新郎新娘鞋不沾地,只能踏在麻袋上,随麻袋相递而前。这个习俗被称为"传宗(棕)接代(袋)"。唐代大诗人白居易有诗云:"青衣转毡褥,锦绣一条斜。"可见此俗唐代已经盛行,只是当时用毡毯不用麻袋罢了。"毡"与"传"同音。据说宋元时改为席,"席"与"袭"同音;但在吴语中"席""绝"音似,而有不吉之嫌,所以后来就改成了袋。

新郎新娘进了洞房以后,尚有撒帐等俗。撒帐一般由掌礼或儿女双全的有福之人来主持,他们手执金银盘,将盛于盘内的金银钱、花钱和瓜子、花生等杂果一把把地抛撒于喜床周围,还要边撒边唱撒帐歌。

据说,撒帐之俗始于汉代。当年汉武帝迎李夫人入帐,预先嘱咐宫人待他们进来时要向他们抛掷同心果,武帝与夫人就以衣裙来盛接,以"得(花)朵"为"得(子)多"的征兆。宋元话本小说《快嘴李翠莲记》中就有撒帐的描写,这恐怕也是最早记有撒帐歌的文学作品了,现摘引其中写李翠莲结婚的一段文字,以窥其时撒帐婚俗之一斑:

……新人坐床,(撒帐)先生拿起五谷,念道:"撒帐东,帘幕深围烛影红。佳气郁葱长不散,画堂日日是春风。撒帐西,锦带流苏四角垂。揭开便见姮娥面,输却仙郎捉带枝。撒帐南,好合情怀乐且耽。凉月好风庭户爽,双双绣带佩宜男。撒帐北,津津一点眉间色。芙蓉帐暖度春宵,月娥苦邀蟾宫客……撒帐后,夫妇和谐长相守。从来夫唱妇相随,莫作河东狮子吼。"

说那先生撒帐未完,只见翠莲跳起身来,摸着一条面杖,将先生……一顿直赶出房门外去,道:

> "撒甚帐?撒甚帐?东边撒了西边样,豆儿米麦满床上,仔细思量象甚样?……"

我们真应该感谢《快嘴李翠莲记》的作者,为我们描画了当时婚礼撒帐的一幅民俗风情画,还为我们塑造了一个敢于蔑视旧习俗的泼辣女子的形象,这在当时确实是颇为难能可贵的。

苏州人还总要在新房的桌子上放一对"衣食饭碗",饭碗里除盛米以外,还要放桂圆、枣子、栗子以及染成红色的花生等。这一对饭碗又叫作"和合碗",现在大多并列放置了,原先则是两碗一仰一合倒扣在一起的。生养当然与性无法分开,此俗原来不仅具有祈子的意思,还将与生育直接相关的性行为也暗示在内了。过去结婚要喝交杯酒,木质酒杯用红线系着,新郎新娘各饮半杯,然后交换酒杯,一齐饮干。饮后将杯子抛至床下,如一仰一合,则象征大吉大利,其中关于性的隐喻也是很明显的。

看来,为了"传宗接代",我们的老祖宗确是煞费了一番苦心。近年来,新观念、新思想像浪潮一样冲击着种种旧俗,然而婚礼中求子的习俗仍盛行不衰。比如喜酒席上,竟有西瓜子一盆,使人颇有点纳闷,但只要你知道民间的求子心理,就不难明白,以瓜子上桌,无非取多子之兆而已。再比如,新床新被中要放草纸一刀,鞋子一双,这无非也是"早生孩子"之意罢了。如今尽管新娘出嫁是坐轿车的,但有些地方仍然忘不了要带一只猪蹄。到男家下车时,先将猪蹄递下。接新娘的人就要大声问:"生的?还是熟的?"车里的人就要放大了嗓门道:"生的!"生者,生养也。至于美丽可爱的洋娃娃,几乎可以在每个新房里找到,除审美效应外,是否亦寓求子意蕴,这就不妨

"见仁见智"了。

  过去有繁复的求子习俗是不难理解的。当时慑于伦理的压力,以为失子嗣、断香烟是莫大的罪孽;出于现实的考虑,也不得不"积谷防饥,养儿防老";医药卫生的落后,科学知识的贫乏,更使人们将生养子女看作是上天的恩赐。现代人无须靠儿辈们来养老;高明的医术,完全可以解决绝大部分人的不孕之忧。如此这般的求子习俗,现已成为多余之举了。

"媳妇气煞骂媒人"
——婚嫁陋俗种种

求子求吉之类的习俗，尽管在现代人看来已近乎迂腐，但毕竟还是当时社会现实中人们善良愿望的一种体现；至于另外一些与婚姻有关的习俗，如媒人欺诈、歧视妇女、童婚早婚等，就只能称之为"恶习陋俗"了。

苏州城乡，过去嫁娶都需媒人撮合，几乎是无媒不婚。

常言道，"千里姻缘一线牵"。这话源于月老的传说。据说月下老人有条赤绳，又叫红线，若把它系在男女双方的脚上，虽是仇敌或相距遥远的人，也定会结成婚姻。人们常以"月老""月下老人"来称呼媒人，其实是不对的，两者至少有一点不同：月老促成姻缘是一片好心，分文不取，绝无"商业意味"；而旧社会的媒人则专以做媒为业，从中牟利。

媒人这一行当，倒也可谓历史悠久。《诗经·卫风·氓》中就有"匪我愆期，子无良媒"之句。可见当时就有了婚姻要经过媒人撮合的风俗。

"伐柯如何，匪斧不克；取妻如何，匪媒不得。"这又是《诗经·豳风·伐柯》中的句子，译成现代语言，就是"如何砍柴呀？没有斧头不行；怎样娶妻呢？没有媒人不行。"诗句里用砍柴一定要用斧头来比喻娶妻一定要有媒人，后来人们就以"伐柯""执柯""作伐"，作为做媒的代称；媒人也就有了"伐柯人"的称呼。

据说晋代令狐策做了一个梦，梦见自己在冰上，和冰下人说话。相梦的人就说："冰上为阳，冰下为阴，这是有关沟通阴阳的事，看来你要为人做媒了。"从此，媒人又被叫作"冰上人""大冰"，后来又被称为"大宾"。

媒，这种职业几乎和私有制同时产生，其实它也正是私有制的产物。男女婚配原是两个人之间的事，何需有劳于别人呢？但一旦出现了私有财产，联姻也就成了一种经济或政治的交易。交易和买卖需要最冷静的头脑和最精明的算计，而爱情则往往蔑视权势与钱财，不计较利害得失。因此，奴隶社会和封建社会中的婚姻制度，从根本上说是抹杀两性间的情爱的，婚姻大事只能是受制于"父母之命，媒妁之言"的交易。封建卫道者们竭力鼓吹"不待父母之命，媒妁之言……则父母国人皆贱之"（《孟子·滕文公下》）。有人说："媒者，谋也；妁者，酌也。"封建婚姻之中，男女双方都要争聘礼，争陪嫁；要讨价还价，又要装出一副清高的样子，那么最好的法子莫过于有一个第三者——媒人来居间斟酌谋划、穿梭奔忙了。

男女双方都有求于媒人，媒人自能从这种"穿梭外交"中得到不少好处。如果经过撮合，一桩婚事成功，媒人更要大起忙头：按苏州规矩，先要到男家贺喜，男家发盘，媒人便坐了轿押箱盘到女家；女家回盘时，又要押了箱盘回到男家。午间在男家入席，晚上到女家赴宴。第二天，男女两家都要备了礼物，连同"柯仪"（"媒人钱"的雅称）去送媒人。这时的媒人，既有钱花，又有礼物到手，还大饱口福,一举而三得,岂不美哉。到择定吉日良辰,媒人肩负起"送日子"的使命时,又有一笔柯仪可拿,又可到男女两家去大嚼一顿了。发点嫁妆、拜堂成亲之前,男女两家更有"请媒人"的一项仪礼,要备了丰盛的酒菜,请媒人来查点妆奁,检视婚仪,看看还有什么不足。喜酒席上更少不掉媒人的一席之地。结婚之后,媒人除了应得的柯仪之外,还有"团圆钱"可拿;到婚后第七天,女家要送大肉圆和鲫鱼塞肉到男家,这样媒人又有"七朝肉圆"可分。苏州人有句俗话,叫作"做趟媒人,吃十八只蹄膀",正是一点儿不错。

有些媒人更以骗人牟利,做出许多伤天害理的事来。比如清末民初,苏州阊门外就发生过一桩媒婆"草制新妇"的诈骗案。某甲是个勤奋的小裁缝,年逾不惑,小有积蓄。一日偶见江北船上某女楚楚动人,便托人作伐撮合。媒人往返数次,耗去了小裁缝大半资产,婚事才算有了答复。吉日迎娶,彩轿登船,只见新人以红帕蒙头,被冉冉地从舱中请出,并有一个衣包,随新娘同置轿中。鼓乐喧阗,彩轿离船登岸,众人簇拥而去。媒人则和送亲人一起坐船前往,双方约定等媒上岸,再行嘉礼。彩轿到家良久,媒人他们的船却迟迟未到,甲恐错过良时,权托邻家妇女代为佐礼。邻妇扶"新妇"出轿,只觉其身轻如燕,弱不胜衣,虽亭亭玉立,而手足宛如木偶,顺势伸入袖内一摸,不禁惊恐叫道:"新娘是个草人!"于是阖室鼎沸,一片哗然。有人上前打开衣包,发现尽是些砖石片,众人面面相觑,新郎则已面如死灰、手足冰凉了。

有些媒人只从自己的利益出发,千方百计要将婚事撮合成功,他们不惜做"假广告",编派出一套鬼话,说得天花乱坠,骗得双方相信。到了洞房花烛之夜,生米煮成熟饭,发现上当受骗也来不及了。

几千年来,由此酿成的悲剧,不知有多少。媒人给广大青年男女造成的灾难,真是罄竹难书,难怪媒人的形象在文艺作品中大多十分丑陋。

> 高山头浪一只金面盆,
> 淘米汰菜香粉盆。
> 公勒堂前骂媳妇,
> 媳妇气煞骂媒人。
> 媒人许我三橡元堂四橡屋,
> 落里(吴方言:哪里)晓得一间牢棚两扇门。

> 媒人两爿薄嘴唇,
> 添盐加醋骗煞人。
> 黄花闺女配仔三岁郎,
> 媳妇气煞骂媒人。

这是民间流传的两首骂媒人的吴歌,从中可见人们对媒人的憎恨。

过去,每逢农历八月初八,即八字娘娘生日,苏州城乡妇女到北寺塔去烧香的真是摩肩接踵,不计其数。在以天干、地支计时的古代,一个人的出生年月日时由八个字记录,这八个字等于一个人最确切的生辰。据说八字娘娘就是专管人的出生的,并且能在人出生之前就替他(她)"造命"。众多妇女虔诚地膜拜八字娘娘,其目的就是祈求来世能转投一个男胎,再也不要做女人了。旧社会,女人确是处处受压,命运悲苦,旧婚俗就是明证。

宋代吴自牧在他那本反映江南社会风情的《梦粱录》中写到当时相亲的婚俗,就有"男以酒四杯,女则添备双杯,此礼取男强女弱之意"的记述。相亲是婚仪之始,议婚一开始就要让女方意识到不可与男方"同日而语",男权主义可谓发展到了极点。

按照苏州旧俗,花轿迎娶之日,新娘到了男家门口,男家非但不热情相迎,反须将花轿擂于门口一段时间。这时,围观者指指点点、评头品足,把个新娘弄得哭笑不得,如坐针毡。这叫作"煞威",大有给新媳妇一点下马威的味道;也有将此俗叫作"耐性子"的,是要新媳妇明白,到了夫家,万事要耐着点性子。晚清时有户人家就用这种方式来给媳妇下马威看,载有新娘的花轿被擂在门外,轿夫们却都去讨喜钱、喝喜茶了,待他们回到门外,以为新娘子已经被迎进去拜天地了,所以抬了轿子便回轿局。其实新娘还在轿里,也许她身子轻,坐在里面觉不出分量,也许轿夫喝糊涂了,反正没有觉察;新娘又不敢声张。到真要拜天地时,那边才发现新娘子已经没有踪影了。

拜堂是男女喜结姻缘之时,往往新娘早已步出花轿,新郎却还迟迟不肯出来。要掌礼一请、再请、三请,才由侍郎扶持而出,真是架子搭足。

到了挑方巾时,有些新郎就将新娘的盖头方巾抢过来坐在屁股底下,以为这样一来,以后就可以压制她一辈子。挑去方巾以后,小姑要为新娘上胭脂,如果碰到恶姑,往往手掌上抹了姜汁,擦在新娘眼旁,使新娘流泪不止,吃足苦头。苏州人将此叫作"下辣手",意在给新娘一点颜色看看;到了男家是连小姑也不好惹的。

苏州一带还有这样的习俗:成亲的次日早上,要请新娘吃汤团,一是讨团团圆圆的口彩，二是要粘住新娘的嘴，让她不好回娘家多说。到成亲后的第三天，新娘就要"三日入厨下，洗手作羹汤"，让公婆鉴定自己的烹调手艺了。倘若碰到难侍候的公婆，"公要馄饨婆要面"，从此小媳妇的日子就更不好过了。

旧社会，男子三妻四妾好像是名正言顺的事；对女子却要求绝对的贞洁。圆房以后如果证明新娘是"清白女子"，新婚第二天就派人手持"闺门有训"的喜帖往女家报喜；假如发现不是"清白女子"，不但不去报喜，甚至可能当时就休了回去，即使一时被容忍下来，那往后的日子也就可想而知了。

旧社会妇女婚姻根本无法自主，当然更谈不到离婚自由，但自秦汉以来却有一个"七出"之条，男子随时可以借故"出妻"。所谓"七出"之条，是指不听公婆之命、无后、通奸、妒忌、恶疾、偷窃、饶舌。其实出妻是并不真正需要犯了"七出之条"的，乐府诗《孔雀东南飞》中的焦仲卿、刘兰芝本是一对恩爱夫妻，只因媳妇得不到婆婆的欢心，便被活活拆散。传说宋代诗人陆游与唐琬结为夫妇，感情甚笃，也仅因为婆婆不喜欢而被迫离散。至于媳妇遭婆婆虐待、男人打骂之类的"家庭琐事"，那就更是数不胜数了。所以女儿嫁了出去，娘家人还总是战战兢兢，心里不踏实，不知何时女儿会被无端赶了回来。苏州有这样的习俗：搬运嫁妆时，每人只能搬一样，任何搬嫁妆的人，都不能走"回头路"，所以送嫁妆非得动用大量人手不可。这种习俗正是妇女时时心里惶恐，怕被休遣的一种反映。

"人生莫作妇人身，百年苦乐由他人。"难怪过去妇女都要祈求八字娘娘，让她们下世转投男胎了。

> 十八岁大姐七岁郎，
> 说你是郎你不是郎，
> 说你是儿不叫娘，
> 还要给你解扣脱衣裳，
> 还得把你抱上床。

这是曾经流传在苏州地区的一首吴歌。说来也真是叫人难以相信，过去却确有这样的怪事：给六七岁的小孩娶个十八九岁的大姑娘。男家的本意恐怕仅在增加廉价劳动力，结果却害苦了那正当华年的姑娘。这首吴歌不正是妇女们对这种习俗的怨艾和不平的表露吗？大千世界，无奇不有，过去我们苏州地区奇形怪状的婚俗，又岂止"大媳妇，小郎倌"这一种呢。

过去民间多早婚之俗。明清时代规定的结婚年龄是男十六女十四，到了民国期间，法定婚龄是男十八女十六，而民间有十三四岁就配亲成婚的，真是形同儿戏。孩子小时还不甚了了，慢慢长大后，又不知要由此产生出多少痛苦和烦恼来。

比早婚更甚者，还有童婚。有的从小将人家女孩领到家里，让她帮做家务杂事，成年以后就给儿子做老婆，这就是所谓"童养媳"。有的将人家男孩领来，帮着干活，等女儿长大就让他们成亲，这就叫"等郎大"。还有的人家因为平时关系密切，双方小孩还在肚子里，就定下了婚约，这便是"指腹为婚"。

有些人老来膝下无儿，就招女婿上门顶姓传代，称为"招赘婿"或"入赘"，俗称"招女婿"。做赘婿的一般都是穷困人家的子弟，赘婿非但要改姓换名，称人父母为父母，而且在家里也往往毫无地位，

十八岁大姐七岁郎

好似童养媳一般。因此,除非万不得已,一般人是不愿意去当赘婿的。

旧婚俗中最愚昧的莫过于冲喜和冥婚了。过去,男家新郎有病,如果病势日重,往往就向女家提出迎娶,想借办婚事来驱除病魔,这就叫"冲喜"。冲喜的结果,往往是新娘过门不久,新郎就一命呜呼了，从此新娘不但夜夜守空房，眼看着大好春光白白空耗，往往还被夫家责怪为"命硬""克夫"，无端遭骂受斥。作家台静农在20世纪20年代写过一篇题为《烛焰》的小说，描写的正是冲喜给女人心灵造成的恐惧和阴影，读来使人毛骨悚然。鲁彦有一篇小说《菊英的出嫁》，描写的则是冥配的情景了。所谓冥配，又叫阴婚，是指为已死的男女举行婚礼。冥配还有"娶鬼妻""嫁鬼夫"与"鬼娶鬼"之分。如果男女双方均已亡故，给他们举行婚礼，让他们在阴间成亲，那就叫"鬼娶鬼"；如果男女仅一方去世，那就叫"娶鬼妻"或"嫁鬼夫"。后者让一个活生生的人去和"鬼"成亲，真是荒唐之至。此俗不但戕害生者，空耗钱财，而且渲染迷信，实在是毫不足取的恶习陋俗。

还有"守寡"一俗，也为害不小。过去统治者视妇女为玩物，自己可以三妻四妾，对妇女却要求遵守所谓"贞""节"，丈夫死了还不许她们改嫁，把改嫁看作是"不贞""失节"。为了维护这种违背人性的封建礼教，他们将未婚夫死后哭着到男家去守节的女子叫作"贞女"；闻讯而自杀的叫作"烈女"；终身不嫁以事父母的叫作"孝女"；出嫁女子，夫死守寡不嫁的，叫作"节妇"。过去，一个小小的苏州城，表彰这类女子的所谓"贞节牌坊"，就随处可见，不计其数，被扼杀了青春和希望的青年女子不知有多少！

苏州过去还有喜促表兄妹联姻的习俗，称之为"亲上加亲"，殊不知这种旧俗又孕育出了多少个病弱的后代，带来了多少不良的后果。

这种种陋习旧俗都是病态社会的产物。值得欣慰的是，随着社会的不断进步，这类习俗已经或正在消失，最终都只作为民俗工作者研究的对象而留在我们的民俗史中。新风终将换旧俗，这是历史的规律。

迎接新的生命
——民间的生养习俗

生育,是人类繁衍后代、延续生命的大事,因此历来为人们所重视,它的习俗就充分显示了这一点。

新婚夫妇,结婚两三年后如不怀孕,那么不但为人子的丈夫要急了,新娘子本人更是惶惶不可终日。于是,就有了一系列的求子习俗。求子最简单的方法便是烧香拜佛。苏州许多庙宇都塑有送子观音像,膜拜送子观音当然最是"对症下药",所以不孕妇女趋之若鹜。苏州盘门内的开元寺,寺中有卧佛,睡在红绫被中,过去求子者也每多至此焚香点烛。除此之外,上方山的太姆也是许多不孕妇女膜拜的对象。据说只要备了水果、糕点等供品,到太姆房中去讨一双太姆的鞋子带回家中,就能求得子息。所谓"讨"当然是客气话,不花销几钿,恐怕是讨不到的。

苏州人还有到虎丘去"投石求子"的习俗。凡是到虎丘去游览的人,都能在登山石阶旁看到有几块巨石,据说江南才子唐伯虎曾在上面睡过觉,因形状像枕,人们把它们都叫作"枕石"。游山者过此,都要远远地向它扔石子,如果石子正好扔到了枕石上而没有滑落下来,即为得子之兆。这些巨石在地质学家的眼中看来,只不过是桑田沧海地质变化的遗留物，但从民俗学的角度看，"投石求子"确是一种流传很广的祈子习俗。

大约在宋代至明代这段时间里，苏州街市流行一种泥塑的孩童像，叫作"摩侯罗"，因多于每年七月七日乞巧节出售，故而苏州人又把它叫作"巧儿"，妇女购回家中，以祈得子。据宋代陈元靓《岁时广记》载："磨喝乐（摩侯罗）南人目为巧儿，今行在中瓦子后市街众安桥，卖磨喝乐最为旺盛，惟苏州极巧，为天下第一。"《秦淮画舫余谈》也说："平江府有摩侯罗……近时虎丘人技最擅长。"摩侯罗对生养当然无济于事，但闻名天下的虎丘捏像，倒有可能正是在捏塑摩侯罗的基础上发展起来的。

过去苏州还有"偷瓜祈男"的习俗，此俗又叫"摸秋"。每到中秋之夜，妇女们在庭院里放上方桌，桌上陈列红菱、石榴、柿子等鲜果和月饼，点红烛，烧斗香，祭拜中秋圆月，祈求家人团圆。斋过月宫以后，就要三五成群地去走月亮赏月，而其间一项重要而隐秘的活动，便是到田里去偷摘南瓜。"南""男"同音，摸到南瓜就带回家里，藏于绣被之中，以为宜男之兆。在这一夜偷瓜，瓜主是不会嗔怪的。到后来，干脆就摘了南瓜相互赠送了。清代苏州诗人蔡云《吴歈百绝》中有诗云："早烧香斗祝团圆，蜡炬生化未肯残。偷得番瓜藏绣被，更无情绪倚栏杆。"可见直到清代，苏州此风还颇盛。

怀孕，苏州人俗称"有喜"，这是一个新生命的起点。民间素有胎教和孕期禁忌的习俗。例如孕妇不能"视恶色、听淫声"，要多看漂亮的画像，说是今后生出来的孩子就会长得和画上的美人一样漂亮。孕期，夫妇不能同房；孕妇不能进庙宇，不能进洞房看新娘，不能看死人入殓，不能露天乘凉睡觉，不能跨越沟坎。应多吃苹果、桂圆、鸡蛋,这样生出来的孩子就会脸颊丰满,眼睛大,皮肤嫩。不能吃公鸡、鸽子、田螺、兔肉、线粉、猪头肉……否则小孩生出来后,就会天天晚上啼哭不停,就会变"斗鸡眼"(对眼)、田螺眼,就会豁嘴、拖鼻涕、害疮疖。过去有一段时间对胎教和孕期禁忌持全面否定的态度,这是不对的。我们对胎教和孕期禁忌内容要进行具体的分析,不能一概否定,当然也不能把它全看作是真理。胎教和孕期禁忌中尽管有一些迷信的东西,但仍含有一定的科学道理。例如怀孕以后,多听优美的音乐,多看悦目的图画,对胎儿的生长发育确有好处;孕妇多吃苹果等水果和桂圆、鸡蛋等富含营养的食品,对孕妇本人和胎儿也都是十分必要的。孕期夫妇不同房,孕妇不能露天乘凉睡觉,不能跨越沟坎等,也都是出于保护孕妇的需要……总之,我们应该对这些习俗进行科学的分析,取其精华,弃其糟粕。

苏州民间有"七上八下"的说法,即怀孕到七八个月时最要当心,以免流产。

娘家得知女儿怀孕,便开始着手制作四季衣衫、尿布等婴儿用品。苏州习俗,待怀孕足月,娘家人就用一块包袱布包了这些婴儿用品,连同苦草(益母草)、红糖、人参、桂圆、陈米等送到女婿家,叫作送"催生盘"。送催生盘的人到了男家,不与人招呼,径直走到产妇床前,将包袱往床上一扔,以包袱结的朝向来卜孩子的性别。包袱结向上,兆生女;向下则兆生男。还有一种习俗是将催生包在产妇床上迅速打开,据说,这样可以使产妇快生顺养。临产,娘家还要送两碗"催生面"到婿家给女儿女婿吃,有五个煮熟剥壳的鸡蛋,分别装在两碗面里。如果女婿吃到装有三个鸡蛋的那碗面,就预示将生男孩;如果吃到装有两个鸡蛋的那碗,则预示将生女孩。催生的人不能

嫁妆中的子孙桶

坐，否则孩子就生得慢，甚至难产。

苏州民间将"催生娘娘"或"监生娘娘"视为主管分娩的神。临盆时，丈夫或婆婆要到观音堂、天后宫、娘娘庙等处去向"催生娘娘"祈求，求娘娘保佑生养顺利、母子平安。

过去没有医院，生养一般都在家里，民间有专以接生为业的接生婆，苏州人称之为"老娘"。老娘接生，一般都让产妇坐在子孙桶上，吴中等地还要用二十个稻草把靠在产妇背后，让产妇穿上特大的围裙，老娘双手伸入裙内接生。如生男孩，要由孩子的父亲来咬断脐带，称为"咬脐郎"，认为这样孩子养得牢，不会生"脐带疯"。浒墅关一带的妇女，临近分娩还要吃"邋遢团子"，祈求产妇经过痛苦分娩，能母子平安，阖家团圆。如遇难产，要在室内高挂催生符，烧樟木，把橱、柜的门以及抽屉、箱子的锁统统打开，象征产门洞开。这种带有巫术意味的习俗，除给人以一定精神的安慰外，当然并不能真正解决问题，所以过去产妇生养时，死亡率是很高的。后来西医传入，有了专门的产科医生、产科医院，此后就称老娘接生为"老法接生"，称西医接生为"新法接生"了。如今现代医学已经普及，医疗条件得到改善，老娘接生这个行当也渐趋消亡了。

胎盘俗称"衣胞"，据说是孩子的命根子，所以处理十分慎重，要放在陶制的"胞瓶"内。男孩的衣胞要埋在屋里，因为男孩是未来的当家人；女孩今后要嫁外姓人，所以女婴的衣胞要埋在屋外。

苏州民间还有"冲生"的说法，认为谁第一个见到婴儿，谁就是冲的生，以后孩子的脾气就像谁。这种俗信至今在民间尚有流传。

从这些习俗中，我们又可以看到人们对生养的重视。过去医学科学不发达，生孩子是一件十分危险的事，所以民间将产妇说成是"一只脚在棺材外，一只脚在棺材里"。从这些习俗中，我们又可以感受到人们对生育的恐惧，也不难看出人们对母子平安、生养顺利的祈求。同样，在人们无法掌握自己的生死命运，也无法解开性格之谜的时代，当然就只能将顺利生养的希望寄托在"监生娘娘"的身上，将"脾气"归之于"冲生"之说了。

孩子生下来以后，还有不少习俗呢。

苏州人称产妇为"舍（音 suō）姆娘"。舍姆娘生产以后要喝几口人参桂圆汤。几个时辰内产妇身边不能断人，叫作"热血期"。这种习俗是很有道理的，它实际上是为防止产妇出现大出血等紧急情况，身边有人，可以及时救治。

月子里产妇不能被风吹,手脚不能入冷水,不能受气,否则容易"做毛病",即容易得手脚酸疼、头疼等后遗症。七七四十九天内不能行房事。这些也都是老人们的经验之谈。

月子里,产妇不能到别人家串门,说是踏了别人家的门槛,下一辈要给别人洗门槛。过去以产妇为不洁者,认为踏入邻里基宅将给人家带去灾祸,因此一旦踏入人家的宅基,就要给人家烧香赔不是。民间将生孩子的房间叫作"血房",月子里烧香拜佛者和上了年纪的人不能进去。这些习俗明显受了封建迷信的影响,带有对妇女的蔑视和偏见。

生了孩子要给亲友分送红蛋,以报添丁之喜。一般亲友送三只,如收了人家的礼,则要送五只以上。苏州郊县有些人家生了男孩,要在门框左上方挂一张青竹做的弓;生了女孩,就挂一块巾帕(此礼甚古,见诸《礼记》)。亲友在月子里纷纷前来探望,送母鸡、鸡蛋、鲜鱼、蹄膀、猪腰、莲心、枣子等礼品。产妇三朝内应吃清淡而富有营养的食品,十天后才能吃大荤。此外每天要吃苦草红糖汤,以尽淤血。

初生婴儿,家门前要悬挂一张筛,筛背朝外,上面结以红头绳,正中挂一面镜子,称为"照妖镜",筛上插一把剪刀、一把镰刀、一杆秤,这样就成了一张"百眼筛",据说能够驱邪避鬼。初生婴儿不能和外人见面,特别是三朝以内,外人以及与婴儿属相相冲的人,都不能与婴儿相见;如要见,则须隔着门槛。这些习俗,除去迷信的成分,其用意无非在避免婴儿过早接触外人,以防意外感染。

给婴儿喂第一顿奶,俗称"开奶",一般在出生一"周时"(二十四小时)以后。开奶前要给婴儿吃"三黄汤",即犀黄、大黄、黄连煎的汤药,其味极苦,有清火解毒之效,且有"吃得苦中苦,方为人上人"的含义。

婴儿生下第三天洗澡,叫"洗三"。产妇卧室内要供"监生娘娘",浴盆里要放长生果、桂圆等讨口彩的食物,还要边洗边说些"长命百岁,聪明伶俐"等祝词。

可怜天下父母心。这些习俗,寄托了父母们对儿女的多少希望呀!他们为了孩子的健康成长,真把心也操碎了。

初涉人世的仪式
——满月和周岁

苏州人特别看重婴儿满月时的第一次剃头，把它视为初生婴儿的一件大事。特别对男孩，更是隆重，剃头那一天，往往请了"堂名""滩簧"或"宣卷"艺人来家弹唱表演，还要请亲友到家里来喝"满月酒"，吃"满月面"。

一般，男孩要做双满月，即到出生满两个月时才做满月庆贺仪式，意思是有了一个男孩还想要第二个，成一个"双"。女孩只能做单满月，满月酒宴上也只能吃鲤鱼，不能吃鲢鱼：只能"单"，只能"离（鲤）"，而不能"连（鲢）"，即含有"一个够了"之意，这无疑是重男轻女观念的一种表现。

满月仪式不一定在满月或双满月的正日。农历二月初满月的孩子，大多在二月初二这一天做，因为苏州民间有"二月二，龙抬头"的说法。哪个父母不望子成龙呢？农历正月一般不给孩子剃头，因为吴音"正"和"蒸"同音，说是正月给孩子剃了头，以后孩子要成"蒸笼头"，一动就要出汗。五月是毒月，也不能剃头。十二月又不能剃头，因为十二月是腊月，给孩子剃了头将来要变"癞痢头"。这些说法十分滑稽，当然是不足信的。

剃头前亲友们会分别向婴儿赠送礼品。过去，礼品一般为金银项链、锁片、手镯、脚镯、项圈，以及金银镶成的精巧的小算盘、小如意等。礼品上往往还刻有"长命富贵""状元及第"等吉祥字样。也有送衣料、食品的。信佛的人往往赠送镶银的小木鱼。

剃头仪式举行时，厅上要点红烛和寿字香，供老寿星画像或塑像。桌上放供品和亲友送的礼物。剃头时孩子要由舅舅抱了，坐在厅上；理发师请到家里，赏钱特别丰厚。给婴儿洗头的盆中，要先放一点银器，吴音"银""人"同音（读 nín），这样洗头才能有"人气"。婴儿的头发剃得长短不一也不要紧，叫作"毛毛头"；头顶留一撮桃子形的头发，叫作"桃子头"；头顶周围留一圈头发，叫作"刘海箍"；后脑勺留一片头发，叫作"米囤"。剃下的头发不能乱丢，理发师将剃下的胎发揉成一个团，用红绿丝线串起来，下面系上红绿飘带，挂在小孩的睡床上，据说可以压邪。吴中胜浦习俗，胎发要由外祖母用手搓成团，用红纸包好后放到床架的花板上，有的还要剪一撮狗毛、猫毛放在一起，认为这样孩子胆子就会大，不怕猫狗。现在更有青年父母将婴儿胎发制成"胎发笔"，留作纪念的风尚。

头剃好以后，孩子先要由母亲抱，然后亲友依次轮着抱一抱，据说这样小孩子以后就不会怕陌生人。孩子第一次戴上帽子，身上放本历本，角端用红绿丝线串一枚"太平"铜钿，由舅舅抱了，撑一把油纸新伞，去走叫作"太平""吉利""状元""万年"等具有吉利名称的桥。这一天，还要向亲友发红蛋，红蛋一般发五只，象征"五子登科"。

俗话说："天上老鹰大，地上娘舅大。"剃头时孩子一定要由舅舅抱，过后还要由舅舅抱了去走三桥，这都是"地上娘舅大"这种观念的表现。这些习俗源远流长，可能还是古代母系社会的遗风。

孩子周岁，也要设宴请亲友来喝酒、吃面，叫"做周岁"。诸亲好友都送衣衫等礼物。做周岁最重要的仪式是"试儿"，俗称"抓周"。

这一天，孩子要打扮一新，在他面前的百眼筛里放上书本、刀子、剪刀、尺子、算盘、秤、针线、玩具等东西，看他先抓哪一样，以此来判断他将来的前程。如果先抓书本、算盘等物，预示孩子将来知书达理、聪明伶俐；女孩如抓刀剪针线，说明长大以后善理家务。如果先抓玩具，那就说明这个孩子以后一定贪玩。古典文学名著《红楼梦》中就有抓周的描写，贾宝玉抓周时光抓脂粉、钗环之类，因此贾政骂他将来必是酒色之徒，这当然是荒谬的。其实抓周只是原始征兆迷信的一种残存而已。

抓周

过去医学不发达，生活水平低，孩子不易养大，所以民间流传许多保育习俗。

孩子满百日时穿百家衣、戴百家锁就是一种保育习俗。主家先用红纸包米七粒、茶叶七片，分送给亲朋好友。亲友们就会各送回若干钱来。用这些钱钞给孩子制备衣衫或购买锁片，这些衣衫和锁片就被称为"百家衣"和"百家锁"，百家锁上常刻有"百家宝锁""长命富贵"等吉祥字眼。另外，佩带项圈、手镯、脚镯等也都有压邪保育之意。孩子满月剃头时，亲友大多以锁片、项圈、手镯、脚镯作为礼品，用意也在于此。

也有将婴儿"寄名"给孩子多的人家，或根据五行相生相克的说法推算认为适宜的人家，以为这样孩子就会平安无事。寄名仪式要选择吉日举行。孩子家要备了宴席送到寄父母家。寄儿入门时，门口要立一张梯子，生母将孩子从木梯空档间传递给寄母。另备一只红绸袋，里面放上孩子的生辰八字帖，外面系上一丛万年青，挂在寄父母家的厅堂高处。寄父母要给孩子送见面礼和其他礼品，礼品中包袱、项领、肚兜是最重要的三件东西，因为按照吴语读法，三件东西合起来叫作"包领大"（吴语"大"与"肚"同音）。寄父母还要给孩子取一个具有吉祥寓意的名字。从此，每逢过年，寄父母要给孩子送年夜饭，两家时有馈送往来。到孩子长大结婚时，再去寄父母家将寄名袋赎回。

给孩子取名也有讲究，如取"阿狗""阿猫"等名字，是要将孩子"叫贱"，以为这样就容易长大；或叫"留根""锁子"等，更明显地带有留住孩子、锁住孩子的祈求意味。给女孩儿起名，则常带有"祈子"的成分，如"根娣"（跟弟）、"招娣"（招弟）、"招媛"（招男，吴语"媛""男"同音）、"根媛"（跟男）等。

苏州自古是文化仪礼之邦，即使农村孩子，长到六岁也要"斋星官"，入蒙馆上学。当然，过去能上学的主要是男孩，至于女孩就没有这样幸运了。孩子上学时，一切文具用品都要由舅舅供给，还要由舅舅带着去学堂。

男孩长到十五或十六岁时，就要在当年的农历二月二"龙抬头"日行加冠礼，即成年仪式。从此以后就能上族谱，进宗祠了。女孩十三岁时开始蓄发。吴中胜浦在农历七月初七，要对满十三虚岁的女孩行"授头发"的仪式。举行仪式时要点红烛、供女星官纸码以及面条、粉丝、"奶头团子"、酒菜等供品。供桌两旁陈放亲友送的礼品。吃过中饭，由母亲或舅母为其授头发：让女孩站在蒲石上，为其修面，绞去脸上毫毛，解开辫子，改梳成"鬅鬅头"，再插上头簪，扎上包头巾，穿上拼接衫，束上襦裙，着上绣花鞋，打扮成成年妇女的样子，然后跪拜女星官纸码，祈求长寿。太湖渔民每年五月到七月白鱼汛出渔以前，都要请神会餐，热闹三天三夜，这期间要祭神、拜神、唱神歌，俗称"做公堂"，男孩要满十六岁才有资格参加。首次参加做公堂也就等于行成年礼。这些习俗，随着岁月的流逝，已经渐渐淡化了。近年来，社会上也开始重视成年礼的活动，利用成年礼，来加强对青少年的爱国主义教育，加强青少年的公民意识。

祈盼福寿的心香
——生日与寿辰

现在的年轻人真幸福,常常聚在一起举行生日"派对",吹蜡烛,分蛋糕,跳迪斯科,唱卡拉 OK,好不热闹。过去做生日,要寒酸多了。蛋糕是没有的,也不吹蜡烛,当然更没有音乐和舞蹈;然而,作为苏州人,面是不能不吃的,而且美其名曰"长寿面"。

吃面怎么会和长寿扯在一起?听说这是汉武帝吹牛吹出来的。相传,汉武帝曾在大臣们面前说,谁的寿命长,那么谁的人中一定也长。东方朔听了不觉暗笑,说道:"那彭祖活了八百岁,他的人中一定很长,他的面孔更不知该有多长了!"面孔长,就意味着人中长,人中长就意味着寿命长,而"面孔"的"面"字和吃"面"的"面"字(繁体为"麵")同音,从此吃面就和长寿产生了联系。"面(麵)长"又和"绵长"同音,人们生日吃面也就是期望生命能够绵长不绝。

据说,早先庆生日并无祝祷长寿的意思,只是表示对母亲养育之恩的感激而已。一个新生命的诞生是很不简单的事,特别是做母亲的,不知要经受多少痛楚和苦难,在医药卫生不发达的时期尤其如此,新生命即将诞生所带来的喜悦,常常和死亡的阴影同在,所以过

寿堂

去我们苏州人将妇女生孩子说成是"一只脚在棺材里,一只脚在棺材外"。这种风险和痛苦,是爸爸们不必经受的。恐怕也正为此,才会有"世上只有妈妈好"的感慨。孩子不忘母亲的养育之恩,每于自己诞辰这一天,纪念母亲当时所受的苦痛,表达对母亲的感激之情,所以将这一天称为"母难日"。这恐怕也正是我们中国人有恩必报这种美德的体现吧。后来,母难日就逐渐演变成了做生日,增加了祝祷长寿的内容。

苏州人对生日是十分看重的,而且很有讲究:年龄整十的生日称为"大生日",平时的生日称为"小生日";三十岁的生日更被视为大事,叫作"三十不做,四十不发";但又有"做九不做十"的说法,刻意要借"九"这个读音,以求生命的久长。四十岁以后的生日就叫"做寿"了,此后每逢整十就大庆一番。

健康长寿确是人类一个美好的愿望。中国第一部诗歌总集《诗经》中就有"跻彼公堂,称彼兕觥,万寿无疆""乐只君子,万寿无疆"之类祝愿长寿的句子。中国最古老的典籍《尚书》也将"寿"

列为五福之首。

过去，苏州人做寿十分铺张，稍为殷实的人家，一般都要在大厅上布置寿堂。

苏州的寿堂，太师壁上要挂"寿"字中堂，也有挂百寿图、寿星图的。两边是寿对，考究的，要有八言、七言两副。太师壁顶部，蒙上带有流苏的八仙堂彩，墙上则挂着题有"海屋添筹""以介眉寿"等句子的寿幛。整个寿堂红彤彤、喜洋洋。有些人家还专门请社会名流为做寿的人写一篇骈体文，颂扬他的功名道德，这篇文章就被称为"寿序"。太师壁前的天然几上，供着寿星、王母的神码，还置有福禄寿三星瓷像以及插屏、寿石等物。

一般做寿前先要通知亲朋好友，到时候众人都来送礼祝寿。苏州有句老话，叫"请吃喜酒挜（苏州方言，硬把东西给对方之意）拜寿"，因此，即使未被通知，也有主动来送礼祝寿的。最常见的寿礼是糕、桃、烛、面。糕，就是现在还能见到的定胜糕，糕名"定胜"，糕又与高高兴兴的"高"同音，自然吉利。桃，是糯米粉蒸成的红色桃形团子，据说天宫里的西王母种有一种仙桃，三千年一结实，食之可以长寿。天上的仙桃凡间当然无处寻觅，就只能拿这种桃形粉团来权且代了。烛，是专供做寿用的寿烛，红色，上面用金粉写以"福如东海，寿比南山"等字样。除此之外，也有送寿幛、寿对的，送丝绸衣料的，送干果糕点的，女性小辈大多送羹汤，而男性小辈则送如意为多。礼物可以放置的，大多陈放在供桌上。供品之中，寿糕、寿桃和寿面是断断少不了的。寿面要盘成塔状，盛于红漆盘子里，寿糕和寿桃也要叠放在盘子里，上面还都要放上粉捏的寿星、王母像，或饰以松鹤遐寿、梅竹迎春等图案的红色剪纸。

这一天，做寿者被称作"寿星"，子孙后辈向寿星祝拜，叫作"拜寿"；亲友庆贺，叫作"祝寿"或"贺寿"。礼毕，就吃寿酒寿面。

富有之家，做寿这一天往往还有娱乐助兴。通常在天井里铺上排沙板，一直铺到轿厅，上面用芦菲搭成天棚，右手是灯担堂名，左手是茶担，门口则有吹鼓手吹吹打打。堂名有大小之分，大堂名是穿便装的大人，小堂名多为十三四岁的孩子，穿了蟠金的外衣，人数多至八个。这种堂名担，现在已经不多见了。吃酒时，滴水檐下放一只半桌，有变戏法的，有说书的，有表演滑稽双簧、三弦拉戏的，有些人家甚至还请了演杂技的艺人，就在半桌前表演。

苏州郊县，妇女做寿有"开斋堂"的习俗。寿期前一天，在空场上搭一个棚，下面放几张方桌，布置成寿堂。它和一般寿堂的不同之处在于，案头要放一只斗，斗里盛米，米里插一杆秤，斗旁放一面镜子，一盏长明灯。来贺寿的村妇环坐四周，女儿、女婿、甥女、甥婿都来送礼祝贺。当天中午，以素食招待。午后，寿母带领众人，穿着艳丽的服装，插戴着金银饰品，到全村大小庙宇去进香。还要特意雇了人，捧了满盘的香烛，走在进香队伍前，并以爆竹开道；其后是敲木鱼的庙祝，随后是儿孙，都捧了香盘；接着才是寿母和她率领的女性小辈，全都手执香把；队伍最后是前来贺寿的其他老年妇女。烧好香回来，老妇们都要在庙祝预先写好的疏纸上画个十字，然后给大家分送寿糕、寿桃，仪式才算结束。晚上，往往由祝寿的人出资，请来宣卷艺人宣卷。这种活动，宗教色彩较浓，而且破费也不小，不知现在还风行否。

《周易原旨》云："天地之大德曰生。"

生命确实是大自然结出的最美丽的花朵。

人们渴望生活，热爱生命，但做寿显然对生命的延长和充实无补。

科学家的研究已经揭示，一个人寿命的长短是由诸多因素决定的，诸如遗传、社会、环境、自身的身体状况等。因此，为了大家的健康长寿，我们应该多关注周围的社会、环境和保健事业、生命科学的发展。

庆贺生日和祝寿之类，只能作为我们生活中的小小点缀而已。

灵魂观念和殡葬习俗

死亡是一个人生命的终结,也是与亲人以及原来所生活的社会的永别,当然是一件不容忽视的大事;丧葬民俗就是对死亡这样一件大事的传统处置方式。

早期人类,民智未开,思维能力十分低下,情感活动也很不发达,对经常发生在身边的死亡现象,司空见惯,无动于衷。正如《孟子·滕文公上》所讲的:"盖上世尝有不葬其亲者,其亲死,则举而委之于壑。他日过之,狐狸食之,蝇蚋姑嘬之,其颡有泚,睨而不视。"

随着人类情感活动的发展和思维水平的提高,人们对死亡的看法有所改变,这在情感和思维两方面都有所反映。首先,人们对自己亲人的死不再是无动于衷了,他们感到无比的悲伤和痛苦,对死者表示出深深的哀悼和怀念,于是"情动于中而形于言",言不足以表达内心的情感,便长言而歌,这或许就是后来"哭丧歌"的发端吧。同时,人们开始探寻生死的奥秘。

在生产力水平极其低下、对世间万物无法进行科学思考的时代,灵魂观念似乎是人们对死亡之谜能够做出的唯一也是必然的回答。人们认为，肉体会死亡，灵魂则是不死的，在肉体的生命终结以后，灵魂就离开了人体，到另一个世界里生活，而且比活着时具有更强、更多的能力，这即是冥界观念和灵魂崇拜的由来。丧葬民俗便是这种灵魂观念、冥界观念和灵魂崇拜的产物。比如，既然人死了还要到另一个世界里去生活，那么亡人的亲属就有责任为亡人准备好以后的生活资料，这样就产生了有关陪葬品的习俗。

后来，关于灵魂和冥界的观念又受佛、道等宗教的影响，这种影响也必然会在民间的丧葬习俗中表现出来。

苏州民间原先也盛传着种种关于灵魂和幽冥世界的俗信，认为人的寿命是早就被决定了的，它都被登录在阎罗王的生死簿上。一个人寿数将尽之时，阎罗王就差鬼役拿了勾命票来勾摄生魂，这时死亡就来临了。人们感叹人生无常，因此这些勾人魂魄的阴差也就被叫作"无常鬼"。人的生命是由魂、魄和肉体组成的，人死之后，魄随尸体被埋于地下，魂却要先被摄往土地庙羁留三日，这是亡灵从阳间到阴间的过渡期，称为"中阴"。在这一期间，亡魂四处奔忙，不得安宁，要将生前所留下的脚印全部收回来。过去苏州做父母的骂孩子在外撒野为"收脚迹"，典故就出于此。三天以后，亡灵才正式登入鬼籍，由阴差押解到地狱去。

在民间的冥界观念中，通往地狱的路是充满了艰险和风波的。

首先碰到的是孟婆店。亡灵一到孟婆店，孟婆就会给他灌迷魂汤，使他把过去的一切全都忘记；当然，死者的亲人是不希望他把一切都忘记的，所以人死之后，要放一小块银子在死者的嘴里，叫作"含口银"。据说，这样就可以防止被灌迷魂汤了。

过了孟婆店，就是恶狗村。恶狗村内，群犬狂吠，会把亡人咬得鲜血淋淋。常熟民间有作"七团"的习俗,即在面粉和糠做成的团子上面插上一根一根的竹丝,让亡人带到阴间去,看到恶狗时,可以用它来喂狗。竹丝扎住了恶狗的喉咙,它就无法咬人了。

亡人到了剥衣亭,恶鬼便会剥尽他身上衣衫。所以,给死人穿的衣服都要由死者的儿孙用牙齿咬过,留下牙印,这样野鬼就不敢去抢了。

亡灵过了剥衣亭还要过奈何桥。奈何桥下更是毒蛇吐信,艰险异常……

阴曹地府,刑法残酷,谁能保证生前无罪、无业、无怨、无恨呢!

总之,在亡灵往西方去的路上,会碰到许许多多的麻烦,所以死者的亲属要不断地祈求,保佑死者能顺利平安地到达彼岸。

苏州的许多丧葬习俗也正是这种观念的体现。人初死,要除去蚊帐,连同从死者身上脱下的衣裳,一起焚化于屋外;但皮衣绝不能烧,否则死者来世将要变犬马。前面说过,要将一小块银子放入死者口中,称为"含口银",以此来防止到阴间饮孟婆汤时被迷了心窍(后来可能因为银子难得,改成放铜钱了)。从床头到大门的沿墙地上,要插燃"地灯蜡烛",每越一道门槛,就点一支蜡烛,并急召僧尼来床前念《领路经》,以使亡人灵魂能被顺利地引领出去。

死者如身体屈曲,须立即放平,时间长了就不易矫正。要用热毛巾给死者擦拭净身,修剪指甲,让他清白干净地赴阴曹地府。将葬衣给死者换上,葬衣的袖口要稍长,不能使死者的手指露出在外,否则据说小辈今后要讨饭。无论春夏秋冬,死者都不能穿夏天的衣服,必须穿冬季服装,因为地府很寒冷。连内衣在内,葬衣必须逢单,五件、七件不等，最多可有十三件之多。妇女葬衣为凤冠霞帔，一如新娘嫁妆。死者穿的"老鞋"，不纳鞋底，底上往往绘有荷花或梯子之类图案，意为"脚蹬荷花（或梯子）上西天"。葬衣和老鞋的边，都要用线香烫洞。死者如信佛，还要给他们挂上生前所用的香袋。

有丧之家，从大门起到陈尸的大厅止，所有的门都要洞开。还要让死者手中握一只元宝或金银器，以便他一路上能买路通行，不受阻拦。所有这些，几乎全是为了死者能顺利地从阳间奔赴阴间。

苏州地区过去人死了，有唱《哭丧歌》的习俗。哭丧歌的内容，大抵也是表哀悼、泄悲痛，更少不了祈祷死者能在赴冥府途中顺当平安，顺利通过十殿庭审等内容。例如常熟白茆习俗，女性死后须由女儿跪在亡母头边为之梳理头发，同时口唱《梳头经》。有一支《梳头经》是这样唱的：

一木梳，梳不通，
二木梳，梳到半当中，
三木梳梳来路路通，……
我伲亲娘头浪（吴语，此处读"上"为"浪"）插只锡方杖，
锡杖撬开地狱门。

这段歌词即表达了希望亡故的母亲能顺利抵达冥府的心愿。

民间受佛教的影响，认为人死了不进天堂就入地狱，所以丧葬民俗中有不少就是祈求亡灵升天堂的。但是，佛经上说大多数的凡人是要下地狱受苦的，然后才能进入轮回，重新投胎。因此，诸多哭丧歌

又有希望自己亡故的亲人下世能够转投个好胎,不要投了畜生胎的含意。

常熟白茆在给女性死者挂香袋之前,还有一个"匿(匿,吴语,读如热,藏起来、装进去的意思)香袋"的仪式:两个女儿跪在母亲尸体旁(若无女儿,可由侄女等替代),一个女儿将红线绕在黄表纸上,一块黄表纸、一支香就算一副,死者多少岁,就要绕多少副。绕好后递到另一女儿手中,这个女儿拿到一副即唱一遍《匿香袋》仪式歌,唱毕便将绕着红线的纸、香放进香袋。香袋是死者生前到佛地烧香时带回的,到一个庙烧一次香,就在香袋上盖上一颗庙里的大印,印越多,说明生前烧的香越多。匿香袋时,香袋挂在唱仪式歌的女儿头颈里,到全部"匿"完,再将香袋挂到死者身上,以便让死者到冥府后作为信佛的见证。《匿香袋》仪式歌是这样唱的:

> 一个弥陀一支香,
> 一盏红灯照亲亲,
> 照得吾俚(吴语,"我们的")亲娘路上慢慢行,
> 逢着茶馆就吃茶,
> 逢着饭店就吃饭,
> 逢着庙就烧香。

黄表纸是充作冥币,供死者在赴阴曹的路上进茶馆、饭店花销用的,香则供死者遇庙焚烧之需,这一切无非都是为了讨得阴曹地府判官们的好感,使亡者下世能投个好胎。

人死后的第一个七天,叫"头七",第二个七天叫"二七",此后

依次为"三七""四七"等,直至七七四十九天而"断七"。四十九天之内,叫"七里"。每逢七期,丧家都要请僧、道做佛事、法事,为亡灵超度,称作"做七"。有做一天的,也有连做三天的;富有之家七七四十九天可以天天拜忏,叫"通天忏"。丧家多有请纸扎店制作纸扎楼库箱笼、金山银山、碗盏器皿等的,这些纸扎物事先供做七,后在出殡时焚化。

民间特别注重"五七",届时要请和尚来做"望乡台"仪式(亦有在"三七"行此仪者),由女儿办祭宴,有十六大菜或十二大菜,另加水果、干果、蜜饯、荤菜等几十盆,还要做饼和团子。俗传冥间有望乡台,鬼魂登临其上,能望见阳间家人的情况。丧家在灵堂设八

丧家焚化祭品

仙桌两张，上摆纸制文武官员、旗锣伞盖等仪仗，其中另布置一台，并根据死者性别，用纸糊一老翁或老媪像，作回望故乡之状，周围有金童玉女持节提灯相簇拥。据说这一天亡灵要登望乡台探望家中亲人。其夜，阖家哭声不绝，钹声铿锵，整夜不息。近亲也有请了道士来做道场的，称作"荐七"。如有妇女是难产死的，"五七"时要请道士做"破血河"法事，或请和尚来念"血河经"，否则会堕入血河地狱。作"血河忏"可以超度亡灵，使其免遭堕入血河的痛苦。

另外，"二七"有"给箓"仪式，是请道士赐给亡人一个法名及各种护身符，算是脱胎入仙了。"四七"则有"掸戒"仪式，是请和尚给亡人赐一个出家人的名字，算是佛家弟子了。最后一个"七"，要请僧道来"上天表""谢十王""斋太平""放焰口"，然后宣告"终七"。

所有的丧葬民俗事象几乎都是人们对"来生"或灵魂安宁的祈求和希望的表现。

由于人们认为鬼魂具有非凡的能力，所以丧葬民俗中也不乏祈求亡灵保佑、降福家人的内容。

现代人具有科学的头脑，当然不会再相信阴曹地府、神怪鬼魂这一套了，殡葬习俗也发生了巨大的变革。

预营后事与喜丧观念

似乎丧葬器具和长寿,丧事和喜事,是怎么也无法联系起来的,但是民间习俗却使它们互相联系了起来。

过去,人的平均寿命较短,一个人年过半百,就要为身后之事预作准备了。为人子者也都觉得替老人筹措"百年大事"是尽孝之道。

预营后事主要有两项内容:预选死后的居处和预制死后的衣着。

居处包括棺材和墓地。这些事一般都在做整寿的年头开始,以闰月为最佳。

生前预打棺材,有祈祝长寿之意,一般在棺材头上要雕个"寿"字或"五福全寿"之类的图案,至少也要用笔写上一个斗大的"寿"字。所以,过去苏州人将预打的棺材称为"寿材"。既然打寿材有增寿之功,当然也就被当作了一件喜事,像做生日祝寿一般看待:亲友要送糕桃爆竹之类的礼物表示祝贺;女儿除送这类礼物外,还要置备一个不倒翁,一盆纸制的万年青,一盆吉祥草,另外还需金花一对,红色洋绉一丈多,费用由已出嫁的女儿分摊,如无出嫁的女儿,就由侄女或干女儿承担。女儿经济拮据的,也可由本人出钱,让她们出面。

开工时，要放鞭炮、说喜话、喝喜酒。主人要供木匠早餐、午餐；工钱之外，还要由女儿给木匠发喜钱。

棺木的规格很有讲究，长、宽、高尺寸的尾数都要带"六"这个数。底、盖、帮所用的木料块数相同，都应是单数，特别是底和盖，一定要单数，否则中央就会有拼缝。拼缝叫作"斩阴剑"，拼缝上的钉叫作"穿心钉"，据说这些都将会给亡人带来灾难。打制寿材所用木料，以端面能显出年轮中心的为佳，说明是用整根木料加工的。

寿材打制过程中，棺口始终要向下，制作完毕才能把它翻过来，这时也要放鞭炮、点香烛、撒喜钱喜果，女儿带来的不倒翁、万年青、吉祥草就要放到棺材内了。不倒翁象征老人长寿不倒，万年青、吉祥草象征万年吉祥。有的老人还要自己到棺材里去坐一坐，表示已经进过一回棺材，从此可以长寿不死了。做好的寿材内一定要留点木花，棺盖合拢后，要在外面插上金花，披上红绸，材身、材头贴上写有"福""寿"等字的红纸，放在屋角或寄放到庙宇里。寿材一经放定，就不能再动，据说否则会对材主不利。

打寿材剩下的木头以及两头锯下的余材，除自己留下之外，一般都归木匠师傅；家里人也可以讨一些锯块，用来给孩子做板凳和木桶，这叫作"讨寿"，希望孩子能和打寿材的人一样长寿。

预选墓地和预制尸衣，也是具有祈祝长寿含意的行为，因此墓地和尸衣分别被称为"寿域"和"寿衣"。

墓地即寿域，又称阴宅，是死后的归宿。过去迷信，以为墓地的风水是关系到子孙后代兴衰的大事，所以往往要请风水先生来踏勘，预定穴位。

"寿衣"俗又称为"老衣"，不能用夏天的衣料来做；不能用缎子，因为吴地方言"缎子"和"断子"谐音，不吉利。一般要用绉和绸，男的用蓝色，女的用红色。寿衣不钉纽扣，只缝系带。

还有人怕死后缺少钱用，生前就常常预先焚烧一些锡箔纸锭，以供死后使用，称为"烧库"。一般多到寺庙里去烧。

这些事情尽管都是为死亡所做的准备，但在民间习俗中却都被当作喜事，认为能给人带来长寿。

苏州人还以为，一些年事很高，已有曾孙辈后代的人去世，是顺应自然、得其所哉，因此也被视为喜事。这样的丧事就可用办喜事的方式来办。首先，寿材要用红纸裱糊。寿衣、寿材都要披红戴绿。男的，寿冠用红顶子；女的，一律红袄、红裙、红鞋；还要给死者铺盖上大红绸缎的被褥。丧服也与一般丧事不同，曾孙辈的孝帽上要钉块红布；玄孙辈的孝帽，就全部是红色的了。吊丧、出殡，吹奏的乐曲也全用喜调，丧仪之中还要放鞭炮。做寿衣剩下的布，邻里都来要一块去缝在小孩衣服上，据说能讨到吉利，将来能和死者一样长寿。连丧家举行丧宴用的碗碟、筷子也往往被人们带走，称为"讨寿讨福"……

高寿者去世被看作是喜事，但也有例外。老人如在八十一岁时亡故，就要被看作是不吉利的事了，以为"九九八十一"而数尽，于小辈不利，将来后辈就会穷乏。禳解的方法是：由老人的媳妇装扮成乞丐，去讨百家饭。所谓讨"百家饭"，也就是象征性地到左邻右舍去乞讨，讨到十余家就差不多了。

预营后事也好，喜丧习俗也好，当然都不是对于死亡的庆贺，而是对于生命绵长的祝祷和颂扬。从中我们不难看出人们对生命的向往和对长寿的追求。

死出风头为炫耀

苏州风俗向有奢靡的世评,这和过去苏州多官宦显贵、财主富户有关。这些人家倘有丧事,往往借机大做文章,互相攀比,想通过丧葬仪典来炫耀自己的权势,誉扬自己的地位。久而久之,苏州的丧葬习俗便日趋繁复,充满了封建迷信色彩。

这些人家一旦死了人,死讯一经传出,马上就会惊动许多帮忙的人手。顷刻间,轿夫、拆管来了一大群,马上设起灵堂,扎起素彩,天井里铺上排板,上面搭起篷棚。茶厅里请了木匠来赶制棺材(如果事先未打"寿材"),轿厅内雇了许多裁缝来缝制孝服。

人死当天或第二天,便要"报丧",通知同僚、亲友,请他们在入殓前来瞻仰遗容。报丧多用丧帖,一般用长尺许的黄纸或白纸制成,上书"某先生令尊(女称令堂)于某年某月某日某时寿终正寝(女称'内寝'),定于某日某时大殓,特此报闻"。如死者不满六十岁,就不能称"寿终",而只能称"病故"了。报丧帖内另用黄色角签写明接报人姓名、地址,以示吉利。账房写好报丧帖子,就由轿夫分送到各家。同僚、亲友接到帖子,就要准备祭仪、祭品前往吊唁。

丧家在整个陈尸期间,都要有人陪夜。这时,灵堂内请了许多僧尼轮流诵佛念经，超度亡灵。来陪夜的女眷，也帮着折锡箔纸锭。死者家属不时要焚烧纸锭，点安息香，整个孝堂内烟雾缭绕，异香四溢。黄昏、半夜、凌晨还要"哭三阵"，特别是凌晨一阵，哭得最响，俗称"哭五更"。

到了大殓之日，门前扎起素牌楼，用吹鼓手迎宾，孝堂内另雇细乐吹奏哀乐。孝帐前设祭饭祭菜，供灵位。孝子披麻戴孝，匍匐在草垫子上，向前来吊唁的宾客一一叩首回礼。午饭时以酒席招待来宾，席中必有的一道素菜是豆腐，所以在苏州俗语中，"吃豆腐饭"几乎成了办丧事的代称。饭后举行入殓仪式，由掌礼主持，发号施令。

开吊之日，就更闹猛了。开吊，实为灵柩即将离家前由亲友前来吊唁，与遗体告别的仪式，故而大多与出殡同日，在"五七"前后。开吊之前要预发讣告；开吊前夕，还要备了丰盛酒席，请当地亲友来指点丧仪，协办丧事，叫作"请司丧"。开吊仪式排场很大，门口扎了辕门、吹鼓亭，门内有门鼓、门吹，挂着绣有引魂童子的白缎帐幔，幔后放着云板。一有客来，吹鼓亭举哀乐迎客，"咚咚咚"门鼓三声，二门上鼓手又奏起哀乐，"拆管"（家丁）接帖引客，将客人带到更素厅上换穿素服，到灵堂由掌礼带着致祭。灵堂内满挂同僚、亲友送来的挽联，供桌上陈放菜肴果品。灵前挂白幔，设彩亭，悬挂死者遗像。吊客跪叩致祭时，孝子跪在灵左陪着叩头，孝幔内哭声阵阵。礼毕，孝子手中奉丧棒叩头致谢；吊客则去换回原来的礼服。到了中午，要举行"堂祭"，在来吊唁的亲友中推举一两位有名望的人做代表，依次到灵前上祭。吊唁一般都在上午，堂祭后设酒宴招待，饭后就举行出殡仪式。

最能显示死者社会地位的，当推出殡之仪了。

从清末到民国,苏州多行土葬,死者多睡棺木。棺柩从家中撤走,叫"出殡"或"出丧",苏州人俗称为"出棺材",民间有"城头上出棺材,远兜远转"之谚,即源于"大出丧"之路径漫长、队伍蜿蜒。出殡的时间,一般都在开吊当天的下午。

出殡当日,先要"辞柩",即在棺前供饭菜,烧纸钱,由亲属叩头。孝子将棺木上灰尘掸清;然后"抽棺",即将棺材提起,抽走搁凳,放于地面;停片刻后抬棺柩启行,称为"发行",出殡仪式正式开始。

抬灵柩者的多寡,视贫富而定,分十六杠、二十四杠、三十二杠不等。一般人家的出殡仪仗均以吹鼓手前导,后随执事、影亭(陈死者遗像),长子抱神主坐在"领魂桥"内(有长孙的,则由长孙坐轿,长子扶轿而行),亲属尾随其后,接着是灵柩,最后是女眷,坐轿或马车。

苏州这块风水宝地,过去住有许多地主、官僚、豪绅、富商,这些人家中死了人,往往仗着有钱,雇用众多劳力,耗用巨额钱财,比阔斗富,为死人大摆威风,排了几里长的仪仗,招摇过市,常常引动市民,万人空巷,就像看会一样,借此显示自己的富有和权势。苏州人将这种盛大的出殡叫作"盛出殡"、"盛出丧"或"盛出棺材"。

盛出丧往往以大批马队开道,马上人手执开道牌、路由牌,另有四面白纺绸的姓字旗,也随马而行,还有"马六吹""马六冲""马八标"等名目,一路上马蹄嘚嘚,威风凛凛。此外还有明角诰命矗灯、黄牌、黄伞、凫节、龙棍、宫扇、宫灯等仪仗。这还只是出殡队伍的前导。接着是仪仗的第二段,丈余高的纸扎巨人——"开路神"两个,"金刚神"四个,隆隆地用轮车拖着前行。接着是铭旌亭、矗灯、肃回牌、六冲、衔牌、绣旗等仪仗,以及各种各样的彩亭十几个,放香炉的叫"香亭",放菜碗的叫"菜亭",放果盘的叫"茶食亭",挂着祭文的叫"祭亭",陈着遗像的叫"遗像亭",每个亭子都由四个人抬,每个亭子前有各式各样的刺绣罗汉牌、神仙旗、仙女伞,连大幅的"奠"字冲风,也都是绣成的。还有音乐队,细十景,小堂名,和尚道士穿了洒花道袍、锦绣袈裟,细吹细打,鼓钹齐鸣,尼姑则穿红缎金边的袈裟,手持荷花灯。更有"神龛""魂轿""轩轿"等,内放死者的遗照、神主紧随其后。送丧的来宾都骑着马,成对而行,称为"对子马"。对子马还有荤素之分。荤对马都是不穿孝服的送客,素对马都是穿白布袍的亲友。接下来是仪仗的第三段,孝子、孝孙手执引魂幡,在"功布"内行走。所谓功布,是无顶白布大帐,有几家门面长。"功布"前面有"霎牌"、孝衔牌、灵魂童子、鼓手、掌礼等,功布后面还有"军夜"、马伞、提灯、梆锣、摆马等名堂。然后才是死者的灵柩,抬的人多至六十四个,蚂蚁捉蛆一般,蠕蠕而行,灵柩四周围了锦绣彩罩,扎了绸彩,有的用鲜花在灵柩首尾扎成龙头凤尾或仙鹤、凤凰等造型,很是美观。灵柩后面的孝轿内坐着女眷,做出嘤嘤啼哭的样子来表示内心的伤悲,还有一些女送客,则衣服华丽,满头珠翠,满面笑容,似无丝毫哀意。

出殡路线以热闹街市为主线。亲故知交往往在途中设香案致祭,灵柩经过时,将影亭迎入受祭,称为"路祭"。灵柩所过之处,一路抛撒纸钱,即所谓"买路钱"。遇到桥梁,孝子要出功布拜接。出殡途中,灵柩不得停下,否则是对死者的大不敬,并被视为大不吉利。

民国初,前清官僚盛杏荪(宣怀)在苏州大出丧,曾轰动一时。他的出殡队伍中还有北京来的出殡仪仗,都戴了红缨帽,穿了箭衣外套。仪仗队伍里的马,有几百匹之多,都是特意从军营借来或从外地雇来的。扛棺材的竟有一百二十八人之多,也全是从北京来的,头戴红缨帽子,后拖鸡毛帚般的翎子,穿了红边蓝布褂,足蹬快靴。这一百来人,分成两班,一班扛材,一班前拥后护。抬材的人,三十二人在前,三十二人在后,另有四个管班,两人敲小锣,两人打竹梆,以此为号,使扛夫脚步不乱。

有些人家,为了炫耀自己的"能耐",连庙里赛神用的仪仗、救火的"水龙会"都拉进出殡的队伍里来。真是不可一世,连死后也要作威作福、耀武扬威一番。

苏州郊县水乡的富有之家,为张扬丧事,则有"游丧"的旧俗。游丧仪仗由八九条官船组成。孝子披麻戴孝、手捧神主跪于第一条大船的船头,孙子紧随其后。船舱里停放着黑漆棺柩,近亲围棺号哭。后面的船上,坐满了丧家的亲朋好友。这八九条船,浩浩荡荡,首尾相接,甚是引人注目。丧家为了张扬气派,多特意绕道远行,以便吸引更多的人瞩目注意。河上其他船只见到游丧船都靠边退避,以表示对死者的尊重,同时也是为了免沾晦气。船队出足风头后才向墓地驶去。游丧有"荤开丧"的俗称,因为游丧船所经各村,丧家都要请村民吃豆腐饭,且菜肴非荤不可。游丧颇费财用,非一般人家所能承受。

同样,权贵者的坟茔也大有讲究。过去富有之家置有专门的墓园坟地,并有明确划分,何处为祖辈墓地,何处为父辈墓地等。一般未婚者不得葬入祖墓,需另外购地入葬。生前受刑罚的,也不得入葬祖坟。在遴选墓地时,还要请阴阳先生来勘测,希望寻到一块"风水宝地",使子孙能世代兴旺不衰。落葬也要请阴阳先生选择一个黄道吉日。这些权贵,活着肆意吃喝玩乐,享尽荣华富贵,死了还要圈很多的地,竖很大的碑,砌很高的墩,想到阴间继续过那种奢侈淫逸的生活。当然,落葬本身又会有一套繁复的仪式,以此来显示他们的权势和地位,满足他们的虚荣。

普通人家的丧葬仪式要简单得多。吊唁时,没有太多讲究,守孝人见有人吊孝,就要号啕大哭,嘴里一面还要诉说"某某人来看望你了"之类的话;死者当然不会听到,但却成了丧家对前来吊唁者打招呼的一种形式,因为丧家不能对吊唁者说谢谢之类的客气话,反之,吊唁者走进丧家若听不到哭声,就会认为丧家没有响声,要触霉头。吊唁人走到灵前,向死者行跪拜礼,起立时顺便从拜垫前的盘子里取一块小白布,礼毕,将小白布在自己衣服的纽扣上打个结,称为"百叶结";如果是至亲,磕头时孝堂里有专人撕一团白布丢出来,男的一般是一条白带子,女的还有白扎头布等。白布不能迎面传给吊唁者,因为将白布传来传去,有丧事传来传去之嫌,所以必须丢在地上,由吊唁者弯腰从地上拾起。

亲友吊唁要在附近店家购备"白纸""黄锭"等物。白纸即用粗草纸切成一定形状后叠在一起的纸块,黄锭则为黄色裱芯纸折成的锭。走到丧家门口,要将白纸投入锭缸内焚化,苏州人称此为"牵相",白纸就叫作"牵相纸"。至亲吊唁可以不管时间,晨晚都可以去;而一般亲友则要在白天吊唁,一定要在太阳落山之前离开丧家,否则据说将会把晦气带回家中。

给丧家的丧礼,称"奠仪",俗称"出白礼";如送现金,则须声明是给亡人"买纸钱烧"的。过去一般出礼在"五七"之前,最好在入殓之时,过了"五七"再送礼,意为再要死人,会被丧家认为不吉利。

至于较贫寒人家的葬礼,往往只是薄皮棺材一口,停尸两三天,有的甚至大殓后即行出葬。破晓时分,以吹鼓手三五个,扛夫四到八人,孝子手捧牌位,步行往墓地下葬,这就是所谓的"偷葬"。

隆重点主明继承

过去苏州民间对送终一事十分看重,有谚道:"端午吃粽,老来有人送;端午不吃粽,老来无人送。"

死者如果没有小辈送终,等于没有子孙,便被认为是人生一大悲哀。所以,民间有"六十不借债,七十不过夜"的说法:过去人寿短促,六七十岁就随时有意外死亡的危险,所以年纪大了一般夜不外宿,怕发生意外;如在外过夜时突然亡故,非但别人家带来麻烦,更要因没有子女在身边送终而含恨九泉。

作为子女,如若父母临死时不陪侍在侧,没有见到老人去世,没有跪下送终,就会被看作没有尽孝,是人生一大憾事。所以过去家中如有老人病重,子女必须陪侍在侧,夜不合眼;倘有子女在外,也要急忙召回,以亲见老人断气,尽送终的孝道。

在丧期的最初三天内,孝子要日夜在灵前守护,称为"守灵";此后逢"七",孝子均不得外出,应守在灵堂。在"七"里,孝子要睡在"七单房",不得与妻子同宿;走路要低头,说话不能带笑;还要留"七发",即不能再理发、洗澡、剪指甲。所以,死者气绝,召理发师给死者理发、整容时,孝子往往也一并理发、修面,因为此后四十九天里就不能再理发剃须了。

这些丧葬习俗还只是强调要重孝道，为人子者重视父母的丧事，严守送终、守"七"等习俗，即是尽孝的体现。但有些习俗，却带有明显的封建宗法制的遗痕。

苏州丧葬的入殓之俗，即将尸体从灵床移入棺柩之中时，有"请材""请钉""请位"三步讲究。

先将孝帷卷起，孝子由仆役扶持，掌礼引导，向死者行礼，再向棺材行礼。棺材从门口抬入孝堂，将死者置于棺盖上，给他"着衾"。"衾"是绸缎缝制的、一口大钟似的绣花大衣，可以将死者全身都包裹起来。"衾衣被褥"须由出嫁的女儿置办。然后，长子抱头，其他孝子抱脚、腰等处，在掌礼引导下将尸体放入棺内。孝子给死者用水抹面，且以滴酒、米糁喂入死者口中，算是尽了最后一次孝养。然后盖棺加钉，由上材人在棺材四角钉下四枚长钉。封棺时，一家人带领亲友，手执安息香，绕棺七圈，转行时应将脸时时对着死者，以示与死者永别。这是"请材"。

接着是"请钉"。请的是六七寸长的一枚铁钉，俗呼为"子孙钉"，置于覆着红绫的盘子里，供在外厅。孝子要像请材一样向它行礼，然后奉入内堂，先由木匠将钉钉入棺材尾部，接着由族长轻敲三下，然后依长幼之序，各敲三下，最后由上材人钉紧。

最后是"请位"。"位"即牌位，又称"灵位"，形状像一个"且"字，下面有木座。牌位上覆盖着白绫，喜丧则可覆盖红绫。也由孝子从外厅请入，放在棺材前的灵台中央，然后献上祭菜，烧香点烛，先由孝子、亲属等跪拜，再由前来吊唁的亲友上祭。

点主，是旧丧俗中重要的一环。所谓"主"，是指神主，一般由松柏或桑等质韧芳香的木材制成，随棺木一起置办。神主的制作是件非常严肃的事，锯料、刨平，直至打眼、雕凿时都只能用膝盖压稳了来做，不准将木料踏在脚下。神主的形制，有一定的规格，要按"三魂七魄"的俗信来制作，如高7寸7，竖牌宽1寸7，厚7分，吞入木座榫深7分；底座长5寸7（或3寸7），高和宽均为1寸7。神主一般叠成内外两层，内层为"函中"，外层叫"粉面"，一般置于玻璃面的红木椟中。神主正面书写属称，属谓"高、曾、祖、考"；称谓官谥，旁题主祀者之名。背面书写亡人姓名、排行及生卒年月日时、葬地方向。神主是撤灵后代替灵位而长期供奉的，多数人家供奉在家堂中。

所谓点主，即"神主"两字中的"主"字，初写时上边暂不加点，而写作"王"字，要到举行点主仪式时再加上去。"点主"又称"题主""成主"，这是死者的安魂仪式，除幼丧及凶死者外都要行此礼，一般在开吊前一天举行，要请乡绅，最好是学台，其次是翰林，再次是教官来点。另要请两名助手，即左右襄题，也须举人、秀才之类。

题主官大多身价甚高，出门要鸣锣开道，由"肃静""回避"行牌前导，坐了四人抬的绿呢大轿直抵丧家。题主官、襄题官到丧家宅门口时，孝子要匍匐迎接，然后将他们引入客厅，参汤侍候，敬茶、上点心，不敢有丝毫怠慢。休息片刻之后，题主官等换上素色衣衫，入内吊唁。然后再回到客厅，脱下素衣，换穿吉衣。此时孝子也穿上吉衣，题主用的桌案上，笔、墨、砚等一应用具已准备齐全，题主官、襄题官也盥洗更衣完毕，孝子执香到客厅，叩请他们坐到案前。孝子请出神主，匍匐于公案前面，襄题官将神主请上公案，揭去盖在神主上的魂帕，打开木椟，将神主的内、外两函分别置于桌上，再将题主用的毛笔蘸上朱砂，递给题主官。题主官执笔先在香炉上方绕来绕去，再向东方，算是接受了生气，然后集千钧之力，往缺点的"王"字上点去，先内层，再外层。点好，将笔向后一掷。助手马上动作利索地将笔接住，然后将神主重新收入木椟中，盖上魂帕。孝子行三叩首之礼，襄题官将神主捧还给孝子，孝子将神主置于灵台，题主官、襄题官就同到灵台前去行贺主之礼。仪式结束，奏乐，放鞭炮。

一般人家的所谓点主，只是由孝子跪在灵前，针刺中指，以血点主而已。

点主之礼并不复杂，却做得甚是隆重，因为它和家庭的继承权相关。须由长子主持，因为谁来主持点主，表示谁就是合法的继承人，所以含混不得。

过去丧俗中体现出来的家族亲疏关系十分鲜明，亲属均须遵制成服。孝子以白布做帽，帽后披两条麻条，俗称"披麻戴孝"。白布孝服的四角和袖口不缝，毛口向外。头扎六尺白布巾，垂到背后，前额垂七个小棉球，称"拭泪球"，每隔七天除去一个，"断七"除尽。脚穿麻鞋，如果穿布鞋，就须蒙毛边白布；父母双亡，全鞋蒙白；父母之中有一人亡故的，半截蒙白。儿媳穿白孝衣，肩膀上多一块白布，称为"反托肩"，头扎麻绳，"五七"时换成白头绳，下穿毛边白裙、白鞋。女儿扎白头绳，穿光边白衣、白裙，扎白孝巾，周年后再到娘家除孝。侄、孙辈孝服四边和袖口都为光边，接缝处毛口向内，头扎白布巾，横垂肩际，俗称"横披"，鞋端所蒙白布无毛口。侄媳辈的孝衣无"反托肩"。侄辈的孝帽留一个或两个角。侄女和侄媳不戴孝帽,用三尺孝布,系于头顶或围在脖上。孙辈一律戴圆顶孝帽。有曾孙、重孙的,属于喜丧,衣襟上扣小块红绿布条,或戴红帽。

上述丧葬旧俗,都是封建宗法制在习俗中的遗存,如今随着社会的发展和进步已日渐消亡了,这是很好的事。

◎ 文体娱乐 ◎

苏州民俗 >>>

文体娱乐习俗最能反映苏州人的"会过日脚",懂得生活,也最能体现苏州人的崇尚文化,重视教育。

繁荣的经济和深厚的文化底蕴,使苏州人对生活有了更高的要求,他们不满足于物质上的享受,更有精神上的追求。他们热爱自然,喜欢花草,热衷郊游。在这块土地上,风花雪月都有文章,飞虫鸣鸟皆能成趣。于是,早春探梅,盛夏赏荷,中秋游湖,种花养草,斗虫遛鸟,唱曲对歌……这一切都成了苏州的习俗。

其实,在苏州人心中,文体娱乐并非单纯的玩乐。梅花斗雪傲霜的精神,荷花出淤泥而不染的品格,蟋蟀疆场厮杀一往无前的气概,儿童游戏中的创新和博弈,无不寄托着苏州人的精神追求和心灵向往。像太湖之滨的击石战、水龙会等竞技活动,更是体现了苏州人将不畏强暴、不怕牺牲这种思想教育寓于娱乐之中的优良习俗。

春台戏的产生当然是基于对神灵的敬畏和祈求,但春台戏能作为一种习俗盛传不衰,和苏州人对文艺的热爱是分不开的。到后来,娱神只是一个因头,娱人才成了这种习俗存在的真正原因。也只有对文艺爱得如此执着的苏州人,才会在喝茶的茶馆中孕育出书场、脱胎出戏馆来。

文化的重要,教育的重要,早就为苏州人所认识。再穷,也要千方百计让孩子读书,这是苏州人的信条;即便漂泊不定的太湖渔民,也会创造出"船学"这样的办学形式,尽量让自己的子弟接受教育。从这些习俗中,人们大约也不难找到苏州历史上出这么多状元,出这么多文人、名人的原因了。

春信微茫何处访
——苏州的探梅习俗

对于四季分明的江南水乡而言,春天是多么美好的季节!春天不仅给人们带来明媚的阳光、和煦的暖风、啁啾的燕子,更带来绿色的希望。人们在风雪弥漫的寒冬就在等着春的信息。梅开于冬春之交,"独先天下而春",所以苏州人将梅花看作春的使者,每至农历的正月底、二月初,便纷纷出城,到山野去探梅,打听春的消息了。

过去探梅以邓尉山最为著名。邓尉山,在苏州城外光福镇附近,离城六七十里,据说东汉大司徒邓禹曾在此隐居,山名即由此而得。此山又称玄墓山,相传东晋青州刺史郁泰玄葬于此,民间便以玄墓山相称,清代因避康熙帝玄烨之名而改为元墓或圆墓。邓尉一带农民以树为业,"植梅者,十中有七",种梅历史十分悠久,有"种梅如种谷"之喻。明代就有人撰文称"梅花之盛不得不推吴中,而必以光福诸山为最",邓尉山成了江南闻名的探梅胜地。每当早春二月,山前山后梅树成林,繁花如雪,疏影横斜,暗香浮动;花树随山坡起伏,迤逦数十里,俨然一片花海。康熙中,巡抚宋荦游光福诸山,为这里的景色所动,题下了"香雪海"三字。梅花洁白如雪、芬芳扑鼻的特点和梅林随山坡起伏、壮观如海的气势,都被概括进了"香雪海"三个字中，从此这里的名声更隆，邓尉探梅也日久而成俗。每至其时，人们争相贾船，向元墓遨游。清代诗人沈朝初有《忆江南》词，专写此俗云："苏州好，鼓棹去探梅。公子清歌山顶度，佳人油壁树间来。玄墓正花开。"李福也有《元墓探梅歌》云："雪花如掌重云障，一丝春向寒中酿。春信微茫何处寻，昨宵吹到梅梢上。太湖之滨小邓林，千枝空作横斜状。……玉貌惊看试半妆，霜华喜见裁新样。酹酒临风各有情，小别经年道无恙。此花与我宿缘多，冰雪满衿抱微尚。相逢差慰一春心，空山不负骑驴访。"（转引自顾禄《清嘉录》）

苏州探梅的去处当然不止一个邓尉山，汪琬有诗道："新柳垂条著水齐，画船行傍虎山堤。卷帘渐觉香风入，一路梅花到崦西。"苏州乡野几乎到处都有梅花可赏。近年来洞庭西山也办起了一年一度的梅花节，可见如今此处也成了探梅赏梅的好去处。

梅花被人喻为"琼肌玉骨，物外佳人，群芳领袖"。苏州人爱梅，除了因为她的美丽，还因为她那种"凌寒独自开"的傲霜斗雪的品质。苏州话中，"梅"与"妹"同音，因此苏州人常将梅比作妹，称未婚姑娘为"小妹"。这一称呼不仅赞美了姑娘的美貌，也赞扬了姑娘的品德。过去苏州妇女常穿一种叫"小梅桩"的鞋子，鞋面的纹样便是由梅花组成的，寄寓着人们希望"小妹健康成长"的良好祝愿。梅能在老干上发新枝，因此具有永不衰老的寓意。梅开五瓣，人们又将其看作是福、禄、寿、喜、财"五福"的象征。苏州人赋予梅花如此深厚的文化意蕴，难怪春信微茫之时，苏州人就要四处出动去访梅、寻梅、探梅了。

荷风送香招画舫
——苏州的赏荷习俗

苏州人爱花,对出淤泥而不染的荷花更是情有独钟。荷花又叫芙蕖、莲花,农历六月正是荷花盛开的季节。过去六月廿四民间有观莲节,苏州老百姓干脆将这一天视为荷花生日。

张远有《南歌子》曲道:"六月今将尽,荷花分外清,说将故事与郎听。道是荷花生日,要行行。粉腻乌云浸,珠匀细葛轻,手遮西日听弹筝。买得残花归去,笑盈盈。"这一天,连平日少出家门的妇女,也翠盖红衣,纷纷出动,到各赏荷胜地去纳凉观荷。

过去苏州城乡植荷的地方很多,这从"莲花斗""双荷池""瓣莲巷""白莲桥"等地名便可看出。但最好的观荷去处,还是荷花荡。旧方志有"六月二十四日,画船、箫鼓竞于荷花荡"的记载。其地在葑门之外,离城约一公里,东南与黄天荡接壤,湖面开阔,环境幽静,因遍植荷花而出名。游人常常雇了画舫,泛舟湖上。时当盛暑,荷花盛开,清香四溢。湖岸边柳荫浓浓,湖面上凉风习习,游人一边赏荷,一边纳凉。游船上还常有弹唱艺人献艺,声韵袅袅,箫鼓悠扬。特别是过去苏州的冰窖大多在葑门外,与荷花荡邻近,因此赏荷时还能买到冰窖西瓜。船上大多也少不了厨艺高超的船娘,游人还能在船上觥筹交错，一饱口福。清代沈朝初又有《忆江南》词曰："苏州好，廿四赏荷花。黄石彩桥停画鹢，水晶冰窨劈西瓜。痛饮对流霞。"这首词生动地描绘了当日苏州的观荷雅趣。蔡云另有诗道："荷花荡里龙船来，船多不见荷花开；杀风景是大雷雨，博得游人赤脚回。"游船之多，竟至于无法看到湖里的荷花，可见当日盛况。只可惜夏日傍晚每多阵雨，游人往往只能卷起裤脚赤脚而归。即便如此，苏州人还是乐此不疲，以至于有了"赤脚荷花荡"之谚。后来人们认为到虎丘去观荷，既热闹又方便，所以荷花生日这一天，就坐了船到虎丘、山塘纳凉，以应观荷节气，荷花荡也就日渐被冷落了。

六月荷花荡

除此之外，观荷胜地还有西山消夏湾等处。消夏湾，在西山岛西南，地理位置非常优越，范成大有诗赞云："蓼矶枫渚故离宫，一曲清涟九里风；纵有暑光无著处，青山环水水浮空。"这里三面环峰，一面临湖，确是避暑胜地。相传春秋之时，吴王夫差曾于此建消夏宫，夏天常带西施来此观荷避暑。夫差、西施已成故人，宫阙也早无影踪，但这儿的荷花还是年年岁岁灿若锦绣，引来无数游人放棹纳凉；入夜更是皓月澄波，花香云影，使游人不忍离去，往往留梦湾中，越宿而归。如今苏州人观荷的去处就更多了，大公园、东园、西园……特别是被列入世界文化遗产、属中国四大名园之一的拙政园，更是赏荷绝佳去处。苏州作家周瘦鹃曾在一篇文章里记叙过当地诗人骚客在拙政园举行赏荷雅集的情况：雅集之前，先用桑皮纸把茶叶包成小包，分置荷花之下；届时取以冲饮。杯中荷香扑鼻，面对芙蕖翻风，怎能不诗兴大发，佳句迭出呢！——由此可见苏州文士独有的一种雅趣。拙政园自 1996 年成功举办了第十届全国荷花展后，每年夏季都要举办荷花节，南荷北莲，争奇斗艳。在这些观荷胜地，能让你闻到那幽幽的清香，欣赏到那亭亭玉立、濯清涟而不妖的身姿，让你感叹自然造化的伟大。

石湖串月波万迭

　　石湖是太湖的一个内湾,在苏州城的西南郊,距城十余里,现有公交地铁相通。据《吴县志》记载:"湖南北长九里,东西广四里,周二十里",其面积比杭州西湖略小。石湖以东,田畴平展,水港纷错,西面则紧靠上方山,湖边山峦起伏,群峰映带,景色秀丽。明代

石湖行春桥

文学家袁宏道曾把石湖、上方山与虎丘相比，说"虎丘如冶女艳妆，掩映帘箔；上方山如披褐道士，丰神特秀"。唐代诗人白居易、皮日休、陆龟蒙等对石湖景观亦都有题咏。

石湖周围的历史遗存很多，文化积淀特别丰富，如春秋时的吴王拜郊台和吴城遗址就在附近。春秋晚期，周敬王四十二年（公元前478年）越王勾践率军攻吴，从太湖挖渠北上，并在石湖东北筑土城屯兵逼吴。周元王三年（公元前474年）越军趁太湖水涨，顺着开凿的水渠进胥江，直逼姑苏城，最后灭了吴国。这条水渠和这座土城就是今天石湖边上的越来溪和越城遗址。据传，吴亡之后，越大夫范蠡亦由此而入太湖隐退，所以这儿至今仍有小镇叫"蠡墅"。隋末唐初，苏州城曾一度迁到上方山下石湖东岸，今日新郭即其旧地。

南宋著名诗人范成大，官至参知政事，退出官场以后便归隐石湖，自号"石湖居士"，在上方山下越城故址随地势高低起伏而建造亭榭，种花植草，构筑石湖别墅，据说当年曾有千岩观、天镜阁、玉雪坡、盟鸥亭、北山堂、锦绣坡、梦渔轩、绮川亭、说虎轩等胜景。范成大在此写了大量诗篇，著名的《四时田园杂咏》就是其中的一部分。"南宋四大家"之一的杨万里，观览了石湖精舍以后曾题咏道："万顷平湖石琢成，尚存越垒对吴城。如何豪杰干戈地，却入先生杖屦声？古往今来真一梦，湖光月色自双清。东风不解谈兴废，只有年年春草生。"（《寄题石湖先生范至能参政石湖精舍》）范成大别墅湮没以后，明正德年间御史卢雍在其附近另建有范成大祠。除此之外，石湖附近尚有越公井、治平寺、潮音寺、普陀岩、石池、天镜阁等古迹。

以往，每年农历八月十八前后，上方山有办庙会的风俗。这一天，人们要到上方山烧香祈神，同时游石湖。石湖北边有一座九环洞桥，叫作行春桥，相传每年农历八月十七、十八夜，当满月偏西时分，行春桥九个环洞的北边水面，每洞都显现出一轮月影，金波万迭，明灭激荡，九月成串，蔚为奇观。所以苏州素有"八月十八游石湖、看串月"的说法。这一夜，市民往往结伴而出，赶去观赏，从十七日上午开始，苏州的大小船只就倾巢出动，穿梭湖上，载送游客了。至夜，游船如织，灯船像流星，拳船上则有精彩的武术杂技表演，笙歌喧阗，彻夜不绝，四近各方均有游客赶来。与此同时，城乡摊贩蜂拥而至，沿山临湖结亭搭棚，聚为集市。清代诗人蔡云《吴歈》诗云："行春桥畔画桡停，十里秋光红蓼汀。夜半潮生看串月，几人醉倚望河亭。"另一位清代诗人沈朝初，则有《忆江南》词道："苏州好，串月看长桥。桥畔重重湖面阔，月光片片桂轮高。此夜爱吹箫。"从这些诗词中可以看出当日盛况，难怪范成大要说"凡游吴中而不至石湖，不登行春，则与未始游者无异"（《重修行春桥记》）了。但是，来到此间的，不光有欣赏湖光山色、争观石湖串月的游人，还有来自苏州城区、上海、无锡、常熟，甚至浙江嘉兴、湖州等地的善男信女，他们蜂拥到上方山顶，虔诚地焚香膜拜，或求子求福，或求医求寿，也是热闹非凡。古诗云："神应借地灵。"是上方山信仰应地而兴，还是石湖之游因神而盛，尚不得而知，但有一点却是肯定的：在相当长的一段时间里，游石湖形成了苏州一年之中规模最大、内容最为丰富的民俗节庆活动。

四季郊游乐无穷

除探梅、赏荷以及游石湖等活动外,苏州市民还有南园北园看菜花、谷雨三朝看牡丹、阳山观日出、虎丘玩月等许多四季郊游项目。

"北园看了菜花回,又早春残设饯杯。此日无钱看买酒,半壶艳色倒玫瑰。"(蔡云《吴歈》)南园、北园看菜花,是过去苏州人春季旅游的一个节目。当时的苏州城,南北都是大片农田,所种蔬菜极多,春和日丽之时,菜花盛开,一片金黄,吸引了无数市民前去观看。

清代乾隆时人沈三白(沈复,字三白)在他的《浮生六记》一书中,曾写到他和三五知己到南园看菜花的情景。他们见到卖馄饨的骆驼担锅灶具备,为了在赏花的同时能品到热茶、吃到热菜,便"雇之而往"。"至南园,择柳阴下团坐。先烹茗,饮毕,然后暖酒烹肴。是时风和日丽,遍地黄金,青衫红袖,越阡度陌,蝶蜂乱飞,令人不饮自醉。既而酒肴俱熟,坐地大嚼。……杯盘狼藉,各已陶然,或坐或卧,或歌或啸……"旅游本就是一种从精神到物质的综合性消费活动,他们雇卖馄饨的骆驼担同往,既饱了眼福,又饱了口福,难怪"游人见之,莫不羡为奇想"了。

后来,每到菜花金黄时,苏州的小商小贩就主动到南、北园去设

四季郊游乐无穷

摊搭棚,供应酒食饭菜、茶水糕点了,任游客一边喝酒饮茶,一边欣赏春景。

苏州旧有"谷雨三朝看牡丹"的习俗。谷雨这个节气,因南方播谷时常纷纷降雨而得名,它大致在公历每年的 4 月 19、20 或 21 日,每当此时,牡丹花开,所以苏州人又将牡丹叫作"谷雨花"。

唐朝以来,牡丹一直以洛阳为最盛。宋徽宗时,苏州出了个朱勔,专替昏庸的徽宗和达官显贵搜刮奇花异石。朱勔家住阊门,园圃里种了几万株牡丹,从此苏州也兴起了牡丹热,豪门大族、寺庙宫观、会馆义塾遍种牡丹,盛极一时。过去,交谷雨节的三天里,凡有牡丹的场所,包括私家花园,都免费开放,任市民前往观看,晚上还要悬灯结彩,号为"花会"。直到清末,这种风俗才渐趋衰微。

虎丘是苏州名胜,古人称"虎丘宜月、宜雪、宜雨、宜烟、宜春晓、宜夏、宜秋爽、宜落木、宜夕阳,无所不宜",所以"箫鼓楼船,无日无之。凡月之夜,花之晨,雪之夕,游人往来,纷错如织"(袁宏道《虎丘》)。一年四季到虎丘游玩的人,真是络绎不绝;特别是夜游虎丘,更是别有一番韵味。

"金风初动短帆开,雪浪排空酒满杯。树里一钩新月上,溪边数点野鸥来。松声却自涛声泻,山影还同云影回。夜静忽闻箫管沸,谁怜剑石长莓苔。"(董奕相《虎丘夜泛》)虎丘的夜委实是美极了,但最美的夜,却在每年的中秋。

过去每年中秋之夜,市民们多雇舟而往虎丘,"七里山塘七里船,船船笙笛夜喧天",游船之多,山塘河常为之拥塞。船到虎丘,人们往往弃船上岸,来到虎丘塔下,千人石上,拿出带来的佳肴美酒,或在琼枝璧叶丛中席地而坐,或于林壑泉石之间徜徉。此时,秋高气爽,夜凉如水,彩云御风,皓月当空;倏然,箫管竞起,歌喉轻展,一曲《子夜》,摄人魂魄。那山,那石,那林,那泉,那云,那月,那歌,那人,那酒……这一切怎不使人感到如在蓬莱,似处幻境?

明代著名文学家袁宏道曾描写过当年中秋,虎丘玩月听曲的盛况:"每至是日,倾城阖户,连臂而至。衣冠士女,下逮蔀屋,莫不靓妆丽服,重茵累席,置酒交衢间。从千人石至山门,栉比如鳞,檀板丘积,樽罍云泻。……布席之初,讴者百千。分曹部署,竞以新艳相角,雅俗既陈,妍媸自别。未几而摇首顿足者,得数十人而已。已而明月浮空，石光如练，一切瓦缶釜，寂然停声，属而和者，才三四辈；一箫，一寸管，一人缓板而歌，竹肉相发，清声亮彻，听者魂销。比至夜深，月影横斜，荇藻凌乱，则箫板亦不复用；一夫登场，四面屏列，音若细发，响彻云际，每度一字，几尽一刻，飞鸟为之徘徊，壮士听而下泪矣……"（转引自《吴郡岁华纪丽》）

袁宏道是明代人，可见中秋夜虎丘踏月听歌之俗早已有之。此俗到清代仍盛传不衰，沈朝初有《忆江南》词，专述此俗："苏州好，海涌玩中秋。歌板千群来石上，酒旗一片出楼头。夜半最清幽。"邵长蘅《冶游》诗也有"中秋千人石，听歌细如发"之句。苏州人的热爱自然、痴迷音乐、懂得生活，从这中秋之夜的虎丘便可见一斑。但由于诸多原因，中秋之夜踏月听曲之俗，近代以来曾一度衰微，不过苏州人的喜爱林泉山石，苏州人的善讴喜歌，苏州人的"会过日脚"等融入血液中、深潜于细胞里的脾性，是决不会改变的。近年来重新登台亮相的中秋虎丘曲会便是明证。

如果说虎丘夜游给人以一种轻柔之美感的话，那么，阳山看日月并出，则能给人以一种壮丽之美感。

阳山，在苏州城西北郊，距城约十五公里，因面阳而得名，又因四面山势若飞，云气如炊，所以又有"四飞山""蒸山"等名。

这座延绵二十多里的青山，横卧于西太湖与古运河间，犹如一幅山水画的屏风。明代著名苏州诗人高启曾有《登阳山》诗："我登此山巅，不知此山高。但觉群山总在下，坐抚其顶同儿曹。又见太湖动我前，汹涌三十万顷烟波涛。长风吹人度层嶂，不用仙翁赤城杖。峰回秋碍海鹘飞，日出夜听天鸡唱……"在诗人笔下，阳山确是风光动人，身临其境，真有飘飘欲仙之感。

自东晋以来,阳山上多建有寺庙,如兴隆寺、文殊寺、半山寺、澄照寺及东、西白龙庙等,曾经多达三十余处。山坞上下,晨钟暮鼓,梵音金磬,素有"吴中普陀"之称。

旧时山顶筑有"浴日亭",每年农历九月三十夜,"郡人登此,观日月同升"。其时,只见天宇间火球、银盘同时跃起,交相辉映,蔚为壮观。凡观者,无不为这一奇景而赞叹不已。每年这一天,苏州到阳山的路上车马不绝,来登临观赏的人,真是数不胜数。年复一年,阳山看日月并升,竟成了苏州的节令习俗。

在浴日亭,有时还能看到云海奇观。清人蔡云有诗曰:"宾日阳山浴日亭,秋云幻态瞰沧溟。下方不识高寒境,谁博宵来双眼醒。"可见当时观日、看云之情趣。

如今,日月并升的奇景当还可见到,如能将阳山观日、看云作为一个旅游项目开发出来,应该仍会受到今日游人的欢迎。

以枫、石、泉"三绝"著称于世的天平山,也是闻名吴中的游览胜地。石、泉为天然生成,而唯独这枫,据说是明朝万历年间由范仲淹的后代从福建移栽到此的。现在天平山麓还有枫树上万株,其中百余颗是数百年前的古树。入秋,枫叶由青而黄,由黄而橙,由橙而红,由红而紫,渐次变化,五色缤纷,参差错落,犹如万千彩蝶,蹁跹其间,无比壮观。特别是到了深秋,满山经霜丹枫,颜色鲜明,呈现出一片绚丽的红色,在夕阳辉照下,"仿佛珊瑚灼海"。范氏墓前的九株大枫,俗称"九枝红",更是"非花斗妆,不春争色,远近枫林,无出其右者"。因此,年年霜染枫林之时,"天平看枫"便成了苏州的一大郊游习俗。

沈朝初《忆江南》词云:"苏州好,船泛洞庭秋。一片枫林围翠嶂,几家楼阁叠丹丘。仿佛到瀛洲。"可见,当时看枫之所,不止天平山一处，洞庭东、西山大约也曾是赏枫的去处。

"月落乌啼霜满天，江枫渔火对愁眠。姑苏城外寒山寺，夜半钟声到客船。"这是唐人张继有名的《枫桥夜泊》诗，寒山寺也因此诗而名扬中外。此寺坐落在大运河畔的枫桥和江村桥之间，始建于梁天监年间，原名妙利普明塔院，后因唐代高僧寒山、拾得在此住持而易今名。张继诗中的"江枫"，有的说指江边枫林，有的说指江村桥、枫桥；不管怎样理解，反正各有意境，而"夜半钟声"，则是贯穿全诗的一种"神韵"，一种"梵境"。

苏州市民，素有寒山寺听钟的习俗。相传唐宋时苏州寺院就有半夜敲钟之俗，称"分夜钟"，钟声洪亮悠扬。据清人徐崧、张大纯所辑《百城烟水》记载，当年寒山寺对岸，就建有"听钟楼"。"当空霜月满，隔水夜钟赊""听钟成夜话，无复问遮难""门掩桥边寺，楼空夜半钟""晨斋钵捧香云盖，夜课钟沉宝月台"……许多古诗中都写到过寒山寺的夜钟，可见听钟风习，历史已久。

寒山寺的巨钟，后来流入日本。清末，鼓吹变法的思想家康有为曾有诗道："钟声已渡海云东，冷尽寒山古寺枫。勿使丰干又饶舌，化人再到不空空。"现在该寺钟楼的华钟，尽管已非原物，但慕名寻访者仍络绎不绝，特别是每到阳历岁尾，常有万千之众夜赴寒山寺，静候元旦钟声，甚至连日本和东南亚各国的友人也会专程赶来聆听。每逢此日深夜十一时四十分至十二时正，寒山寺的巨钟都会均衡地传送一百零八响。佛偈云："闻钟声，烦恼清；智慧长，菩提生。"人们在悠扬、洪亮的钟声里，祈祷着新年的好运和吉祥。

苏州四时郊游的节目，还有许多许多，篇幅所限，这里无法一一说到。要真正知道古城郊游的趣味，也只有自己去体会了。

鸣虫飞鸟皆成趣

苏州人素喜花鸟虫鱼。在民间,斗蟋蟀、唤黄雀等风习更是盛行不衰,积而成俗。

蟋蟀是六足四翅的昆虫,苏州人俗称为"赚绩"。蟋蟀大致生活在每年的处暑至立冬这段时间内,入冬后渐趋死亡。雄性蟋蟀尾部有两支尾毛,雌性蟋蟀在两支尾毛间还多了一根"消子管"。民间便常以"三尾支""两尾支"来称呼雌、雄蟋蟀。雄蟋蟀性勇好斗,振翅"瞿瞿",其声洪亮,耀武扬威,因此有人干脆就称蟋蟀为"将军"。人们捉养蟋蟀,并以相斗为嬉,这就是所谓的"斗蟋蟀"了。因蟋蟀主要活动在秋天,所以苏州人又将"斗蟋蟀"叫作"秋兴"。

据古书记载,"斗蛩之戏,始于天宝间"。蛩,即指蟋蟀。唐玄宗时,宫中嫔妃每于秋天逮蟋蟀置于金笼,夜里放在枕边,听它动人的鸣声。后来养蟋蟀、斗蟋蟀之风迅速传至民间。吴地斗养蟋蟀之风,自宋以来,也大为兴盛。

蟋蟀以头大、足长而粗壮者为贵,鸣声越"老"(响亮)越好,颜色有青、黄、红、黑、白多种,色正为优。苏州出产的蟋蟀,牙坚翅硬,为虫中上品。据《吴县志》记载:"出横塘、楞伽山诸村者健斗。明宣德中，有朱镇抚者，进此得宠，遂加秩。"明宣德年间，朱镇抚投朱皇帝之所好，向迷恋于蟋蟀之戏的宣宗皇帝朱瞻基进贡了一只苏州上方山的"黄麻头"，谁知这只苏州"黄麻头"送进宫后，竟一举斗败了宫中饲养的"梅花翅"，宣宗一高兴，便给朱镇抚官加二级，赏金百两；那头苏州蟋蟀，也被御封为"金丝黄麻头"，红极一时。第二年，皇帝就下了一道密诏，要苏州知府况钟进贡上好蟋蟀一千只。宫中催索甚急，以至吴中一时掀起了捉蟋蟀的热潮，当时民谣有"赚绩（蟋蟀）瞿瞿叫，宣德皇帝要"之句。

蟋蟀的捕养，十分讲究。有经验者，在山野草丛、瓦砾堆中捕蟋蟀，凭鸣声即可判断优劣，然后以罩子循声捕捉，动作轻柔，决不会伤及蟋蟀。

饲养蟋蟀的盆罐，也颇为考究，尤以苏州陆慕（其地原名陆墓）御窑烧制的为贵。据《吴门表隐》记载："促织（蟋蟀）盆，陆墓邹、莫二姓造，雕缕极工巧。明宣德时，邹大秀、小秀姐妹创始。"陆慕窑生产蟋蟀盆，大概与当时向宫中进贡大批蟋蟀有关。陆慕窑户如鳞，其中包括许多专门生产蟋蟀盆的小窑。目前，陆慕御窑、南窑仍有一批制作蟋蟀盆的好手，所制之盆，加工有秘法，成品分乌墨、蟹青、橙红诸色，盆壁光滑细腻，叩之有声，盆盖、桶壁刻有蟠龙等图案及阴阳篆文，堪称盆中精品。

蟋蟀盆有斗盆、养盆之分。斗盆较大，供斗蟋蟀时使用，养盆较小。此外尚有水盂、过笼等附件。

给蟋蟀饮用的水，必须鲜洁。供蟋蟀食用的饲料，主要是烂饭粒和煮烂的毛豆，秋分后还要增加少量的羊肝、小青虾、蟹肉等营养丰富的食物，以增强它们的体质。

在进行较量之前，要将蟋蟀引入纸卷内，两头封好后放到戥子内去称体重。称蟋蟀的戥子是特制的，戥子梗上布满黑点。称蟋蟀不用通常的计量单位来计量，如几钱几分等，而只以"点"为单位。一般蟋蟀体重在 120 点左右，重的可达 150~170 点，个别可达 180 点。称体重时十分谨慎，既要防止风吹，又要避开持秤人的鼻息，以免影响称量的准确。相斗的蟋蟀要体重相等，如有饶让，一般也以 3 点为限。

斗蟋蟀时，将两只蟋蟀放入斗盆两边。斗盆中间有隔栅分开，准备就绪后，即将隔栅提起。两只蟋蟀初遇之时，往往并不马上厮杀，需由人用"赚绩草"撩拨，引得它们性起发怒，才开始相互交锋。此时，它们用利牙相互钳咬、扭扯，忽进忽退，忽左忽右，战至紧要关头，双方会直立起来，仅以后脚支撑。一经交锋，非决一胜负不可，直至败者"落荒而逃"，胜者才挺胸扬须，趾高气扬，振翅高唱起凯歌来，向围观者报捷。

斗、养蟋蟀原是一种健康而饶有趣味的娱乐活动，但过去有些人却专门以此设场聚赌，牟取暴利。参赌者所押筹码，俗称为"花"。"花"的价值常不相同，按顾禄《清嘉录》所记，当时"以制钱一百二十文为一花"。参赌者所押筹码，"一花至百花、千花不等，凭两家议定，胜者得彩，不胜者输金"。但不是一个人独输或独赢，而往往是由许多人来认"花"的，认花多少，随人而定，各凭眼光。你认了一只蟋蟀的花，就被称为"帮花"。

斗蟋蟀聚赌之风，晚清至民国期间尤盛，像苏州玄妙观等地，常为聚赌场所。每场开斗前，往往先要贴出海报，告示开斗时间、地点。开斗日，斗场门前挂灯结彩。整个斗局，有司秤、记账、监局等工作人员。开斗前，对参加比斗的蟋蟀要登记、编号、称量、编组，甚是隆重，有人竟以洋楼、金条作注，可见赌兴之豪。

20世纪50年代以后，因涉嫌赌博，斗蟋蟀渐次被禁。改革开放以来，这一传统的民间娱乐活动才重新开始活跃，并被纳入健康、文明的轨道。苏州市还成立了蟋蟀协会，和全国各地的同好们进行友好比赛和切磋，在娱乐的同时，也增进了相互的友谊和了解。

除斗、养蟋蟀外，苏州人还好养鸟。过去玄妙观露台周围就是养鸟者聚会的地方。每天清晨，一只只鸟笼或排于青石栏杆，或悬于木杆树丫。画眉、百灵、芙蓉、八哥……百鸟争鸣，无比悦耳动听。

苏州民间有一种"唤黄雀"的习俗。每至秋深、冬初西北风渐起之时，一种叫作"黄雀"的小鸟，便从江海上结队飞翔而来。捕获的黄雀经过驯养，就再无须链索束缚，也无须竹笼羁勒，它能听人指挥，衔旗啄铃，飞开后即刻又会飞回，因而特别受到孩童青睐。清人有《唤黄雀》诗云："顽童忘日短，教诲不嫌忙。呼叱凭铃铎，舒徐饱稻粱。但成傀儡戏，不学凤凰翔。勖汝多机巧，冲飞入上方。"蔡云《吴歈》诗也有"调雀风檐忙底事？铜铃响处彩旗衔"之句。

20世纪30年代，苏州曾有过一个养鸟俱乐部，成立之时刚好是阴历五月，因宋人诗有"五月榴花照眼明"之句，俱乐部便以"榴社"命名。它常在玄妙观内三万昌茶馆的后一进楼上活动，会员除饲养一些观赏鸟之外，还欢喜饲养一种叫作"黄头"的鸟。这种鸟勇猛好斗，只要两只鸟笼相靠，双方便会隔着鸟笼栅栏狠斗猛啄起来，直至啄到头脚流血，羽毛纷飞，分出胜负为止。败者垂头丧气，胜者却会由此而得奖，谓之"得花"。规模最大的一次"斗鸟"比赛，曾轰动远近，包括上海、无锡、常熟、太仓等地都有来客。但是由于战乱，到20世纪40年代末，这个俱乐部也就烟消云散了。

改革开放以来，苏州人的生活水平有了极大的提高，不再愁吃愁穿。他们盼望健康丰富的娱乐活动。应这种潮流的需要，苏州市近年来办起了花鸟市场，成为一大景观，许多外地爱好者往往也赶到苏州来购买他们喜爱的花鸟。

摩拳擦掌校水龙

  清代,在苏州是由衙门里的差役隶卒和街巷桥头的轿丁扛夫来负责救火的;所用的器械也十分简单,起先是竹、木制成的"木龙",后来逐渐改良,改用了铜制的揿筒,称为"广龙",再后来改成了"洋龙"。到光绪年间,所有水龙改由商家出资主办管理,称为"龙社"。龙社的负责人叫"社董",职员们分别按年月当值,叫"司年""司月"。

  那时,如有人家发生火警,水龙会马上就派人四处敲锣召集人员,那短促急骤的锣声就如一道紧急动员令,水龙会的队员闻声而动,马上就会集合起来,奔赴火场救火。这时,冲锋旗在水龙前飘扬,还有"督龙员"手里摇着小旗,在旁"督战";人们拥着水龙,在路上横冲直撞,向火场扑去。到了火场,更是锣声震天,往往有几十面铜锣同时急敲,震耳欲聋,连对面讲话也难听到。各水龙由夫役拼命地按着手柄,担水的则匆匆从河里、井里取水,倾入龙中喷救,真是个个奋勇,人人当先。倘水担停挑,督龙员就敲锣"催水"。大火一旦救熄,各水龙就敲起节奏迟缓的"太平锣",打道回府。如果水龙到达火场时大火已经熄灭,水龙仍会放水将满屋浇得湿淋淋的,即使火主再三求免，也决不肯讲情面。据说，这是相沿成习的规矩，龙到火场，不放水是不吉利的，所以水龙一经出动就非放水浇个痛快不可。事后，有钱的火主都要打醮酬神，办了酒席请救火和帮忙的人吃酒"谢奖"；贫苦火主虽无力打醮，地保们也会向火场附近人家捐钱"代行打醮"，顺便也从中渔利。

农历五月十三，据说是水龙生日。每年这一天，苏州市内有水龙赛会的习俗。事前，社董们便叫职员向热心社会公益事业的商家发出请帖，邀他们参加。收到请柬的商家就要为此准备捐款了。

到了五月十三的中午，龙社要为水龙做寿。那天，水龙上都扎了五色彩绸，出水管口则装饰成金色大龙头，整个水龙刹那间就成了一条仿佛马上就会腾空而起的真龙，引得许多人来观看。龙社里设有

水龙救火

寿堂，八仙桌上围着绣花黄缎桌围，桌上供着寿桃、寿糕和寿面，还有猪头三牲及各种茶食果品，烛台上燃起了两斤重的黄蜡烛，香炉里焚烧着诱人的檀香，整个大厅香烟缭绕，好像庙堂一样。

应邀赴宴的人，在入席前都要对水龙膜拜一番，算是为水龙贺寿；寿堂里还请了堂名和表演各种技艺的民间艺人，宴会上笙歌喧阗，鼓乐齐鸣，煞是热闹。

酒足饭饱，来赴宴的商家便开始纷纷解囊捐款，数目有多有少，从数元到数十元不等。龙社便分赠每人长柄灯笼一盏、长形布旗一面，上面写着龙社的名字。有了这一灯和一旗，凡有火灾，就可白天持旗，晚上擎灯，自由进出火场观看，无人会阻拦了。

饭后，首席董事肩上挎着绣花锦带，手里拿着"社董"的长黄旗，走到门前发号施令，指挥人们排起水龙会的仪仗队伍来。水龙会的仪仗甚为盛大，胜过迎神赛会。水龙队的队员们，有的穿五色彩衣，背小铁扒、小斧头、小龙头等救火器具，扎了彩绸，骑上对马；有的踏高跷，扮饰戏文；庙里出会的仪仗，如茶箱、大锣、铛锣、旗牌、扇伞、蚌壳精、彩莲船、打花鼓等也都编入了水龙会的仪仗当中，一路上随走随演。细十番、丝竹队、小堂名等也一同游行，沿途吹打。大商店门前设了香案，供以茶果，见水龙会队伍便放鞭炮迎接，这时队伍里的艺人就会逗留在店门前，起劲地表演一番。队伍的最后，由很多人手执彩绸编成的牵绳，拖了扎彩的水龙缓缓行来。有的水龙没装轮子，就由人抬着游行。水龙会的仪仗浩浩荡荡向小校场进发，早吸引了无数的市民摩肩接踵，争相观看，将街道挤得水泄不通。

小校场即今天体育场的底子，水龙赛就在小校场内进行。这一天，小校场上扎起五座色彩缤纷的牌楼，搭起检阅台，上面坐满了受邀的地方官绅。台上摆五只方桌，正面围着桌围，桌子上摆满盖碗、茶盘和各种精美的水果、糕点。官绅们嗑着瓜子、喝着茶，等着观看水龙比赛。

待各水龙会全部到齐，比赛随即开始。这时各水龙卸去身上的扎彩，在小校场中排成一列，但听检阅台上一声锣响，各水龙会的队员即刻奋力按动手柄。为了裁决无误，预先在各水龙里放进了不同的颜料，这时，赤橙黄绿青蓝紫，五颜七色的水柱纷纷从水龙中喷射而出，天空似有无数的蛟龙在腾舞，景象十分壮观。裁判按水龙出水的快慢和浇水的远近来评判胜负，出水最快、浇水最远者为优胜。优胜者到检阅台上受奖，奖品为金花两朵，红绸一匹。能在水龙赛会中获奖，当然是十分光荣的事，会博得全场的欢呼和掌声。

清代的这种水龙赛会，实际上就相当于我们今天的消防运动会。

村民湖滨竞击石

每年三月初三，吴中区西部东太湖沿岸吴舍、柳舍等村，有一种叫"笃高峰"的奇怪习俗。"笃"是投掷的意思，所谓"笃高峰"，即以砖块、瓦片相互投掷的"击石战"。

这一天清晨，东山、浦庄、横泾等地的乡民从四面八方赶往吴舍、柳舍两村；连太湖的渔民及震泽、湖州等地的人，也都赶来看热闹，不过因离得较远，需隔夜提前赶到。两村村民，不分男女老少，一清早就要赶到太湖边。日出一竿，"笃高峰"正式开始。村民一分为二，或在打谷场上各占疆域，或以小河为界，隔界、隔河对峙。双方如临大敌，以砖块、瓦片、碎石为弹，你击我掷，一时间砖石如暴风骤雨般向对方袭去。他们或攻或守，忽进忽退，双方要"鏖战"半天，直到太阳当头时方休。这时，当地的组织者就会尽地主之谊，留大家中饭一顿。

要弄清这种奇怪习俗形成的原因，还得回溯到数百年前的明代。

明朝嘉靖年间，武备不修，海防废弛，日本海盗便经常乘虚而入，武装骚扰我国东南沿海地区，烧杀淫掠，无恶不作，当地老百姓恨之入骨，称之为"倭寇"。苏州是"翠袖三千楼上下，黄金百万水

击石战

东西"的东南一大都会,倭寇怎会放过,因此,苏州一连数次遭其洗劫。苏州军民英勇抗击,并在四郊军事要地筑关设防。如今还挺立在枫桥寒山寺附近的敌楼——铁铃关,就是当年抗倭留下的历史见证。

据说,有一年的农历三月初三,倭寇又侵入太湖地区,一部分流窜到横泾、渡村一带,吴舍、柳舍两村农民在没有官兵护卫的情况下,奋起抵抗。他们手无寸铁,仅以随手拾得之砖、瓦、石块痛击倭寇,经过数小时的浴血奋战,终于将日本强盗击退。当时战斗的惨烈,村民的牺牲,是可想而知的,但他们不畏强暴,誓死保卫家园的精神却感人肺腑。为了纪念这次胜利,为了缅怀战斗中牺牲的亲友,为了昭示和培养吴地人民勇敢的战斗精神,习练杀敌本领,从此以后，每年的三月三日，吴舍、柳舍两村村民就要来到太湖之滨，重演这惊心动魄的一幕。两村商定，每年这次击石战中，凡因战而致死伤，一律自负责任，相互不加追究。两村在击石战中狠如仇敌，而战后则和好如初。后来年年如此，代代相传，就成了习俗。这就是三月三"笃高峰"——太湖民间击石战的渊源。

1937年日本侵略者侵占苏州以后，觉得"笃高峰"有损日本人的形象，这种纪念活动遂被禁止。但直到今天，当年参加或观看过"笃高峰"的老人，还能有声有色地描述"笃高峰"的壮烈情景。

我们似乎不能将三月三"笃高峰"看作一般的民间竞技活动；我想，这是吴中人民自己创造出来的进行爱国主义、英雄主义教育的一种形式，也可说是群众自己创造出来的进行国防教育的一种形式。

闲人野外看春台

宝炬千家风不寒,香尘十里雨还干。
落灯便演春台戏,又引闲人野外看。

蔡云的这首《吴歈》诗,讲的是过去苏州四郊农村演春台戏的习俗。据《苏州府志》记载:"春夏之交,乡村多赛会者,间为优戏,名曰春台。"春台戏又叫村台戏,其本意在酬神祈年,通过演戏娱神来祈求神灵的保佑,祷祝年成的丰收。它的历史渊源一定相当久远,但到后来,娱神只是一个虚名,实际上已成民间的一种娱乐习俗了。

因为春台戏名义上是做给神看的,所以演戏的筹备事宜,一般也要根据庙里菩萨管辖范围的大小来决定。一个庙管辖的范围划分成几个坊,每年按坊轮流当值。辖区范围内坊越多,人口越多,田亩越多,经济条件就越好,越能将春台戏办得像模像样的。当值的坊称为"现坊",其他坊就称作"闲坊"。一切事情由现坊掌管操办,其实也就是由现坊中最有威望的人来掌管操办。到第二年正月初,当值的坊就要卸任移交,让第二个坊去做现坊了。这样,第二年的现坊又要忙碌起来。农村中将春台戏看作一件大事,届时,现坊的"头儿"便会带领一帮年轻力壮的村民，专门摇着快船，敲锣打鼓、旌旗飘飘、喜气洋洋地到大镇上兼做戏班代理人的茶馆去，选定戏班，议定演出台数和日期，支付定金。回村以后，即邀各闲坊代表到庙中议事，通报情况，按各坊农户田亩多少，摊派费用。村中如发现有谁干了坏事，也可叫他出资"罚戏"，算是给他一个赎罪机会。民间传说，当年乾隆皇帝下江南，一次外出私访，偷摘了农家园子里的桃子，被村民捉住，结果也被罚了戏。

春台戏每年最早的演出日期，是在正月十九、二十。清代官衙，过年要封印休假，正月十九、二十才重新"开印"视事；庙宇等于衙门，菩萨等于官员，大概菩萨看戏与官员办公一样，属于"正事"，所以要选"开印"之日，等他们"上班"之后献演。因此这两天的戏就叫"开印戏"。春台戏最迟的演出日期是农历的五月十三，这一天刚好是关帝生日。关帝生日前后数天，往往多雨，俗称"关王磨刀雨"，所以末场春台戏，老百姓就戏称为"磨刀戏"。在这段时间内，二月十二百花生日、三月二十八东岳大帝生日等具有重大宗教意味的日子，也要演戏酬神。

戏班子一般都有自己的船队，大的班子有七八条船，小的三四条。船队的第一艘船上装载戏衣、道具，末一条船上设行灶、管炊事，中间的几只船，住演员、乐师及工作人员。

除少数村庄神庙内有庙台，可在庙内演出外，绝大多数春台戏都是在田野间搭台演出的。每年搭台的地方，大多固定不变。搭台的材料无非是毛竹、芦菲、稻草，称之为"草台"，所以常在这种场合演出的戏班，便被人称作"草台班"。草台虽然简陋，但台的顶脊中间横匾总是要有的，并写上"风调雨顺"之类的吉利字句，台前角柱上的对联也不能少，且都要本地人自己创作撰写，不许请其他地方的名人代写，以显示自己村子的文化水准。从此举可以看出，过去就是苏州农村，也是极有文化意识的。

有些村子，在戏台左右两侧还搭起两个临时看台，用门板铺底，稻草盖顶，放些长凳，专供老人、小孩和妇女看戏，只收取少许费用，可见尊老爱幼，照顾妇女，原是吴地的美德。台前有一大片空地，绝大多数观众就站在空地上看戏。空地后面，正对着戏台，还要搭一个"老爷棚"。戏既以酬神为名，到时候就要将庙里的"老爷"以及"老爷"那些"供职"于附近寺庙的"亲朋"们，都请到"老爷棚"来同乐。棚里设有烛台和拜垫，供人烧香点烛，叩头膜拜。

后来出现了搭台的专业户，搭台用的是考究的木料，舞台的造型也更优美了。例如仿照芦墟镇泗洲禅寺大殿搭成的高升台，飞檐翘角，雕梁画栋，极为美观。它有前台、后台和左右耳台。前后台中间隔着屏风，用油漆画着戏文和图案。台脊中央有葫芦，左右两边是鸡尾鳖鱼头脊，十分气派。后来台主还专门为"高升台"配制了一只台船，整台拆卸后，方方正正刚好装满一船。江南水乡，船运十分方便，运到目的地后，只需雇佣八个人的搭台班子，花两个小时，就可在乡场上竖起一座台来。演戏结束后，拆台装船，运到新的演出地，又能十分灵活地再搭新台。高升台曾到过昆山、太仓、震泽、桐乡等地，更远甚至到过上海四郊以及海盐、海宁、嘉兴、嘉善等地。

春台戏或整天开演，或只是下午演出，各地规矩不一。但是，只要戏班子一到村里，就群情激动，很多人早在演出之前就去"赶戏场"了。许多专做"赶戏场"生意的摊贩也都蜂拥而至：摆茶棚、设酒摊的，卖凉粉、扦光荸荠、甘蔗、山芋的，余臭豆腐干、做海棠糕

春台戏

的,捏糖人泥人、卖竹制玩具和灯笼的,乃至于杂耍、唱小热昏、卖梨膏糖的都有。逗得村童们嘴馋心痒,又想买吃的,又想买玩的,要这要那,扭住大人裤腿不放。难得到农村来的"洋货担",更引得喜欢时髦的姑娘、小伙们围着团团转。

春台戏起先多演昆腔,后来也演徽腔、京腔。到抗日战争时期,就只剩下京腔了。演出的剧目,由现坊的"头面人物"点定,当然要点戏班的拿手好戏,也要照顾到村民的喜好。开场锣鼓等于是演出的预报,还没到戏场去的人一听到这热闹的鼓乐,就会连奔带跑地向戏场赶去。演出开始,总有《天官赐福》《福乐寿三星》以及《跳加官》等开场戏,然后才演正本戏。演春台戏的戏班,艺术水准高低差别很大，但一般演出都很认真。戏班与戏班之间竞争十分激烈，演得不好，明年就难接生意了。

每当春台戏演出时，农家还要准备"留戏饭"招待从别地赶来看戏的亲眷。亲眷往往又会带来他们的一大群远亲近邻，按照习俗，那是只能来者不拒的。所以，每到演春台戏的时候，贫穷的人家就要借债当衣衫地动一番脑筋了，再穷，热情好客的脾性是不能改的。如果赶来看戏的人为了顾念亲戚的家境，只看戏而故意不上门，那反倒要引得主人心里不悦，以为瞧不起穷亲眷了。

演春台戏期间也会发生一些意外，如利用戏场抢亲等。这种情况的发生，大致是由于女方乱开条件，想达到赖婚的目的，或是青年男女相互看中，而女方父母不肯。这样，男女双方当事人商定后，约几个要好弟兄，就趁看戏机会来实施抢亲了。他们在戏场里将鞭炮一放，在众人护卫之下，拉了姑娘就走。遇有这种情况，看戏的人一般是不会干预的。但春台戏演出期间，有时也确会带来一些治安问题，过去有的农村赌风很盛，利用看戏聚赌便是一种陋习。赶戏场期间，也会发生一些争吵、斗殴事件。有些地方筹划春台戏的事务为流氓所把持，他们借集资筹戏之名，行敲诈勒索之实。《清嘉录》即云："地方无赖棍徒，借祈年报赛为名，每至春时，出头敛财，排门科派，于田间空旷之地，高搭戏台，轰动远近，男妇群聚往观，举国若狂……"清代汤斌抚吴时，就曾发过告谕，对这类弊端予以禁止。

春台戏不仅是酬神的宗教活动和悦人的娱乐活动，而且也成了农村的商业活动与民间的社交活动。春台戏勾画出了一幅动人的吴地民俗风情画。只是抗日战争爆发后，民族危亡之际，人们再也没有了演戏、看戏的兴味，这种延续了千百年的习俗，才渐渐地从人们的生活中消亡。

吴歌声声传千古

吴歌是以苏州为中心的吴语地区民间歌谣的总称。

吴歌的种类很多,就其内容来分,有劳动歌、生活歌、时政歌、仪式歌、情歌、儿歌等,按形式来分,有短歌及长歌之别。

吴歌历史悠久,古代就有"吴人善讴"之说。也许是佶屈聱牙的吴地方言太难听懂,也许是当时吴地还被人们看作是一个僻远落后的荆蛮之地而未受到周代采风官们的重视,因此在孔子编纂我国古代第一部诗歌总集时没有"吴歌"或"吴风"这部分。但当时吴歌的存在是毋庸置疑的。屈原《楚辞·招魂》中,就有"吴歈蔡讴,奏大吕些"之句。春秋战国时期,吴歌即以"吴吟""吴歈"之名载于史册。最早文字记录的吴歌见于南朝《乐府诗集·清商曲辞》中的"吴声歌曲"。

苏州,曾是历史上吴语地区政治、经济、文化中心,也是吴歌流播的中心。明代苏州出了一位著名的民间文艺家,那就是开都市文学先河,编写出《喻世明言》《警世通言》《醒世恒言》(俗称为"三言")的冯梦龙。他一生搜集了许多吴歌,并将其编成《山歌》《挂枝儿》等歌集,为我们保留了大量的吴歌资料,并提出了"但有假诗文,无假山歌","借男女之真情,发名教之伪药"等著名论述。明代,吴歌曾被认为是文学史上最具代表性的文学品种。明人卓珂月就曾说过:"我明诗让唐,词让宋,曲又让元,庶几吴歌'挂枝儿''罗江怨''打枣竿''绞银丝'之类为我明一绝。"

五四时期,顾颉刚、刘半农等一批青年学者,在科学与民主旗帜的召唤下,开始将眼光投向民间,搜集整理了民间歌谣,其中包括大量吴歌。特别是出生在苏州的顾颉刚先生,先后出版了《吴歌甲集》《吴歌小史》等专著,从全新的角度对吴歌进行了研究。

进入20世纪80年代,苏州的民间文艺工作者迎来了吴歌史上一个新的高潮,编辑出版了《吴歌》《苏州歌谣集成》《吴歌新集》等吴歌集,从民间歌手口中发现、抢救了《五姑娘》等多部长篇叙事吴歌,打破了"汉族无长歌"的定论,引起了社会各界的高度重视,对吴歌展开了文学、音乐、民俗学、语言学、社会学、心理学等多学科、多视角的研究。与此同时,吴歌的价值也为海外学者所关注,开始走向世界。有些国家将吴歌翻译出版,有些国家的学者对吴歌作了深入的研究,1994年,苏州还迎来了以武井士魂为首的"联合国教科文组织文化部中国传统民话保存情况考察团",对吴歌进行了详尽的考察调查。吴歌,吴地文学宝库中的这一瑰宝,正在为世人所了解,正在走向世界。

吴歌源于吴地乡民的社会生活,是吴地风情的艺术反映。

吴歌的产生与古代吴地人民群众的生产、生活是分不开的。吴地是著名的水乡,稻田生产自古便是吴人最基本的劳动。水稻生产是艰苦的,而唱山歌,正是农民们用以消除疲劳、振奋精神、鼓舞干劲的最好方法。至今苏州郊县的农民在插秧时还要唱插秧歌,在耘稻时还要唱耘稻歌。

吴地多水,交通以船运为主,此外还有许多人以捕鱼为生,他们在摇船、捕鱼时也要用歌来消解寂寞、协调动作、散心鼓劲,于是船歌、渔歌也就发展了起来。

除此之外,谈情说爱、休闲娱乐时要唱吴歌,婚丧嫁娶、生养寿诞等人生礼仪中要唱吴歌;节日庙会等场合以及请神敬佛一类民间信仰活动中也都要唱吴歌。一些群众聚集的场合,往往还要赛歌、对歌。

吴江芦墟过去就有"赛唱山歌接韦驮"之俗。

韦驮又称韦驮将军,是佛教的护法神之一。自唐代开始,寺院里的天王殿必塑身穿盔甲,手执金刚杵的韦驮像,与弥勒佛相背,面北而立,正对大雄宝殿里的释迦牟尼像。民间礼祭韦驮,是想借助他的佛法威力,祛邪消灾。赛唱山歌接韦驮,实际上是融民间娱乐与拜神礼祭于一体的民俗活动。

每年农历七月十四日"接韦驮日"的晚上,村民们将装饰一新的船只摇到指定的河港,依次停泊。少男少女穿上花花绿绿的新衣,手里握着五彩缤纷的鲜花,挤在船舱里。参赛的男女歌手,披红戴绿,淡抹脂粉,打扮得如新郎新娘一般,站立在鲜花丛中。赶来观看的男女老少,夜幕未降就已倾巢而出,在岸边抢占一席之地。赛歌开始后,两船队相对而列,或放棹并进,船队在水面时快时慢地驰动,歌声也随之忽高忽低地飘扬。最引人入胜的是两人或两队对唱,一问一答,不可脱板,不可打顿,若是接不上茬,那就得认输。这除了歌手要有天生一副好嗓子外,还得靠自己的聪明才智,要有自编自唱、见啥唱啥、指啥唱啥的本领,常常能以物喻事,借景抒情,即兴编来,出口成歌。

过去，苏州城乡都流行唱山歌，而尤以农村为盛。农村不像城市，没有书场、戏院等娱乐设施，唱山歌就成了农民自娱自乐的主要途径，更是他们在繁重而单调的农耕劳作中用以缓解疲劳、调节身心的一种方式。正如明代叶盛《水东日记》所载："吴人耕作或舟行之劳，多作讴歌以自遣，名唱山歌。"也正是这样的社会环境中，苏州四乡歌手辈出，许多地方成了著名的山歌之乡。这些地方的山歌，除了具有吴歌的共同特点外，还带有各自的特色，著名的如白茆山歌、芦墟山歌、河阳山歌等。

白茆是全国著名的山歌之乡。白茆山歌，流传于常熟白茆塘一带。白茆山歌具有较强的音乐性和节奏感，善用双关、拟人等手法描画人物，刻画心理，富于变化，充满幽默与睿智，是吴歌重要的一脉。

白茆乡村民世世代代爱好唱山歌，他们对山歌的钟爱真可谓到了如痴如醉的程度。他们种田时唱，行舟时唱，休闲时也唱。插秧要唱插秧歌，耘稻要唱耘稻歌，车水、挑泥、摇船都有歌，男女情爱更离不开歌。而尤为引人注目的是白茆乡一年一度的对歌会。

每年秋天，金灿灿黄澄澄的谷子上场后，白茆乡的农民们便会在白茆塘两岸搭起台来，以自己喜爱、熟悉的唱山歌、对山歌的形式来抒发丰收后的喜悦之情。歌手们以礼相见后，激烈的较量开始了。你唱一支，我唱一支，看谁唱得好，看谁肚子里的歌多。对歌中更要随机应答，见物指物，随编随唱。如一方唱："啥鸟做窝节节高？啥鸟做窝半山腰？啥鸟做窝在梁上？啥鸟做窝着地跑？"一方马上答唱："高天子做窝节节高，馄饨子做窝半山腰，燕子做窝在梁上，野鸭做窝着地跑。"谁出不了题，或答不上题，谁就败下阵去。若说一般歌唱家比的是嗓子、唱功等歌唱技巧的话，那么白茆对歌会上比的还有知识、智慧和机灵劲儿。白茆山歌会，规模宏大，参与人数多，常出现"千人唱来万人和"的壮观场面，成了白茆乡民间的盛大节日。

这样的对歌会，受战乱及政治等因素影响，曾多次中断。20世纪80年代以来，常熟市与白茆乡采取了建山歌队、开山歌馆、编山歌集等一系列措施，来推动白茆山歌的保护和发展。

芦墟是吴歌重要的流传地区之一。芦墟山歌以汾湖周边的几个乡镇为中心，远至吴江境内各地和浙江省嘉善、上海市青浦等处。据清乾隆《吴江县志·声歌》记载："今民间所作之歌，谓之山歌。而吴江之山歌，其辞语音节尤为独擅，其唱法则高揭，其音而以悠缓收之，清而不靡。"清人戴延年在其所著《吴语》中也写道："棹歌以吴江第一，大约不出男女相慕悦之词，而发情止义，好色不淫，颇得风人之旨。夜程水驿，月落篷窗，每与柔橹一声相问答，动人乡思，凄其欲绝。"

芦墟山歌作为吴歌的重要支脉，历史上曾盛极一时，出现过众多的歌手与吴歌杰作，特别以大山歌和长篇叙事吴歌而独树一帜。芦墟山歌历史悠久，明清时期更进入了鼎盛时期，一直延续到中华人民共和国成立前后。近年来，随着工业化、城市化进程的加快发展，大批年轻人离开了农村和农业，老一辈山歌手也纷纷谢世，芦墟山歌呈现出逐年衰微的趋势。为了保护芦墟山歌，地方政府投入大量人力物力，组织对芦墟山歌的挖掘、整理和抢救，出版了《中国·芦墟山歌集》，开办了少儿芦墟山歌班，希望芦墟山歌能得到保护。

河阳山歌，是吴歌的重要支脉，流传于张家港凤凰镇河阳山一带,据传起于古代东夷族中一支叫作干族的部落,至今还在传唱的《斫竹歌》,与远古时期的《弹歌》十分相似,是古代《弹歌》流播传承至今的活化石,源远流长。河阳山下有"唤英台"。据说楚霸王在河阳山率八千子弟兵起事后,当地群众为了呼唤英雄归来,在那里筑成"唤英台",并演化成为人们演唱山歌的"对歌台"。

河阳山歌句式整齐、押韵规则,善用比兴、双关修辞手法,保留有明显的地方特色和原始风格。长期以来,河阳山歌以对山歌的形式,在民间传唱。河阳山歌藏量丰富,至今已收集到近千首,其中最长的《圣关还魂》长达6 000多行。河阳山歌题材广泛,描画了河阳山一带的农村风貌和民俗风情,是一份可贵的文化遗产。近年来,由于受现代文化的冲击,河阳山歌几近绝唱。为了抢救这一古老的口头文学遗产,地方政府已经开始投资筹建河阳山歌馆、制作山歌手演唱光盘,在当地中小学校园中推广河阳山歌,同时抓紧了河阳山歌集的编辑出版工作。

1980年末,苏州的民间文艺工作者意外在吴江芦墟山歌手陆阿妹口中发现了长篇叙事吴歌《五姑娘》。当时陆阿妹已经79岁高龄,健康情况也不太好。他们马上组织专门班子,对《五姑娘》进行抢救。经过近一年的艰苦努力,长篇叙事吴歌《五姑娘》终于从老人口中被采录抢救了下来。

《五姑娘》讲述了这样一个故事:农村大户杨金大娶妻"辣椒心"后,百般虐待自己的嫡亲妹妹四姑娘和五姑娘,四姑娘因发现嫂子有奸情,被恶嫂卖往他乡,五姑娘便成为兄嫂唯一的眼中钉。贫苦农民徐阿天到杨家来做长工,他和五姑娘从相怜到相爱,却遭到恶嫂的妒恨,恶嫂将徐阿天赶出杨家,又逼五姑娘上吊自杀,正在此时,恰好四姑娘从外地逃回家乡，她让五姑娘和徐阿天远走高飞，然后烧了磨房，自焚于其中。兄嫂以为五姑娘已死，不料数年后，徐阿天来寻找四姑娘时，却被恶嫂发现，告到官府，终受诬陷而死。五姑娘寻夫不见，得知为兄嫂所害，纵火烧死兄嫂后也投湖自尽。

《五姑娘》的发现立刻引起了社会的热烈反响，国内外有三十多家报刊先后对长篇叙事吴歌《五姑娘》的发现作了报道。我国只在少数民族地区发现过长篇民间叙事诗，因此有些学者甚至认为汉族没有长篇民间叙事诗。《五姑娘》的发现，彻底改变了这种定论。1983年，著名美学家王朝闻到芦墟访问了歌手陆阿妹，在苏州召开了《五姑娘》专题座谈会，详细了解了吴语地区发现民间长篇叙事诗的情况后，在《钟山》杂志发表了长篇论文，对《五姑娘》给予高度评价，并写下了"伟大的发现，卓越的诗篇"的题词。

继长篇叙事吴歌《五姑娘》被挖掘后，1982年又一部长篇叙事吴歌《赵圣关》也被挖掘了出来。长歌描写了清代乾隆初年苏州巨商赵延顺之子赵圣关与杭州临平镇首富林伯繁之女林二小姐之间的爱情悲剧，深刻揭露和控诉了当时黑暗的封建制度和吃人礼教。

自《五姑娘》被发现之后的两三年时间里，除《赵圣关》外，苏州的民间文学工作者又先后从吴中、吴江、常熟、昆山、太仓等地挖掘出《孟姜女》《红郎娶小姨》《卖盐商》《鲍六姐》《卖衣香》《打窗棂》《老姐嫁人》《老囡嫁人》等多部长篇叙事吴歌。此外，在苏州周边的吴语区也发现了多部长篇叙事吴歌，如无锡发现了《沈七哥》《六郎娶小姨》；南通发现了《红娘子》《魏二郎》；浙江湖州、平湖等地发现了《朱三和刘二姐》《林四姐与姚小二官》，上海郊县发现了《白杨村山歌》《林氏女望郎》等。在不长的时期内，吴语地区从老歌手口中记录到较完整的长篇叙事吴歌不下 15 部，不太完整但有重要线索的不下 30 部。

1989 年，上海文艺出版社出版了《江南十大民间叙事诗》。该书的出版，对长篇叙事吴歌的大发现作了一次总结和巡礼。这样一大批汉族叙事长诗的发现，大大丰富了我国的文学宝库，填补了吴歌研究的空白。

根据专家的分析研究，长篇叙事吴歌大致产生于明末清初，而繁荣于清中叶。这与明清时期苏州社会经济的发展是分不开的。

明中期以后，苏州及其周边地区出现了资本主义萌芽，到清代，经济更是繁荣，苏州城内搞丝织的手工业户，已不下万家，当时苏州已成了"控三江，跨五湖而通海。阊门内外，居货山积，行人流水，列肆招牌，灿若云锦。语其繁华，都门不逮"的城市。商品经济和资本主义萌芽的发展，必然会在人们的思想意识中得到强烈的反映。明代已经开始表现出来的主体意识的觉醒和反对宋明理学的思潮，在明末清初得到了进一步的发展。明清之际，不顾封建伦常道德的封杀，为追求自身幸福而敢于"冒天下之大不韪"者，层出不穷。

长篇叙事吴歌的内容，有的源自神话传说，有的源自戏文故事，而数量最多的，则是所谓的"私情山歌"。反对封建礼教，反对包办买卖婚姻，争取婚姻自由，强调个人幸福，正是明清之际随着商品经济发展而兴起的社会思潮。有些私情山歌主要来自当时的社会新闻。明清之际，民间和封建礼教抗争的事时有所闻，男女私情等社会新闻也常传播于乡村、里巷，这些新闻触动了民间歌手，促使他们根据社会新闻编唱为山歌，所以这类长歌追究起来，当地群众都说实有其人、实有其事，有的还能说出人名、地名。长篇叙事吴歌中数量最多、影响最深、成就最大、最有代表性的，也正是这类私情山歌。私情山歌应承了人文精神的觉醒和社会发展的规律，道出了人民群众的心声，深受群众欢迎，所以它才会在民间歌手口中传唱数百年而不衰。但当时的封建统治者却将这类山歌视作是洪水猛兽，用尽手段对它们进行封杀、查禁。"青山遮不住，毕竟东流去"，长篇叙事吴歌终究在长期埋没之后被我们的文艺工作者挖掘了出来，成了吴文化百花园中的瑰宝。

吴歌为世人展示了吴地人民丰富多彩的生活画卷，饱含着吴地民众喜怒哀乐的强烈情感，镌刻着吴地千百年来的民俗风情、人文历史，记载了生动鲜活的吴韵吴语，是弥足珍贵的文化活化石。

旧时的儿童游戏

过去物质匮乏，儿童玩具甚为难得，但孩子仍能凭借自己的聪明才智，创造出许多简单易行而又有意思的游戏，比较常见的有以下几种。

弯弯四巅（殿）角：利用厅堂的四角（或四周的庭柱），游戏时各人占住屋子一角（一根庭柱），另有一人无屋角（庭柱）可居，即站于厅堂中央。占有屋角（或庭柱）的人趁无屋角者不注意时，迅速互换位置，以此挑逗，无屋角者则伺机抢占别人的位置。如被抢到，则失去屋角者站到厅堂中央，成为无屋角者。

摸瞎子：一人扮作"瞎子"，用手帕扎没眼睛，其余的人即在"瞎子"周围撩拨，但不能被"瞎子"抓住。如被抓住，即与"瞎子"互换位置继续游戏。

老鹰捉小鸡：儿童数人，一个挨着一个，后者牵住前者上衣后摆，纵立成行，算是小鸡。行首一人，算是"母鸡"，张开双臂，保护身后的小鸡，不被老鹰"叼走"。另有一人，算是"老鹰"，奋力捉拿"小鸡"。老鹰左冲右突，母鸡东挡西拦，小鸡前后躲闪。游戏以老鹰抓到小鸡为胜。

骑界媾媾：又称"造房子"。过去人家的墙门间、客堂都较大，一例的方砖地。所谓"造房子"，便是在地上划出并排两行方砖般大小的方格子，然后扔一小块砖瓦在格子里；参加游戏的人一脚提起，靠一只脚边蹦边将小砖块向前挪动，在两行格子里挪一个来回，这样就算造好了一间房。再将瓦片抛入第二格，造第二间房……以此类推，直至造好全部房子。整个来回过程中，小砖块不能压住方格的线；压住线就算输了。该游戏虽然运动量不算大，但需掌握一定平衡技巧，并控制踢、跳力度，跳动的脚不能压线，瓦片也不能离格或压线，否则就算犯规，要停跳。

官打捉贼：在四张纸上分别写上"官""打""捉""贼"四字，然后折叠起来，参加游戏的人各摸一张；摸到"捉"的，赶快将"贼"逮住，交"官"判打。若捉错了人，"捉"自己就要受罚。

打官司草：马齿苋草茎，儿童称其为"打官司草"，小伙伴们常采集此草，各人一根，将两根草交叉后用力拉，谁的草断了，谁的"官司"就打输了。

猜东猜：两人握紧拳头，然后口中齐声拉腔拉调地喝唱道："猜东里格猜啊"，随即出拳。或握拳为"榔头"，或伸掌为"纸头"，或伸出食指、中指为"剪刀"，并以"榔头打剪刀、剪刀剪纸头、纸头包榔头"的规律决定胜负。

乒呤乓啷取：犹如一种摸卷的方法，数人如要排出次序，即可用之。众人口中同声齐唱："乒呤乓啷取啊！"同时伸出手来，可手心朝上，可手背朝上，如众人均是手心朝上，则手背朝上者胜出。如此多次，直至仅剩最后两人，再以"猜东猜"决出先后。

拍洋画：清末民初，外国香烟大量倾销中国，为招揽顾客，香烟

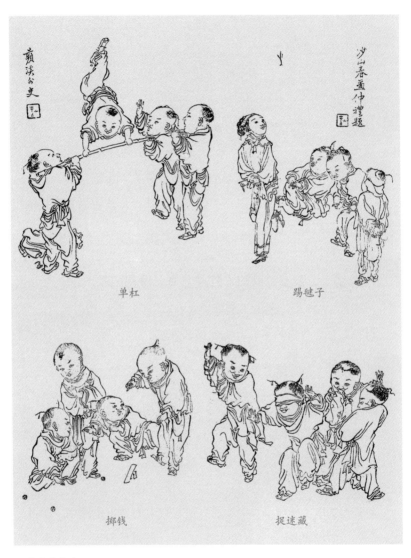

旧时儿童游戏

里常夹带有各种画片，俗称为"洋画"。拍洋画游戏，即以这种画片为玩具。先各人用手将画片按住在墙上，然后松手，任画片飘飞离墙，以飘离墙体远近为序，飘得最远的即可拾起自己的画片，去拍刮他人在地上的画片，别人的画片如被拍刮得翻身，该画片即为其所赢。如无法使其翻身，即让位于下一个人来拍刮。已经输掉了画片的，当然也失去了得胜的机会。

拍纸帕子：类似于拍洋画游戏，仅以自己用纸折的方块代替了洋画。次序的决定也有些不同：在场地上前后各画一条线，然后参加游戏者站在后面的一条线后，将自己的纸帕向前抛出，看谁抛得最远，但又不能抛过前面的那条线，出线便被淘汰。其他玩法一如拍洋画。

顶铜板（打弹子、打棋子）：又称"滚铜板"，古代即有此游戏，称为"打瓦滚钱"。玩法是将一片瓦或一块砖一头高一头低地支在地上，参加游戏的人就从胸前的高度将铜板扔下，铜板撞击倾斜的砖瓦后向前滚动，然而就看谁的滚得远，远的就能以铜板击打近的，击中就赢了。当然滚得太远也不行，超出了预画的线，是要被罚的。（打棋子、打弹子玩法与此相仿。）

踢毽子：毽子有鸡毛毽、纸条毽等多种，以布片内缝置一枚小铜钱为底，并将一根雄鸡的鸡毛管，一端剪开后折成放射状，缝牢在底上，未剪开的一端露一截在底外，再在鸡毛管内插一束鸡毛，一只毽子就做好了。玩时，以连续接踢毽子的次数决定胜负，有前踢、后勾、远吊等多种踢法，还可以头、肩、胸、腹接毽，使毽子围绕身体而不落地。吴语中称"毽子"为"绢踢"，吴地素产丝绸绢帛，推想可能曾以绢制作过类似玩具。

谋王篡位：即以毽子袭击"王"，倘被击中，王位就被篡夺了。

"王"有很多"保镖",他们常以身挡毽,为"王""殉职"。

捉贴子:以布缝成豆腐干大小的口袋,盛米、绿豆、黄豆等物。玩时,将数只捉贴子置于桌上,手中再持一只,将手中所持的一只抛向空中,落下时再将其接住,在抛出、接住这段时间里,以该手急速将桌上放置的捉贴子移向一边。如此连续抛、接,直至失手跌落为止。数人同时玩此游戏,以连续搬移捉贴子的多寡决定胜负。

七彩游戏棒:游戏棒是数十至上百根染上各种色彩的竹签,长短与筷子相仿。玩时,用手握住游戏棒,然后突然松手,让游戏棒散开于桌上,然后将散落在周围的游戏棒收集起来,如有相互叠压的,则用挑、按等方法将它们一根根地从中剥离出来,但不能触动周围其他的棒,否则就得让位他人。不同色彩的游戏棒代表不同的数值,最终以获得游戏棒数值总和的大小决定胜负。

挑绷绷:采用一根细线绳,两端相连,结成环状。玩时,先由一方用双手撑开线绳,并构成一幅几何图形,再由另一人用挑、穿、勾等方法改变原来图形,并把线绳接到自己手中。两人轮流解绷,反复交接,若一方不能勾出图形或线绳在转手时被拆散,则该方为输的一方。

车铁箍:找一只换下的旧铁箍,再找一根铅丝弯成弧形,装上一截竹竿做成手柄,弧形的铅丝推着铁箍在地上向前滚动,就叫"车铁箍"或"滚铁箍"。

此外尚有跳绳、跳牛皮筋、官兵捉强盗(捉迷藏)等多种。

斗草風清

鬥百草之戲年高者春閒韻事今人亦託天中節行之姑蘇城內果大家有一女公子繪世清才別饒雅興是日約同姊妹花三五枝編兔其奇卉陳到平庭互車條貝衣香鬥麗影梅映於花光草色間或謝迎蔴或詠醒研或名標書利或夫著合欲或擅戰鬥之奇或具獨接之態或如鄭康成之戟高誉或知謝惠連之呼仙人十毛五光今人目眩蓋不止石頭記所云觀音柳罹漢松美人蕉夫妻蕙已也惟挑紅品綠誰春錦標請選問之簡中人

斗草风清

茶馆·书场·戏院

苏州人嗜茶，所以城内茶馆林立。茶馆虽以"茶"为名，但人们到茶馆，绝非仅仅为了品茗。茶馆具有休闲、会友、交流、商贸等多种社会功能，而娱乐也是茶馆的一项重要功能。说来也有趣，苏州城里的书场、戏院，竟是从茶馆里孕育出来的。

明代戏曲家李玉，在他的传奇《清忠谱》中，就写到过茶楼书场。因此我们可以说，茶楼书场的历史至少可以追溯到明代。清代道光以后，苏州城里的茶楼书场更有数十家之多，如宫巷的"桂舫阁"，石路湖田堂的"引凤园"，东中市的"中和楼"等。这些书场的门口，都挂有一块长方形木牌，上面写着节目预告。茶楼书场的进口处，常设有一柜，柜上放着五六寸长、半寸多阔的竹筹，上面烫印书场名称、编号，称为"书筹"，听众买筹进场。

书场正面靠墙设有书坛，台高尺余，台上有半桌、交椅，以桌帏、椅帔装饰，椅上有蒲团。据说乾隆皇帝南巡时，曾召弹词名家王周士，赐他坐在蒲团上御前弹唱，弹词艺人以此为荣，从此纷纷仿效，都要在椅子上放只蒲团。但蒲团毕竟粗陋，后来就改成了锦墩。半桌上置有烛台，上插红烛，并有折扇、惊堂木等简单道具。

当时，书场内安放的是八仙桌，听众围桌而坐。靠近书台则设有长桌，原为照顾听觉不甚灵便的老者，所以叫"老人台"，有敬老之意；后来时有幼儿杂坐其间，所以又将其改名为"状元台"，有祝祷孩童日后高中之意；再后来，虽然这种长桌仍以状元台相称，却已成为有身份的乡绅和老听众的专座，一般听众就无从沾边了。

听客在桌子周围坐定，茶馆里的伙计就会到位子上来收书筹，同时送上茶壶和茶盅。演出中间，书场内常有小贩穿梭桌椅间，卖花生、瓜子的，卖五香茶干、茶叶蛋的，卖鸭肫肝、熏肠肚子的，几乎是应有尽有。也有听众干脆叫茶馆伙计到外边去下面、买小笼汤包等点心。茶馆的伙计，也不时倒水、冲茶、送毛巾，在场子里忙个不停。

有些书场还特意将一边的落地长窗打开，让书场外的人能站在长窗木栅栏外看到里边说书的情景。有些买不起书筹的人，就站在外面听"白书"，俗称"听戤壁书"或"听专书"。这是场主扩大影响，以招徕听众的手段，许多艺人的书艺和精彩的片段，正是通过这些"听戤壁书"者宣传出去的。苏州人的脑袋也真灵，这种"口碑"广告的效果还真不错，往往会引来更多的听众。

戏院在茶馆里孕育的情况也大致相仿。到清代，苏州一些较大的茶馆里开始出现了搭台演戏的情况，茶客们一面喝茶一面看戏。这种茶馆里的茶桌也都是方桌，茶客们有兴时侧转身来看一下戏，回转身仍喝茶聊天，所以人声嘈杂，吵闹不堪。乾嘉年间，阊门外上塘街一带商店林立，市面繁荣，这种演戏的茶园，首先在此出现。当时，渡僧桥附近还有一家专演昆曲文戏的"三庆茶园"，在普安桥小菜场附近还有一家演徽班戏和京班戏的"庆乐茶园"，都颇知名。

太平天国之后，昆剧文班戏开始进城演唱，便在黄鹂坊桥头申家祠堂前的城隍庙内或镇抚司前的梨园公所、长春巷里的钱浙会馆，暂时搭台演唱。光绪年间，观前街的棋杆里也曾设过戏馆，不过看客寥寥，生意清淡，看白戏的人多，时常因争打闹事而停演。当时城外兴建马路，万源桥边设有京班戏馆，叫"大观园"，对面还有"丹桂戏馆"，专演髦儿戏。

那时戏院已有一定规模，一般建有两层楼房，戏台造成方形，楼下正面称"正厅"，左右两边为"边厢"，正面楼座称"花楼"，左右两侧称"包厢"。花楼常为官吏乡绅所占有，包厢是阔佬们看戏的地方，一般平民只好跻身楼下。戏院虽已渐次与茶馆相分离，成为主要供演剧看戏的场所，但仍旧保留着茶馆的某些遗韵，如楼下正厅虽改用六仙桌、小靠椅，每桌六位客人都能脸朝戏台，但桌上仍置有水果、茶食和瓜子等食品，每桌八盘，供客人随意闲食。花楼和包厢隔成小间，摆设烟榻和桌椅，布置精美，当然也少不了水果、茶食，那些阔客如果看得不得劲，就横倒在烟榻上去抽大烟、吃水果，甚至让仆人到菜馆去叫来酒水，在那里斟酒小酌。真正来看戏的，倒是坐在边厢长凳和搁着的门板上的穷看客。

那时每天早上，往往有戏馆里的"案目"到各阔佬家来分派戏单，宣传戏情角色，客户认为好看，就向他订座。因为还无电灯，所以只开日场，逢到过年过节，才加演夜场。演夜场时，台前挂起了点菜油的油灯，为了能达到一定的亮度，灯芯往往用得很粗。后来改成玻璃灯，点大蜡烛。到光绪年间有了火油，便开始改用煤油灯了；再后来则用汽灯，亮度大增。

每次开场演戏，总要先敲开场锣鼓，演《天官赐福》《跳加官》

《跳魁星》《跳财神》等开锣戏。在正戏开演之前，还要把即将演出的剧目编成戏词，随口唱出，称作"叫歌排场"。在开戏过程中，如有官员或阔客到来，台上的戏文立即停下来，重跳加官；如果来的是尊贵的女客，就跳女加官。此时，阔客们就会把赏封丢到台上，穿红衫的旦角必要跑到台上来作揖谢赏；经过这样一番折腾过后，才接演戏文。全部戏文演完后，乐工吹着"打金榔"的曲调，老生和老旦走出来向观众作揖道谢。一到"老旦唱大喏""大团圆"，看客便知道戏已演完，都急着向大门拥去。

辛亥革命后，苏州城内的戏院渐渐多了起来；演出也不再限于昆剧、京剧，锡、沪、淮等剧种也开始在苏州上演。但戏院里喝茶这种习俗依然未改，直到 20 世纪 50 年代末，才逐渐消失；而书场里，直到今天仍然保留着边听书边饮茶的习惯。这或许可以说是苏州书场、戏院脱胎于茶馆"母腹"的一种胎记了。

私塾·船学·文邦

清末民初,社会上虽已出现了新学,但一般人家还是将子弟送入附近的私塾中去就读。苏州素有"文学之邦"的美誉,苏州人对文化教育历来都非常重视,孩童拜师入塾,当然就被看作一件大事,成为内容丰富的旧时民俗。

过去孩子长到六岁,就要考虑送入私塾去读书了。苏州习俗,孩子第一天上学,须由母舅陪送。这一天送学的母舅要穿上礼服,长衫缨帽,喜气洋洋;入学的孩子也穿戴得衣帽一新。有钱人家派家童,稍次的人家则雇人,挑了一副担子,一头是书箱,一头是隔盘,随之而行。书箱里一部"四书",一匣字帖,笔墨砚纸文房四宝以及笔架、笔筒等应有尽有;隔盘内必是定胜糕、糯米粽。过去读书,出路唯有科举,"糕""粽"因与"高中"两字谐音,便成为具有吉祥寓意的食品。这粽子还另有讲究,要做得四四方方的像颗官印,叫"印粽";另有两只则要裹成笔管的形状,叫"笔粽",这是"必中"的谐音。当天放学回家,先生会让学生将"印粽"像"官印"似的捧回家去。这一切无非全是讨日后科举出息的吉利。孩童初次进塾,还要带上一只拜盒,内放贽仪钱和受业人帖子。

到了塾中，在孔子神位前供上糕粽，点烛拈香，母舅叫孩童先拜孔子；然后让先生、师母椅子上坐了，叫孩童跪倒在红毡单上，向先生、师母礼拜；最后和同学们作揖，并给同学们各倒一杯和气汤，派一份糕粽，希望日后同学之间和和气气，互相照应。这一切仪式结束，陪送的母舅也向先生师母作揖，说两声"拜托"，就可告辞了。

塾师教授生徒，分识字、读书、作文、写字四项。先要教学生识字，字写在裁成方块的红纸上，俗称"方块字"，笔画由简到繁，字义由浅而深，每天识四五个，一直要识到三四千字，才开始读书。读的书先是《百家姓》《三字经》《千字文》《神童诗》，然后是《大学》《中庸》《论语》《孟子》，即所谓"四书"，再下来是《诗》《书》《易》《礼》《春秋》等，逐步地读上去。每天教几行到十几行，依学生资质而定，只读不讲，所以许多书尽管读得滚瓜烂熟，甚至能倒背如流，但对内容却仍是一知半解，不甚了了。达到读过"四书"的程度，先生才开始教授虚字，出题练习作文；读完"五经"，再讲解声韵，学习吟诗作联。写字在古代一直被视为六艺之一，历来十分重视。学生学写字，先从先生把手描红开始，慢慢过渡到临摹法帖，还不时加入抄书、默书，以便在练字的同时能熟记课文。

过去的塾师良莠不齐，尽心尽职的固然不乏其人，但唯利是图、敷衍塞职混饭吃的"冬烘先生"也为数不少，对于后一类私塾，人们讥之为"学店"。有些先生贪睡懒觉，学生每天到塾，早上不能高声读书，只许默读或写字，待老师起身后，才能放声诵读；中饭后，塾师要午睡，因此又不能读书，大家只能抄书或作文，待塾师醒后，才能照常朗读。

私塾先生的教学方法大多是死记硬背，且十分严厉。学生读熟了书要背,背了昨天教的,还要能带背以前读熟的书。塾师对背得出书的学生才教授新课。到中午或傍晚,背出当日生书的,就可以提前放学;否则就会关饭学、关夜学,非要背出来后才能回家。塾师还常用立壁角、跪在至圣先师神位前反思、戒尺打手心、"吃毛栗子"、打屁股等来惩罚学习不好或调皮捣蛋的学生。学生不肯读书时,塾师就用戒尺在台子上拍得震天响,吓得学生们不敢偷懒,只得摇头摆脑地高声朗读。

塾师的报酬称为"束脩",按学生修习的程度而分多寡,每年按六个节期致送。这六个节就是清明、夏至、七月半、重阳、冬至、年

私塾

夜。到了节日,学生们把学费用红纸包好了送去,有些阔气的人家,放在封袋内,上面写上"脩金"字样,用拜盒叫佣人送去。有的学生家长会打算,因为开学到清明、冬至到年夜这两个阶段,日子很少,就不让孩子来读书,塾师称之为"赖春""赖冬",这种做法往往会引起塾师对学生的歧视。其实,塾师每节的束脩也是很微薄的,启蒙只有青钱二百文,就算教到"四书",也不出五百文。当然,除去束脩也有一些额外收入,学生方面除贽仪钱外,"把笔"要交笔费,讲书要交讲解费,作文学诗也都要增加束脩。此外,代人撰写对联、写帖子、写书信、写契约,也都有点收益,对他们来说,均不无小补。

苏州人对为人师表的塾师一向甚是尊重,因此逢时过节,总会给他们送点礼,作点孝敬。例如初一、月半,学生要送香烛,膜拜孔子;清明节要给塾师送青团子、焐熟藕;立夏要送咸鸭蛋和酒酿;端午送粽子;夏天送西瓜和百合;中秋送月饼;重阳送重阳糕;冬至送团子;年夜送年糕。多少不说,无论贫富,几乎没有不送的。家境宽裕的学生家庭还备了丰盛的菜肴,轮流请塾师喝酒吃饭。塾师往往收到学生家长送来的食品之后,也分些给学生,一起享受。还没送礼的学生回家就吵着要家长去送,家长也总是千方百计去买一点来送塾师,免得孩子在塾中受歧视、遭责难。

苏州人对教育的重视,不仅体现在城里,同样体现在广袤的农村,太湖渔民的船学,尤是明证。渔民长年在风浪中出没,过着"三面朝水,一面朝天"的生活;但是,即使在如此险恶的环境中,他们仍千方百计创造条件,让孩子能读书受教育。于是,渔家船学这种办学形式便应运而生了。

所谓船学,便是在渔船上办学,使终年不靠岸的渔家子弟也能得到读书、接受文化知识的机会。但每条渔船上只有一两个孩子，要在船上办学就只有几条船联合起来才成。一般由一名热心渔民教育事业、威信较高的学童家长出面作"引头人"，和各船家联系，凑满十二个孩子就差不多了。有了学生还得有老师，因此还得去聘一位不晕船、能适应水上生活的老师到船上来教书。

  船学实行寄宿制，各渔船的学童集中在一条船上学习。师生的吃住由学童家长轮流负担，称为"供学"。船学的学生不能太少，又不能太多；太少，分担的费用多，家长难以承担；太多，船上容纳不下，一般以十二至十六人为宜。然后根据学生的具体数目，推算出每艘船的供学天数，如十六人的话，每船要供学十八天；十二人的话，每船要供学二十五天等。"引头人"的渔船做"头船"供学，然后其他渔船以抓阄的先后次序，轮流供学；轮到年终，轮满为止。如果供学有具体困难，可以多交学费的形式来补偿。因渔船在湖上捕捞期间不能上岸购物，所以供学船要备有足够的粮油等必需品。供学的伙食都很讲究，鱼虾要留最好的，女主人还要不断地变换菜肴的品种和烹调方法，尽量让师生吃好。各供学船之间，也往往在暗中竞争，看谁家的供学伙食做得好。有些供学船还常有点心供应。由于师生们都是早睡早起，所以吃点心一般在上午十点左右，有馄饨、面条、汤团之类；除此之外还备有贡鱼、虾米、糟鱼、咸鸭蛋四碟冷菜，供老师独酌。供学期间，船主要陪先生上一次街，请老师理个发、洗个澡，到酒肆去喝盅酒。另外，立夏、端午、七月半、中秋、重阳、冬至等时令佳节，逢值的供学船一般都要上岸采购，请老师和学童吃过节酒。供学的最后一天要办"过船酒"，吃过此酒，就用舢板将师生送到下一家的供学船上去了。

除供学以外,每个学童一年还要付六块大洋(约合两石米钱);每年农历正月二十一开学时再交二十个铜板和一支白及(中药材),这是供老师批改作业用的。六月"歇夏"一个月,老师回家休假。七月初一复学,到十二月二十日,一个学年结束,"引头人"又在酝酿明年的办学大事了。

船学一般设在全船最宽敞的"大舱"内,这里也是渔民举办重大祭祀活动的场所。大舱比较高爽,在舱内人可直立行走,舱底用"替舱板"铺成地坪,冬暖夏凉。紧靠"前梁头板"放一张方桌,权作供桌兼教桌,桌上供有孔子塑像或画像以及由老师书写的"天地君亲师"牌位。方桌右侧是老师的座位,左侧坐两名"二年头"的学童;当值供船上的学童,面对孔子塑像而坐,其他学童散布舱内,席地而坐,各备一只椭圆形的"锁桶",既当书桌,在上面读书写字,又当箱柜,将自己的日常生活用品和学习用具都放置在内。

上船学的都是十四五岁的男孩,因为要住读,独立生活,年岁过小难以照顾。新学童入学的仪式,大致和前面所述进私塾时的相似,学生家长要备一只"上学盘",盘内有定胜糕、团子、菱、藕、葱等物,取其"通灵聪明、一定高升"的吉祥寓意;也由母舅陪了护送到"头船"上去祭孔、拜师;届时用红枣、莲心、糖煮成"和气汤",和糕团一起与同学分食,表示今后大家"和和气气、团团圆圆、高高兴兴"。然后,老师给学童取名,有了学名,才成为一名正式学生。所学内容和教育方法,与陆上私塾也大致相仿。除毛笔字外,还学珠算,由小九九、大九九到加减乘除、斤两法等,以应付日后的实际需要。

学童们在一起过集体生活,十分愉快,课余时间还常常爬桅杆、摇舢板、钓鱼,预习他们日后生产中的技巧;也玩飞洋片、"抽贱骨头"、牵小竹偶等小玩意儿,总是玩得满头大汗。晚上睡在一起,叽叽喳喳悄悄话说个不停,或窸窸窣窣在锁桶里找零食吃,还时常你抢我夺,打闹戏耍,直到老师发了话,才不得不合上眼睛入睡。

据古书记载,渔民所办船学,在明代已经甚是兴盛,它的历史一直延续到中华人民共和国成立后。办船学之举,表达了渔民希望自己的子孙后代能有文化、有知识的强烈愿望,但太湖里的大船有百余艘,渔民孩子不知有多少,而能办船学的渔船毕竟寥寥无几,大部分孩子还是读不上书;即使上了船学,也只是读那么短短的一两年;至于女孩子,那就更没有读书的福分了。

可喜的是,太湖渔民成年累月漂流湖上的岁月已经成了历史,太湖船学也退出了教育历史的舞台。如今这些渔民已经在陆上定居,渔村里有了渔民自己的小学、中学,他们的孩子考上大学,出国留学,成为硕士、博士,也已经不再是新闻了。"文学之邦"苏州,在尊师重教、科教兴国方面,也正书写着新的辉煌篇章。

◎ 岁时节令 ◎

苏州民俗 >>>

岁时节令民俗是一种极其复杂的社会文化现象，它和气象、物候、生产、生活、信仰、娱乐等内容都有关系。稻作生产是苏州人自古以来繁衍生息最基本的物质基础，这使苏州人对气候节令的变化分外关注，因此苏州的岁时节令民俗也特别丰富，清代袁景澜的《吴郡岁华纪丽》一书，所收岁时风俗就有316条。要述及苏州全部的岁时节令民俗是不可能的，这里仅就春节、元宵等几个大的岁时节日做些介绍。

　　苏州的岁时节令民俗，文化内涵特别丰富，每个节日几乎都有相关的民间传说，每个节日几乎都包含了民间信仰的内涵，每个节日几乎都有相应的节令食品，每个节日几乎都有民间娱乐活动，每个节日都有它的历史渊源。这些岁时节令民俗，也寄托着苏州人的祈求和向往，蕴含着他们在长期生产和生活实践中积累起来的经验教训，同时也表现了苏州人的生活情趣和聪明智慧。

人事自循新岁例
——年俗渊源

春节原叫元旦。元,是开始的意思;且,指太阳从地平线上升起,含天明、早晨之意。农历正月初一,正是一年的日升之始,元旦之名便因此而得。正月初一又是一年的第一天,所以又叫作"元日"。北宋著名政治家、诗人王安石就有《元日》诗,专写元旦风情。正月初一,不但是岁之始,还是时(四季)之始、月之始,所以古人又将这一天叫作"三元"。

但是,究竟将哪一个月看作一年中的第一个月,历史上是几经变化的。夏朝(公元前21世纪—前16世纪)根据月亮的圆缺制定出了阴历历法,这便是夏历。现在所说阴历的一月,也就是夏历的正月。商朝(公元前16世纪—前11世纪中期)却将阴历的十月作为正月,这便是殷历。到了周朝(公元前11世纪中期—前256年),又将阴历的十一月份作为正月,这便是周历。秦始皇统一中国后,曾恢复殷历,即仍将正月定在阴历的十月。直到汉武帝太初元年(公元前104年),才下诏将月份改回到按夏历排列的次序,并一直延续到今天。所以,我们现在所说的农历、阴历,实际上就是夏历。

辛亥革命后,我国改用公历纪年,公历的1月1日被叫作元旦,农历正月初一就改称为春节了,但苏州人却仍习惯地称它为"过年"。

过年,无疑是民间最为隆盛的传统节日。节日期间苏州民间有掸檐尘、贴春联、放爆竹、吃年夜饭、祭祖祀神等一系列习俗。那么,春节——亦即过年的风俗,是怎样产生的呢?

关于"年",民间有这么一个传说。

在很久很久以前,世界上有一种凶恶的野兽,叫作"年"。它伤害人畜,常常搞得鸡犬不宁。此事被天神知道后,为了惩罚"年",就将它关进了深山,只允许它每岁出来一次。

一个月过去了,两个月过去了……一直过去了十二个月,"年"

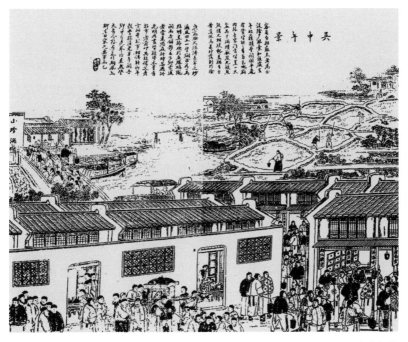

吴中年景

突然又出现了，并且照旧伤害了许多人畜。

人们慢慢知道了"年"下山的规律：每过365天，岁终腊月时，"年"就要出现了。每到这个时候，人们就磨刀提棒，买菜储粮，关门闭户，彻夜守候，准备与"年"搏斗。有一次，"年"来到一家人家，这家人都穿着红色的衣服，正燃着一堆竹子在取暖，燃烧的竹子不时发出噼噼啪啪的声响。想不到，"年"看见火红的衣服和红彤彤的火焰，听到竹子爆裂的声响，吓得掉头逃跑了。人们慢慢掌握了"年"的特点：它怕红色、怕火光、怕声响……这样，每到"年"要到来的时候，人们就在门上贴上红纸，敲锣打鼓，点燃家里所有的灯烛，吓得"年"不敢走近。

时光荏苒，从此以后，"年"再也没有出现过，据说它在山中饿死了。但是，每到岁末，贴春联、放鞭炮、燃红烛等做法却成为习俗被保存了下来，那鲜红的对联，辉煌的灯烛，清脆的爆竹，喧天的锣鼓……一直流传到今天。大年初一，人们拱手相贺，原来是祝贺没有被"年"吃掉；年头上走亲访友，原来是要看看亲友中有没有人遭受"年"的祸害……

这当然只是个有趣的传说。其实，"年"是人类在长期与自然斗争的过程中，发现了天文上日月运行、气象上四季变换，不断周而复始这个客观规律以后形成的一个时间概念。过年表示着一个旧周期的结束与一个新周期的开始，是人们总结过去，展望未来，除旧布新的时刻。年这种周期性的时间概念对于人们生产、生活的计划安排，都具有重要的意义。同时，人们在经过一年的辛勤劳动，并获得了秋天的收成以后，也需要利用冬日的余暇来享受自己的劳动成果，热闹、庆贺一番。

追溯到更早的时代，过年的许多习俗可能都和民间信仰有关。岁末年初，人们进行一定的仪式，为这一年所取得的收成而感谢祖先和诸神，并祈求他们在新的一年里继续保佑自己；同时，人们又进行一定的仪式来驱除疫鬼。前者即为腊、蜡（读 zhà）之祭，后者就是傩祭。过年习俗可能就是由这些信仰活动演变而来的。

据古代文献记载，周代每年就有腊和蜡两种祭礼。当然，腊祭和蜡祭的历史，可能比文献记载更加久远。腊是祭祀祖先，蜡则是祭祀百神，特别是和农业有关的神灵。祭祀的目的，就是"合聚万物而索飨之"，以此来报答祖先和神灵给人们带来的农业丰收和安宁。这两种祭祀都在年终进行。到秦汉时，两种祭祀合在了一起，总称为腊。因为腊祭总是在每年的十二月进行，所以后来人们干脆就将农历十二月称为"腊月"。祭祀祖先和百神都得准备许多食物作为供品，祭祀以后，人们就在一起欢会合饮，称为"腊节"。腊祭结束，当时的奴隶主们也暂不大兴徭役，奴隶们忙碌了一年，到这时也可以稍稍休息一段日子了。

《吕氏春秋》注曰："前岁一日，击鼓驱疫病之鬼，谓之逐除"，亦曰傩。傩，就是古代在岁末腊月驱逐疫鬼的仪式。驱傩的习俗非常古老，"周官岁终，命方相氏率百隶索室驱疫以逐之，则驱傩之始也"。可见，至迟在周代这种习俗已经开始流行，而这种习俗的由来与前面介绍的关于"年"的传说，正好有暗合之处。傩祭时要击鼓逐疫，跳傩舞以驱鬼；宋代以后逐渐向娱乐方面发展，傩舞的内容也大为丰富，包括表现生产劳动的情景和民间传说故事，有些地方还从中发展出了傩戏。

直到今天，我们过年时还要杀猪宰鸭，烧香点烛，祭祖祀神，聚餐会饮，放假休息，进行各种文娱活动。这些习俗，大概就是从古代腊祭和傩祭这些信仰活动中慢慢传承演变而来的吧。

屋尘收拾号除残
——掸尘习俗

> 茅舍春回事事欢，屋尘收拾号除残。
> 太平甲子非容易，新历颁来仔细看。

这是清代苏州诗人蔡云写的一首《吴歈》诗。

苏州人有个习惯，过年之前，无论城乡，家家户户一定要洒扫房舍，去尘垢，净庭户，俗称"掸埃尘"；用现在的话来说，就是要进行一次彻彻底底的大扫除。过去人们迷信，就是掸埃尘这样的事，也要翻翻"皇历"，拣一个"宜扫舍宇"的日子。一般人家如果不翻历本的话，那就在腊月二十三、二十四或二十七这三天中任选一天来完成这项任务。

掸埃尘可以说是年节将临的征象了。

关于掸埃尘，民间也有一个传说。

从前，人的身上附有一个看不见的三尸神。这三尸神，是玉皇大帝派到下界来监督人们言行的，但他却不怀好心，专喜挑拨离间，惹是生非，每月上天在玉帝面前讲主人的坏话，向玉帝讨功。

起先，玉帝听了他的话也不甚相信，心想：坏人总是有的，但是哪会有那么多的坏人呢？后来，禁不住他一而再、再而三地在耳边嘀咕，玉帝就不由得犯了疑。三尸神见玉帝已经将信将疑，赶紧火上浇油，对玉帝密报道："啊呀，不得了啦！下界的人不但老做坏事，他们还口出狂言，肆意咒骂您玉帝呢，听得我肺也几乎要被气炸了。还有更严重的呢，他们竟然还在密谋策划，想要反叛天廷！这、这、这，不对他们严加惩处，怎么得了?!"

玉皇大帝听到这儿，不禁勃然大怒，就对三尸神道："你给我下去细细地挨户巡查，如发现坏人，就把他们的罪行和名字暗暗记在墙上，并在屋角布上蛛网，做好记号，到除夕之夜，我将命王灵官下凡，按你记下的名字和罪行，惩罚这些坏人！"

三尸神一听，心里来劲儿啦，马上回到人间，不管三七二十一，挨家挨户罗织罪名，把各家的人名全写到了墙上。

这件事给灶君知道了。灶君秉性善良，向来是"上天言好事，下界报平安"，对人间百姓的细微过错也从不计较。得悉此事后他万分焦急，这可怎么办呢？各家各户的灶君聚在一起，商量来商量去，最后总算被他们商量出了一个办法。腊月二十四送灶那天，家家户户的灶君郑重关照大家："除夕之前，每家每户一定要将墙壁、屋宇彻底掸扫，不能留下一点灰尘，一丝蛛网。哪一家不打扫干净，以后就不再回到那人家去了。"大家知道灶君是给自己保平安的好神，岂能拂了他的意，让他不肯再来呢。于是除夕前大家就照灶神吩咐，掸的掸，扫的扫，将屋子里里外外彻底地打扫了一遍，无意中也就将墙上的灰尘、屋角的蛛网，连同三尸神暗中写下的名字都扫了个干净。

除夕之夜，王灵官受命来到人间，只见家家户户墙壁上干干净净，一个人的名字也找不到，每家人家的屋檐墙角，一丝蛛网也没有。王灵官的脾气甚是暴躁，在人间白白地兜了一圈，一个坏人也没有找到，便气呼呼地回到天庭，向玉皇大帝发了一通牢骚。玉皇大帝知道三尸神骗了他，也非常恼怒。三尸神看看阴谋败露，哭丧着脸对玉帝道："我本不该……不过，我……我也是为天庭着想……"没等三尸神说完，玉皇大帝就喝住了他："你这个血口喷人的东西，我差一点被你所骗，错杀了无辜……你，你还敢狡辩！"玉帝叫天兵掌了三尸神几个嘴巴，痛打了三百大板，并将他打入天牢进行惩罚。而除夕之前家家户户大扫除、掸尘埃却从此成为习俗，流传了下来。

  传说毕竟是传说。其实，掸尘埃的本意恐怕还是和古代的民间信仰有关。古人以为扫除尘秽的行为，具有能将灾晦之气一起祓除的巫术意义。在迎接新年的时候，彻底将屋宇打扫一番，祓除灾晦之气，让新的一年充满吉祥、安宁，这是人们普遍的心愿。同时，过年具有"除旧迎新""除残布新"之意，而"除尘"的"尘"字，正和"陈旧"的"陈"谐音，"陈"也就是旧的意思，成语"推陈出新"即是此意。所以，"除尘"也就和"过年"有了同样的含义，放在过年时进行最恰当不过了。"屋尘收拾号除残"，有些地方干脆将掸埃尘叫作"除残"，也正是此意。

  不管怎么说，干干净净过新年，总是符合人们的心理需求的，也正因为此，掸尘埃的习俗才能够一直传承到今天。当然，各地都在为创建卫生城市、文明城市而努力的今天，一年一度的掸埃尘显然已经不够了，打扫卫生已经成为人们处处时时的自觉行动。

灶君朝天欲言事
——送灶习俗

苏州民间,岁末还有一个重要的习俗就是"送灶"。

灶神,又叫灶君、灶王,苏州人则称他为"灶界老爷"。过去苏州城乡一般人家的灶头上边、烟囱前面,都有一个小小的神龛,神龛里就供着灶神的纸码或神位。神龛前还挂着竹编的帘子,叫作"灶帘"。神龛的角上,往往还挂着灶锭——一种纸折的元宝。神龛前则设有香炉和烛台。

灶神在汉代以前,曾和火神混而为一,并有"灶祀老妇人,古之始炊者也"的说法。灶最根本的功能是以火熟食;人类利用火来烧煮食物之初,恐怕并无专门的灶具,因此灶和火的概念是很难分清的。而从"祭老妇,报先炊之义"的说法中,似乎可以窥见母系氏族的影子。无疑,灶神信仰是十分古老的习俗。

到汉以后,灶神的职能已经从掌饮食,演变为主祸福了。

民间传说,灶神每年要上天一次,向玉帝汇报他所在那户人家的善恶。送灶就是在他上天述职之时给他饯行。送灶的时间正好在腊月将尽之际,因此就成了年俗的一个重要组成部分。

南宋苏州籍的著名诗人范成大,有一首叫《祭灶词》的诗,形象

老式厨房

地描绘了当时苏州民间送灶的习俗:

> 古传腊月二十四,
> 灶君朝天欲言事。
> 云车风马小留连,
> 家有杯盘丰典祀:
> 猪头烂热双鱼鲜,
> 豆沙甘松粉饵团。
> 男儿酌献女儿避,

酹酒烧钱灶君喜。
婢子斗争君莫闻,
猫犬触秽君莫嗔;
送君醉饱登天门,
杓长杓短勿复云,
乞取利市归来分!

从范成大的《祭灶词》中可以看出,当时灶君上天言事的传说流传已经非常广泛。诗人在诗中介绍了送灶的日期、送灶时所用的供品,以及人们送灶时对灶君的祈祷词。

苏州民间送灶,一般在腊月的二十三或二十四,有所谓"官三民四"的说法。腊月二十五日送灶的人家极少,且有"廿五送灶,七颠八倒"的说法,因为过去烟花堂子,二十三、二十四还要接客,无暇顾及灶神,要到腊月的二十五日,基本上已没有客人了,他们才想到要行送灶仪式。普通人家当然不愿与妓院为伍。

住房狭小的人家,就在灶间送灶,供品香烛亦即置于灶台乃至镬盖上。房屋宽敞的人家,一般均在大厅中进行。

早先送灶所用的供品是黄羊。据说汉代有一位叫作阴子方的人,一个腊日的早晨,正当他在煮饭时,灶神突然现形,阴子方马上向灶神连连叩头,可巧当时家中有一只黄羊,他就将它杀了拿来祭祀灶神。此后,他家竟然财运亨通,三代以后,家道更加兴旺了。此事不胫而走,于是人们纷纷仿效,每于送灶时也杀黄羊以祭,希望像阴子方一样,也能得到灶神的青睐,让家道兴旺起来。这样,送灶用黄羊,在相当长的一段时间里几乎成了风俗。鲁迅在他的《庚子送灶即事》一诗中写道:"只鸡胶牙糖,典衣供瓣香。家中无长物,岂独少黄羊!"要买一头黄羊,对于缺吃少穿的穷人来说,确实不是易事;再说大多数人并没有因为用黄羊祭祀灶神而富足起来,所以后来送灶用黄羊的人就渐渐地少了,然而胶牙糖却是不可省却的供品。

苏州的胶牙糖,做成元宝的形状,俗称"糖元宝"。鲁迅先生在一篇杂文《送灶日漫笔》中写道:"灶君升天的那日,街上还卖着一种糖,有柑子那么大小,在我们那里也有这东西,然而扁的,像一个厚厚的小烙饼。那就是所谓'胶牙饧'了。本意是在请灶君吃了,粘住他的牙,使他不能调嘴学舌,对玉帝说坏话。"虽然各地的胶牙糖形状不同,但希望灶神别到玉帝那儿去说坏话的用意是一样的。可见灶神尽管不像三尸神那么坏,人们对他仍是有所提防的,好在他也不难对付。

送灶时还有另一些供品,如灶神纸马、灶帘、灶锭等。以前没有电灯,照明是用油灯的,苏州人用竹子编成一个架子,放上一个粗壮的竹节,盛上油,点燃浸在油中的灯草就可以照明了。这种竹编的灯架叫作"灯檠",俗称"灯挂"。灯檠每年要换新的,送灶时将换下来的旧灯檠,串上两根筷子,糊上红纸,插些冬青柏茨,就算是灶神的轩轿了,祭灶时也要与供品放在一起。

祭祀完毕,就将灶神的纸马"扶进""轿"里,连同灶帘、灶锭等一起送到门外焚化,此时鞭炮齐鸣,竹节柏茨在火中也发出噼噼啪啪的声响。送灶的人们还要将作为灶神马料的黄豆、稻草等撒向屋顶,同时口中高喊:"灶界老爷上天哉!灶界老爷上天哉!""黄金千万两!满地撒金钱!"稍过片刻,一人便将灯檠烧剩的大竹节视作元宝,用火铗夹了,下面用饭箩筲箕承着(意谓不让元宝漏掉)走回屋中。另一个则拿了糖元宝，一路喊进屋去："元宝滚进来！元宝滚进来！"至灶间，将"元宝"及未燃尽的香烛一起送进最大的灶膛，再将糖元宝搽在灶门两旁，算是"封库"的象征。余下的糖元宝就给孩子分食。

这样，就算是送灶神上天了。一直要到大年三十夜，再将灶神从天上接回来；当然，届时又会有一整套的仪式来表示对灶神的欢迎。

送灶习俗本是一种迷信，但从中可以看出人们对于安宁和富裕的向往。送灶时老百姓敢于调侃灶神，表现出人们对神灵并非只是畏惧，同时也显露出中国人的幽默性格。现在，管道煤气、罐装天然气在苏州城乡已经相当普及，那种带神龛的老式灶头已难以找到，家家户户大概再也没有灶神的栖身之地了。

总把新桃换旧符
——春联习俗

如今每逢春节,苏州民间还有在门上贴春联、门神,在屋内墙上挂年画的习俗。你可知道,它就是由古代春节时在门上挂桃符这种古老的习俗演变而来的吗?

> 爆竹声中一岁除,春风送暖入屠苏。
> 千门万户曈曈日,总把新桃换旧符。

北宋著名政治家、文学家王安石的这首《元日》诗中,就写到了"总把新桃换旧符"的习俗。

这种习俗在春秋战国时期就已经有了,不过当时挂在门上的还不是桃符,而是桃梗。《战国策》曾记述了主张合纵抗秦的苏秦以土偶人和桃梗的寓言,劝阻孟尝君入秦的故事。其中有"土偶人语桃梗曰:'今子东国之桃木,削子为人,假以丹彩,用子以当(挡)门户之疠'"(《岁时广记》卷五)等语。可见,当时削刻桃木为人形,敷以丹彩,挂在门上,用来驱避疠疫等邪恶之气的习俗已经流行。那桃木削刻成的小木偶,就是桃梗。

古人相信桃树有驱鬼避邪的功能。《礼记·檀弓下》在记载君王亲临丧家时写道："君临臣丧，以巫祝桃茢执戈。"注解中说："桃性辟恶，鬼神畏之。""茢，苕帚也，所以除秽。巫执桃，祝执茢，小臣执戈。盖为其有凶邪之气可恶，故以此三物辟祓之也。临生者则唯执戈而已，今加以桃茢，故曰异于生也。"

"桃"，就是桃枝；"茢"，则指苕帚。古代有这样的礼仪：国君到活人那里去的话，只有卫士执戈前导；但如参加臣下或臣下家属的丧礼，除卫士执戈外，还要让巫祝举了桃枝和扫帚在前，为国君驱鬼、避邪、开道。此类习俗除《礼记》外，在《周礼》《左传》等古籍中也多有记载。

这种桃能驱鬼避邪的俗信一直流传到近代，如前所述，太湖流域的蚕农，在养蚕时多有禁忌。一开始养蚕，外人就不得随意进入蚕室了，怕将鬼怪邪气带进蚕室。左邻右舍如非要入蚕室不可，须先在门外轻轻叫喊，里面的人轻声答应后，才能进去，且要摘一片桃叶或一枝桃树枝头带去；蚕家也有自己在蚕匾里放些桃叶的。

大约成书于战国时期的《山海经》，讲述了这么一个传说：东海里的度朔山上有棵大桃树，蟠屈三千里，它伸向东北方向的树枝纠结成为拱门的形状，度朔山上的万鬼都要从此出入，因此叫作"鬼门"。天帝怕鬼蜮扰乱人间，就派了神荼、郁垒两个神把守此门，辖领众鬼；如果遇有恶鬼，他们就用苇草做成的绳索将其捆缚起来，送去喂老虎。

"桃梗"之俗大约也正是从这类传说中发展起来的。过去，元日早上大家还要喝用桃树的叶、枝、茎煮成的"桃汤"，以此来驱鬼。人们用桃木削成人形，将它立在门首，在门上画上老虎和神像，悬挂上苇绳，用意也在压邪驱鬼。但是削刻桃人十分费事，后来人们干脆就在桃木板上画上神像悬挂在门旁，用来代替桃人。再进一步简化，连神像也不画了，只在桃木板上写上神荼、郁垒两神的名字，有时可能还连带写上两句趋吉避邪的话语。这样，桃梗也就演化成了桃符。这类桃木板又叫作"桃板"或"仙木"。纸张代替桃木板后，神名、神像就写、画在了纸上，"桃符"也已经空有"桃"名了。每到岁末年初，人们都要将旧桃符取下来，换上新桃符，这就是王安石诗中所说的"总把新桃换旧符"。

后来，这种桃符向两个方向发展，或专画神像，或专写字句；门神也由秦琼和尉迟敬德代替了神荼和郁垒；趋吉避邪的语句，也少了避邪的意味，突出了求吉的内容，而且字句渐向讲究音韵、对仗的方向发展。这样，桃符也就演变成了门神和春联。

秦琼和尉迟敬德是两位唐代的大将。据说，有一次唐太宗病了，晚上许多恶鬼到他的宫室中作祟，使他心神不宁，无法安睡，病情日趋严重。大将秦琼、尉迟敬德知道后，便全副戎装，手执鞭和锏，一如昔日上战场，雄赳赳地在宫门前为他守卫。这一来，恶鬼果然不敢再来侵扰，太宗才能够安然入睡。但秦琼和尉迟敬德毕竟也是血肉之躯，不能让他们老不睡觉守在宫门口呀。怎么办呢？于是，太宗便令画师画了他们两人的像，贴在宫门口。鬼怪见了他俩的像居然也十分害怕，不敢轻举妄动。从此以后，他俩的画像也就成了门神。

除秦琼、尉迟敬德以外，民间还有许多被当作门神的人物，如孙武、赵云、岳飞等。

后来，人们不光画了门神贴在门上，过年时也画上许多其他表达自己心愿的图画贴在大厅、内室等处墙上，如"五子登科""年年有余"等。这样,又从门神画中发展演化出了年画。

创始于明代的苏州桃花坞木刻年画,历史悠久,别具特色,与天津杨柳青年画、山东潍坊杨家埠年画、四川绵竹年画并称为中国民间四大木刻年画。桃花坞木刻年画采用水印套色工艺,构图丰满、色彩鲜明、刻工精细,它的门神、"五子夺魁"门画以及"老鼠嫁女""金鸡报晓"等年画一向深受群众欢迎。直到如今,每逢过年,苏州人还喜欢买一两张桃花坞木刻年画回家去贴在墙上,以增添家中的新年气氛。

春联的发展,据说和后蜀君主孟昶有关。有一次过年,他在桃符上写上了两句字数相等、对仗工整的符语,有人说这就是最早的春联。后来人们多摘取唐宋人的诗句为联语。

清人笔记中记载着明太祖朱元璋题春联的故事。说是朱元璋定都南京后,下令都城除夕家家要贴春联。正月初一这一天,朱元璋微服私访,走到一条街上,却见有户人家门上没有春联,便闯了进去问那家主人道:"皇上让大家都贴春联,你怎么没贴呀?"那人道:"我倒是想要贴春联的,你看,纸都准备好了,只是一时没找到题写春联的人。"朱元璋道:"好,那就让我来给你写吧。"接着又问那人是干什么的。原来,那人是专给人家阉割苗猪的。朱元璋听罢,磨得墨浓,蘸得笔饱,大笔一挥就给他写下了一副春联:"双手劈开生死路,一刀割断是非根。"过了几天,朱元璋走过那家人家,却仍未见门口贴出春联来,又进去询问缘故。那人道:"我已知道这副春联乃皇上所书,岂敢再贴在大门上,而今供在家里,天天焚香礼拜,祝祷皇上圣体康安、万寿无疆。"朱元璋听了大喜,赏了那人五十两银子,叫他不要再干阉猪的行当了,拿银子去改行做买卖。这个故事的真实性当然值得怀疑，但从中也不难看出明清之际春联习俗的流行。春联驱鬼避邪的原始意味已经日渐消泯，而完全成了人们祈求吉祥的一种风俗，真所谓"一幅红笺手自携，好凭吉语兆端倪。来年事事须如意，全仗先生彩笔题"。

今天尽管已经很少有人再信鬼信邪，无须靠桃符之类的巫术来保平安了，但只要仔细观察，你还是能从现代的春节民俗中，发现古代传统习俗的影子。民俗确是古代文化的一种活化石，值得我们细细地去品味、研究。

从《祝福》说起
——苏州年夜习俗

鲁迅先生在他著名的小说《祝福》中,描写了过年祝福的情景。祝福确实是过年最重要的习俗了。其实,祝福不光是鲁镇年终的大典,也是各地年终的大典。尽管具体做法可能有所不同,但这种年终以酒肉和香火来供奉、酬谢祖先及天神,祈求来年好运的习俗是到处都有的。

这种大典,在苏州被称为"过年"和"过节"。

"过年"就是祭神。民间俗呼除夕为"大年夜",除夕前一天为"小年夜"。苏州人"过年",大致在腊月二十到小年夜之间的某个晚上,一般以二十六七为多。

"过年"时,大厅中间的太师壁上要挂一幅画,上面绘有八仙、二十八星宿、菩萨、金刚等神像,民间称之为"神轴"。有些人家不用神轴,而用纸马;也有些人家神轴和纸马并用。

神轴前的长桌上,放着十碟素斋和盛着素馒头、生面的盘子,还有"仙茶""仙酒"。供品中最重要的是猪头三牲。古代祭神用的三牲是猪、牛和羊,但这对于一般人家是很难办到的,因此民间往往就以猪头、鸡和鱼来代替,称之为"猪头三牲"。

放到供桌上去的猪头三牲还很有讲究。猪头等物都要烧得半熟。一条猪尾巴要衔在猪头的嘴里，猪头上插两根筷子，一条猪肚肠就盘在筷子上面。有的人家连猪头也省掉了，用带有三根或五根肋骨的肋条肉来代替，肋肉也烧得半生不熟，两头微微翘起，形似元宝。肋肉上面放一只猪爪，用肚肠将它盘住，再用一根削尖的筷子将其扦牢。鱼常用青鱼，也间有用鲤鱼的，鱼的眼睛都要贴上红纸片，烧得半生的鱼也是微微翘起，成元宝的形状。鸡有用一只的，也有用一雌一雄两只的，也都烧得半熟，将鸡脚和翅膀弯好夹住鸡头，使成元宝状。鸡嘴里还要衔两根葱，鸡屁股后面要放五只白焐蛋。办好这些供品，就可焚香点烛，请"天地圣众"来"歆享"牲醴和香烟了。祭祀结束，还要燃放爆竹，对天地圣众表示欢送。

"过节"则是祭祀已经亡故的祖先和家人。一年中对祖先的祭祀虽有多次，但唯有年底这次祭祀最为隆重。过节一般在腊月的二十七八，也有放在大年夜的。平时过节在白天，年里过节要在晚上。过节时，桌子都要抬开来，朝外的一面要系上桌帏，另外的三面要放上椅子。祭祀的范围有三代的，也有五代的，有一个祭祀对象就要放一副盅筷。如果外婆家没有后人了，外孙家过节也要将外婆家的祖宗亡人列入祭祀范围。因此有些人家过节时要摆四五桌，地方小的，只得分批进行；但也有人家将几代合成一桌来祭祀的。家中有新亡之人，过节时就要添一副盅筷，第一年，盅筷上还要加封红纸。所用的供品，就和人们吃年夜饭一样，酒菜俱全，当然，香烛是少不了的。全家以长幼辈分为序，叩头跪拜，说些"老祖宗保佑，让大家手脚轻健，太太平平"之类的话。酒洒三巡，在锭缸内化锭，焚烧锡箔折成的元宝以及冥币，以供亡人在冥界"使用"。然后上饭，饭碗上要放三粒黄豆,插一枝茨柏,以带籽者为佳;饭碗里要埋几只熟荸荠。香灰落过三次,差不多就可以送了。送时,再拜。过节时,蜡烛不能烧尽,要留少许,称之为"子孙蜡烛"。

在祭祀祖宗亡人的同时,还要祭地基。所谓"地基",指过去死于居处周近而无人祭祀的野鬼,祭祀它们是求它们不要为厉作祟,而应保佑一方平安。

祭祀过祖先以后,一家人就可以团团圆圆坐下来吃年夜饭了。

> 妻孥一室话团栾,鱼肉瓜茄杂果盘;
> 下箸频教听谶语,行家今夕合家欢。

除夕之夜一顿年夜饭,最为苏州人所看重。

过去,绝大多数人家经济拮据,物质匮乏,平日难以放开肚子吃喝,唯有过年,才能一饱口福。岁末年终,正是秋收之后;祭祖祀神,人们又都倾其全力,祭过祖先和鬼神留下的供品,正好可以让人们饱餐一顿,所以这一顿年夜饭可以说是一年之中最为丰盛的了。席间菜肴应有尽有,平日不易吃到的鸡鸭鱼肉,在年夜饭的餐桌上一般也都能尝到。

吃年夜饭还有许多讲究,餐桌上的菜肴都要有吉利的寓意。对苏州人来说,肉圆、蛋饺是必不可少的。肉圆象征团团圆圆,蛋饺色黄而形似元宝,寓有招财进宝之意。这一天吃的菜都有讨口彩的叫法,青菜因为梗长,所以叫作"长庚菜","梗""庚"同音,称为"长庚"就有了长寿的寓意。还因青菜色绿,所以又叫作"安乐菜"。黄豆芽因形状像如意,所以叫作"如意菜"。线粉被叫作"金链条"……桌上往往还有暖锅,边吃边烧,热气腾腾,暖锅中的木炭烧得红红火火,象征着家道的兴旺发达。饭里须预理荸荠,吃饭时用筷子挑出来,叫作"掘元宝"。席间一般不将鱼吃光,叫作"吃剩有鱼(余)"、"年年有鱼(余)"或"吉庆有鱼(余)"。

我们的民族是一个非常看重亲情的民族,平日大家在外奔忙,但到过年时,一定要千方百计地赶回家中团聚。吃年夜饭,正是亲人团聚、共庆一年丰收、欢聚一堂的时候,因此苏州人干脆就将年夜饭叫作"合家欢"。为了表达对亲人的思念,吃年夜饭时,如果有人确实无法赶回家中,那么也要在餐桌上给他放上一副碗筷。

除夕之夜,苏州过去还有"守岁"的习俗:一家人围炉而坐,谈笑欢歌,通宵达旦。

唐代大诗人杜甫有"守岁诗",可见守岁之俗古已有之。《东京梦华录》中也有关于守岁的记载:"是夜禁中爆竹山呼,声闻于外。士庶之家,围炉团坐,达旦不寐,谓之'守岁'。"据古书记载,"痴儿呆女,多达旦不寐。俗语云:守冬爷长命,守岁娘长命"。(《岁时广记》卷四十)守岁竟能令爷娘长命,不知是何道理。席振起有《守岁诗》道:"相邀守岁阿咸家,蜡炬传红映碧纱;三十六旬都浪过,偏从此夜惜年华。""惜阴",也许正是守岁能使人长命的谜底。后来,迎新和娱乐成了守岁的主题。

苏州人守岁,要在屋里点上两支守岁烛,生花报喜,红光满屋,彻夜不熄。真是"烛花频送喜,儿女笑哄堂"。孩子熬不得夜,一会儿就哈欠连天,大人就诓说晚上有老鼠嫁女。为了看老鼠嫁女的热闹队伍,个个孩子便都硬撑着不睡,但要不了多久,便又都悠然入梦了,所以孩子们是始终无法看到老鼠嫁女的。

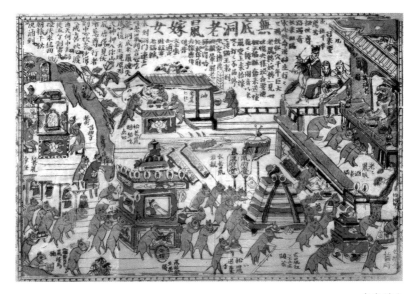

老鼠嫁女

除夕晚上,家长有给孩子压岁钱的习俗。过去用铜钱,中有方孔,人们就用红绳将钱币贯穿起来,有的还将压岁钱编成龙形,放置在床脚。压岁的原意在"压祟",即禳被灾殃,驱避邪恶。后来,其用意似乎转为吉庆祝祷了。苏州过去还有给孩子送压岁果子的习俗,压岁果子就是橘子、荔枝,"橘""荔"和"吉利"同音,即取以为贺。再后来,压岁钱纯粹成了一种经济行为,至此,这一习俗可谓本意全失了。

孩子平日不易有钱,过年时有了一点可以自己支配的钱钞,当然十分高兴。清人吴曼云有《压岁钱》道:"百十钱穿彩线长,分来角枕自收藏;商量爆竹饧箫价,添得娇儿一夜忙。"活画出小儿有了几个钱,又想买这个(爆竹),又想买那个(糖哨子),兴奋难眠的景象。

由"爆竹"道来
——苏州的岁朝习俗

巽方风迓岁朝天,鸦鹊凭它报耳边。
爆竹声中开万户,簇新衣服拜新年。

正月初一是农历元旦,又叫作"岁朝",苏州人俗称为年初一。新年伊始,万象更新,人们对新的一年充满了希望与憧憬。初一的许多习俗都表达了人们祈求安康、富裕、蒸蒸日上的良好愿望。

"爆竹声中万户开。"当雄鸡开始啼鸣,新一年的太阳将它的光华照亮大地时,人们要做的第一件事,便是在庭院中或街巷里燃放那腾空而起、响彻云天的爆竹,苏州人称之为"开门爆仗"。

燃放爆竹的历史已经非常悠久,早先的爆竹就是竹筒子,"以竹著火中",竹筒子放在烈火中燃烧时,里面的空气迅速膨胀,将竹筒爆裂而发出震耳的巨响,"爆竹"的名字也就由此而得。新年燃放爆竹的习俗古已有之,如《荆楚岁时纪》就有"正月一日……鸡鸣而起,先于庭前爆竹"的记载,但其目的仅在借竹节燃烧时发出的噼啪之声来"避山臊恶鬼"。

宋代开始,出现了以纸张卷裹火药而成的"爆竹",并开始用于庆典礼仪之中，以制造热烈气氛。于是，"爆竹"也便常被叫作"爆仗"或"炮仗"。苏州人根据燃放时炮仗腾空而起的特点，更赋予它浓重的吉庆寓意，将其称为"高升"。宋代著名诗人范成大有一首题为《爆竹行》的诗，诗中写道："……食残豆粥扫罢尘，截筒五尺煨以薪。节间汗流火力透，健仆取将仍疾走。儿童却立避其锋，当阶击地雷霆吼。一声两声百鬼惊，三声四声鬼巢倾。十声百声神道宁，八方上下皆和平。却拾焦头叠床底，犹有余威可驱疠……"这首诗将燃放爆竹时健仆疾走、儿童惊喜的场面刻画得非常生动，我们还可以从诗中知道，当时那种纸裹硫磺的爆竹还不普及，民间仍以燃烧竹筒为爆竹，爆竹可以驱鬼的俗信还颇有影响，连烧剩的"焦头"也有人拾了去垫床底，以为可以驱疠。

"乡俗相传惟爆竹，城居那得有山獠"。到后来，尽管城里并无"山獠"，而燃放爆竹的习俗却还是盛传不衰，其用意显然已不在"惊山獠"上，而是为制造节日的热烈气氛了。"元旦，爆竹三声，然后启户"，这已成了习俗。"爆竹三声"，在苏州人看来，还具有"连升三级"的吉祥寓意。

苏州是鱼米之乡，自古以稻作为业，人们对气候十分关心。大年初一起来就有"看风云，卜田事"的习俗，以为"元旦，风自东南来，则岁大稔"。除此之外，新年早起，还要听鸟叫的声音。苏州人对鸦鹊情有独钟，以为它是专门给人报喜的，因此称之为"喜鹊"。如果年初一早晨听到喜鹊叫喳喳，更会觉得新年伊始就有好兆头。"巽方风迓岁朝天，鸦鹊凭它报耳边。"年初一起来看风云时，发现东南风轻轻吹拂，迎着岁朝的满天霞光，喜鹊在耳边叫个不停，预示着又是一个丰收年，人们心中的喜悦，可想而知。

岁朝图

古代，正月初一合家要整衣展颜，互相拜贺，接着就喝一种用柏树叶浸制的酒——柏树长绿，饮柏酒寓意长寿。此后，还要喝屠苏酒。屠苏原是个草庵的名字，据说原有一人居住在草庵中，每年的除夕，他都要拿一帖药来，叫村里的人用布囊包了浸在井水里，到元日放在酒樽之中，合家饮用，这样就能够不染疫病了。后来，这个药方传了出来，但草庵中那人的名字却没有人知道，人们就以草庵的名字来称呼这种酒，把它叫作"屠苏"。王安石《元日》诗中"春风送暖入屠苏"，说的正是此俗。可见，宋代民间仍有元日饮屠苏的习俗。大年初一还要吃年糕和圆子，寄托着人们对于年年高兴和家庭团圆的美好愿望。

"爆竹声中万户开，簇新衣服拜新年"。过去一般人家生活不富裕，平日能顾得上一张嘴已算不错，做新衣只能是奢望；但到过年时节，再贫困的人家，也要扯上一件新罩衫，以应万象更新之景。年初一，大家穿了新衣新鞋，去向长辈拜年，长辈们还要带领着晚辈到亲友邻里家去拜年，大家相见时都要口称"恭喜"，将最美好的祝愿送给自己的亲朋好友。

过去苏州一些官宦人家，拜年不亲自上门，仅遣子弟代贺，甚至只派仆人投名刺于亲友之家；一时间家差满街飞跑，即所谓"飞帖"。

名刺，如同现在的名片。古代未有纸张时，削竹木成片，将自己的姓名书写在上面，拜访通名时使用。这种名刺，西汉时称作"谒"，东汉时叫"刺"或"名刺"；后来改用纸张，名刺就叫作名纸或名帖，但也仍有相沿叫刺或名刺的。用名刺飞帖拜年，总显得少了一份亲切之感，难免有虚浮应酬之嫌，曾有人作诗讽咏道："不求见面惟通谒，名纸朝来满敝庐。我亦随人投数纸，世情嫌简不嫌虚。"

现代社会，人们的社会交往日趋广泛，当然不可能一一上门拜年，好在如今通信便捷，寄张贺卡，互致祝愿，不失为联络感情的简捷之法；特别是互联网日益普及，语音通话、视频通话已成时尚，网上拜年不但方便快捷，还可以感受到对方的音容笑貌，使拜年这一传统习俗，带上了浓郁的时代特色。

火树银花贺上元
——元宵的来历

正月十五是一年之中第一个月圆之夜,古人将它叫作元夜。因为还有七月十五的"中元"节,十月十五的"下元"节,所以正月十五又叫作"上元"节。这三个夜晚,统称为"三元",其中最为人重视的是上元。宵、夕在古代都是"夜"的意思,因此"元夜"又叫作"元宵""元夕"。

"正月里来闹元宵,家家户户挂红灯。"过去,每至其时,从皇家宫苑到民间街巷,都要张挂彩灯。因此,元宵又被叫作"灯节"。这一晚,人们燃放爆竹焰火,敲锣打鼓,射灯谜,吃汤圆,表演歌舞、高跷、龙灯、旱船等文艺节目。苏州元宵灯节更盛,有所谓"吴中风俗,尤竞上元"之说。

关于元宵节的形成,民间流传着许多有趣的传说。

有一个传说是这样讲的:许多年前,凶禽为害,到处伤害人畜、糟蹋庄稼,人们痛恨万分。有一次在组织追打凶禽时,打死了一只大鹅。谁知这只鹅原来是天宫守门的神鹅,只因无聊,下凡消遣。玉帝听说神鹅被杀,不禁大怒,下旨要在正月十五将人间全部庐舍焚为灰烬。天宫一位宫女听说后好不担忧,为了拯救世间黎民,她偷偷来到人间，把玉帝旨意泄露给了众人。这可怎么是好？最后大家想出了一个办法：正月十五之夜，家家掌灯，人人提灯，并且燃放鞭炮，敲锣打鼓，发出一片响声。这一夜，玉帝只见人间火光四起，响声震天，不禁心中大快，以为那里都已经化为灰烬了。从此以后，元宵上灯也就成了习俗，流传下来。

还有一个传说是这样讲的：汉武帝时，宫中有个叫元宵的宫女，自入宫后就再也没和家人团聚过，想想再难和家人相见，不觉心中悲恸，欲伺机跳井自尽。谁知此事被汉武帝的宠臣东方朔知道了，东方朔十分同情元宵的遭遇，便想了一个让她能和家人团聚的办法。他装扮成一个算卦先生，来到长安城内最热闹的街市，给众人算起卦来。他对所有算卦的人讲的都是一句话："正月十六将有烈火焚身。"算卦的人们慌张起来，都求东方朔给他们一个禳解的办法。东方朔说："正月十三，火神爷要到长安城来察看地形。你们只要正月十三饭后未时，在城北十里铺等着，看到一个骑赤红毛驴、穿火红大袄的姑娘，就拦住她相求。她就是乔装打扮的火神真君。"正月十三这天未时，聚集在城北十里铺的人果然看见来了个穿火红大袄、骑匹赤红毛驴的姑娘，就赶紧拥上前去，拦住毛驴向她求救。那姑娘将手中的一张红帖子向空中一抛，道："想要火无光，红帖献皇上。"边说边骑着毛驴走了。人们拾起地上的红帖一看，只见上面写着"长安在劫，火焚帝阙，十六大火，焰红宵夜"十六个字。人们哪敢怠慢，急急将红帖送入宫中。汉武帝看了这十六字的偈语也着急起来，赶忙传东方朔来询问对策。东方朔道："火神爷最喜欢吃汤圆，听说皇上宫中有个叫元宵的宫女，做的汤圆味道最好，火神菩萨吃了一定会非常高兴。皇上再传旨意，让京都居民都动手来做花灯，正月十五前后，大街小巷、家家户户都挂上花灯，同时燃放烟花爆竹，这样玉皇大帝在天庭一看，以为人间已经着火了，就不会再派火神到人间来。这一天，皇上还应带领皇后、嫔妃、宫女以及文武百官到街上去和百姓一起观灯，这样民心安定，大家高兴，也能消灾避难。"汉武帝听他这么一说，哪有不答应的道理。正月十五前后，果然处处张灯，家家结彩，武帝还微服出访，同时让宫内百官、嫔妃、宫女也都便服出宫观灯。元宵就利用这个机会和她的父母家人团聚了。闹了三天灯火，长安城内果然平安无事，汉武帝对东方朔的话更是深信不疑。从此以后，每到正月十五，武帝都要让元宵和百姓们做汤圆，敬火神，挂灯彩，观花灯。人们为了怀念元宵，就将汤圆改叫作"元宵"了。做汤圆、挂灯彩、观花灯这些做法也就此流传下来，成了习俗。

这些当然只是民间流传的故事而已。其实，元宵节的形成要复杂得多。

元宵节的起源，可能和民间的信仰有关。"汉家以望日祠太一，从昏时到明，今人正月望日夜游、观灯，是其遗迹。"（《渊鉴类函》卷十七，转引自成彬《民俗风物》）宋人宋庠在《正月望夜闻灯影之盛，斋中孤坐，因写所怀》诗中也说："汉家太一昏祠日，宝炬神灯遍京室。"他们都认为，"正月望夜"的张灯，就是源于"汉家祠太一"的信仰活动。根据《史记》记载："汉家常以正月上辛祠太一甘泉"，这证明汉代每年正月确有祭祠太一、甘泉的活动；又载："以昏时夜祠，到明而终。常有流星经于祠坛上。使僮男僮女七十人俱歌……"当时这种祭祀活动，要从黄昏一直延续到天明，还有歌舞表演。不过祠太一的活动当在"上辛"，并不一定在十五，但这对于元宵习俗的形成，大概是有影响的。

另外，据说汉文帝刘恒戡平诸吕之乱登基临朝的那一天，正好是正月十五，为了庆祝这个日子，文帝便在每年的这个日子，出宫和百姓共庆共乐，这一天慢慢就成了节日。

东汉时佛教传入中国，明帝笃信佛教，为了提倡佛教，他传旨每年的正月十五前后，宫廷寺院以至士族庶民一律要挂灯，"燃灯表佛"。这种宗教性的"燃灯表佛"活动，对元宵节的形成也有影响，而且可能影响更巨大、更直接。

这些记载对于研究元宵的起源，都是很有参考价值的。不管元宵习俗是起源于古代的民间信仰，起源于皇家的政治纪念活动，还是起源于倡导佛教的需要，到后来都慢慢失去了它原来的政治或宗教意味，而演变成为民间的节庆自娱活动了。

灯月迷离夜阑珊
——灯节的故实

元宵张灯、观灯习俗由来已久,到了宋、明以后,更是盛行,特别像苏州这样在当时富甲天下的城市,元宵张灯之俗就更为兴盛了。据《清嘉录》记载,当时苏州"元夕前后,各采松枝、竹叶,结棚于通衢,昼则悬彩,杂引流苏,夜则燃灯,辉煌火树。朱门宴赏,衍鱼龙,列膏烛,金鼓达旦……凡阊门以内,大街通路,灯彩遍张,不见天日"。

元宵习俗推动了人们对灯彩的需求,迟至宋代,灯彩已经成了商品,吴、越、燕等地都先后出现了灯市,其中尤以苏州的彩灯最为出名,天下素有"元夕张灯,以苏灯为最"的美誉。每至元宵前后,苏州街市到处都有店铺出售各种彩灯。

彩灯被制成各种样式,品类繁多,如龙灯、凤灯、荷花灯、麒麟灯、兔子灯、鳌鱼灯等。有些灯上还绘有人物、故事、花草虫鱼、飞禽走兽、山水楼阁等图案。制灯的工匠,争奇斗巧,灯品层出不穷。

宋代著名文学家范成大在《上元纪吴中节物》一诗中,有"千隙玉虹明"之句,并自注道:"琉璃球灯每一隙映成一花,亦妙天下。"诗注中还有"琉璃壶瓶贮水养鱼,以灯映之"的记录。以琉璃做成金鱼缸形的灯,让鱼缸和灯光巧妙配合,可达到"映光鱼隐见"的奇妙效果,苏州工匠手艺之巧,令人叹为观止。苏州人爱赏灯,往往未到元宵就有灯市。范成大的《灯市行》就描写了当时的情景。

> 吴台今古繁华地,偏爱元宵灯影戏。
> 春前腊后天好晴,已向街头作灯市。
> 叠玉千丝似鬼工,剪罗万眼人力穷。
> 两品争新最先出,不待三五迎东风。
> 儿郎种麦荷锄倦,偷闲也向城中看。
> 酒垆博塞杂歌呼,夜夜长如正月半。
> 灾伤不及十之三,岁寒民气如春酣。
> 侬家亦幸荒田少,始觉城中灯市好。

诗人是了解民情的,只有灾情少,"荒田少",人民才"始觉城中灯市好",才有心情观灯、赏灯。但也有些当官者不了解民情,一味附庸风雅,做些劳民伤财的事。例如福州有位太守蔡君谟(一说为污吏刘瑾),上元日命令民间每户人家一律要捐灯十盏。这种苛捐实为民力所难以应付。当时有个叫陈烈的人,就做了一盏一丈多长的大灯笼挂在门口,并在灯笼上题诗一首道:"富家一碗灯,太仓一粒粟;贫家一碗灯,父子相对哭。风流太守知不知?犹恨笙歌无妙曲!"蔡太守看见,十分惭愧,只得就此回衙罢灯。

元宵张灯、观灯的日子,原先只是正月十五元宵节正日这一天。到唐代玄宗时,扩展到三天,即在元宵节前后各增加一天。宋初,又在此基础上增加十七、十八两天,成了五天。到南宋时又增加了十三夜。此后,各个时期、各个地方都有增减,从三五天到十多天的都有。

和张灯、观灯联系在一起的习俗,就是猜灯谜。据说南宋时,开始有人将谜语粘贴在碧纱灯上,让人猜射,这便是灯谜的发端。明清以后,灯谜已成了元宵节的重要娱乐活动。顾禄在《清嘉录》中就写到过清代苏州元宵猜灯谜的盛况:"城中有谜之处,远近辐辏,连肩挨背,夜夜汗漫。"

元宵夜景,与千千万万盏彩灯相映成趣的,还有那满天飞舞的烟花。烟花又名烟火、焰火。宋人高承《事物纪原》云:"火药杂戏,

闹元宵(桃花坞木刻)

始于隋炀帝。孟襄阳谓即火树也。"高承所说的"火药杂戏",就是烟花。古代的烟花,用生铁杂以硝、硫磺等物制成,点燃时,焰火喷射,色彩绚丽,能幻成各种奇景。孟襄阳认为,烟花就是人们所说的"火树"。

唐代苏味道《正月十五夜》诗中有"火树银花合,星桥铁锁开"之句,尽管有人说,他诗中的"火树银花"是指繁盛华丽的灯火,但也不能排除它就是对烟花形象的描述。到宋人的诗词中,"火树"指的是"烟花"就确凿无疑了。向子湮在《水龙吟·绍兴甲子上元有怀京师》一词中写道:"笑入彩云深处,更冥冥、一帘花雨。"词句描写了元宵节繁华热闹的图画:焰火裹着欢快的笑声窜入高高的彩云之中,更在那冥远的天空里洒下一片光雨。南宋女诗人朱淑真《元夕》诗也有"火树银花触目红,揭天鼓吹闹春风"的句子。至于明代诗人卓人月《瑞鹧鸪·湖上上元》词中"城上火树落金钱,城外湖波起碧烟"里所写的"火树",就更清楚地确指在城墙上燃放的烟花了,那烟花的光焰,像纷纷落下的金钱;它的烟雾映照着城外的湖水,就像湖面升起了碧烟。

烟花种类繁多,明代沈榜在《宛署杂记》中说:"燕城烟火,有响炮、起火、三级浪、地老鼠、沙锅儿、花筒、花盆诸制。有为花草人物等形者。花儿名百余种,统名曰'烟火'。"带爆响的叫"响炮";冲天而起的叫"起火";"起火"而带声,且连响三声者叫"三级浪";在地上旋转着乱窜的,叫"地老鼠";藏于盒内而外封之以泥土的,叫"沙锅儿"……当时的烟花已经能在天空幻成花草、人物乃至戏曲故事造型等形,如"霸王鞭""珍珠帘""九龙抢珠""炮打襄阳城"等,委实给元宵节增添了无比的热闹和新奇,使欢庆佳节的人们更加如痴如狂。

如果说元宵节燃放烟花是从张点灯火衍化而来，那么舞龙灯就是从提灯扩展到舞蹈、杂技的领域了。

舞龙灯又称龙舞。这里所说的"龙灯"，不同于制成龙形，仅仅用于张挂的彩灯。它一般用竹、木等材料扎成龙形骨架，外面敷以布、纸，画上鳞甲，龙头口含"明珠"。整个龙灯有五、七、九节不等，乃至更多；每节下面有一把柄，节与节之间有如关节，可以活动。每节龙身由一人持柄，众人协调动作，龙头与龙尾最难掌握，需由高手把持。另有一人，手持长柄圆球，在前逗引。整条龙灯，伴随着锣鼓的节奏，跳跃腾挪，回旋舞蹈，姿态灵动。特别是龙身中能装点蜡烛的龙灯，在元宵夜舞动于满天烟花之下，更是引人入胜。

除上面讲到的这种龙灯外，还有板凳龙灯和草把龙灯多种。南宋吴自牧在他的《梦粱录》中就曾写到当时临安（今杭州）城内那种用草扎缚而成的龙灯："草缚成龙，用青幕遮草上，密置灯烛万盏，望之蜿蜒如双龙飞走之状……"

龙和凤一样，被认为是祥瑞神兽，象征吉祥，所以龙凤造型的物品向为人们所喜好。龙灯的历史也非常悠久，据考起始于汉代。至于调龙灯（龙舞），大致唐宋时已有了。这种融灯彩艺术和舞蹈、杂技于一体的民间游艺，一直到今天还在喜事、节庆等场合出现。

元宵节时和舞龙灯相类的杂艺，还有舞狮子。狮子的头用木雕成，或用竹篾扎成，狮身用布制成，以黄麻为毛，颈上饰有铜铃。表演时，常由两人合扮大狮，一人扮小狮。另有一人扮成武士，手持绣球逗引。搔痒、舔毛、打滚、抖毛等动作，表演得惟妙惟肖；跳跃、爬高、跌打、腾转、踩球等动作更扣人心弦。它的表演常常博得满堂喝彩。

元宵夜几乎所有的民间娱乐都登场了,所有的人都可以在这全民欢庆的时刻,到大庭广众中去"露一手"。清代潘荣陛《帝京岁时纪胜》中有这样一段记述:"元宵杂戏,剪彩为灯。……都门有专艺踢毽子者,手舞足蹈,不少停息,若首若面,若背若胸,团转相击,随其高下,动合机宜,不致坠落,亦博戏中之绝技矣。"真是杂技博彩,百戏纷呈,各显其能。

元宵几乎成了中华民族独具特色的狂欢节。

"不禁夜"和"走百病"

过去封建统治者对人民的管制是十分严厉的,都市每多宵禁。例如唐代,就有左右金吾卫统率禁卫军巡夜,禁止人们夜行。只有元宵才是难得的例外。据《西都杂记》记载:"西都京城街衢,有金吾晓暝传呼,以禁夜行,惟正月十五日夜敕许金吾弛禁,前后各一日。"《雍洛灵异小录》也说:"唐朝正月十五夜,许三夜夜行。"

允许夜行,这是多么难得的机会!更何况,这两夜天上有新正后的第一轮圆月,地上有满街的灯火、烟花,热烈的鼓乐、多姿的表演,如纷呈的百花开遍都市每个角落,"其寺观街巷,灯明若昼,山棚高百余尺,神龙以后,复加严饰,士女无不夜游,车马塞路,有足不蹑地,浮行数十步者……"(《雍洛灵异小录》)绚丽的灯会,吸引着人们;难得的不禁夜,鼓动着人们。真是"谁家见月能闲坐,何处闻灯不看来",人们哪还能在家中闲坐呢。因为人多而致脚不能沾地,"浮行数十步",当时万头攒动的情景也就可想而知了。

苏味道《正月十五夜》诗中有"金吾不禁夜,玉漏莫相催"之句。不禁之夜,确是难得,而且又是那样的热闹欢乐,计时的玉漏是不能再催人闭户了。这一夜,对于长期被各种枷锁禁锢着的妇女来说,更是难得的吉日良宵,她们都涌上街市,去呼吸一点自由的空气。据记载,唐景龙四年(710),元宵夜放宫女数千人上街看灯,这些长年累月被禁锢在宫墙之内的宫女,就像是飞出了牢笼的鸟儿,结果"多有亡逸者"。后来各朝,夜禁虽渐松弛,但封建礼教对妇女的束缚仍然十分严厉,妇女的人身自由仍然受到种种限制,特别是晚上出门,更是十分繁难的事,唯有元宵佳节,她们才能飞出牢笼,寻回片刻的自我。

元宵夜除了观灯、看文艺表演以外,苏州妇女还有"走三桥"的习俗。长洲、元和县志上都有"上元,妇女走历三桥,谓可免百病"

走三桥

的记载。常年足不出户的妇女，在元宵之夜结队而行，过三座桥而后回家。据说这样可以消除百病，所以有的地方干脆就将"走三桥"叫作"走百病"。

过桥"渡河"，在古人看来正是"度厄"的象征，走过了三桥，也就度过了一年中的众多灾厄，就能终岁无百病了；"渡河"二字，在吴地又和"渡祸"谐音，因此过桥更有了克服灾祸的寓意。另外，古人认为水、火可以祓灾，因此过桥渡河还可能和古代"水祓"之俗相关。

明代陆伸有《走三桥词》，道："细娘盼咐后庭鸡，不到天明莫浪啼。走遍三桥灯已落，却嫌罗袜污春泥。"走三桥是否真的能够消除百病，姑且不论，但在皓月当空之夜，姑嫂姊妹们三五成群，穿着新衣满街观看花灯，这对于封建社会中长期被禁闭在家的妇女来说，无疑是一个能够自由呼吸新鲜空气的良宵，她们对这良辰美景的珍惜也就可想而知了。于是，许多人间悲喜剧也在圆月之夜发生。

> 东风夜放花千树，更吹落、星如雨。宝马雕车香满路，凤箫声动，玉壶光转，一夜鱼龙舞。

> 蛾儿雪柳黄金缕，笑语盈盈暗香去。众里寻他千百度，蓦然回首，那人却在，灯火阑珊处。

> 去年元夜时，花市灯如昼。月上柳梢头，人约黄昏后。
> 今年元夜时，月与灯依旧。不见去年人，泪湿春衫袖。

——这些著名的诗词,写出了多么动人的元夜故事呀!《王老虎抢亲》中的周文宾,就是在元宵之夜,男扮女装上街看灯,被恶少王老虎抢走,结果却由此觅得佳偶,演成一出人间喜剧。这些都是苏州人所熟悉和津津乐道的。

"清明节"与"寒食意"

清明时节雨纷纷,路上行人欲断魂。
借问酒家何处有,牧童遥指杏花村。

这是唐代诗人杜牧的一首描写清明景象的诗。清明时节,春雨凄迷;异乡游子,归来祭扫祖坟。他心情沉重,寸肠欲断;纷纷细雨,更添人愁绪,只想找个酒肆,借酒浇愁。诗人为我们描绘出了一幅清明时节的民俗风情画。

清明是一个节气,也是民间的一个节日。从冬至算起,到第一百零六天就是清明了。古书云:"万物至此,皆洁齐而清明矣。"经过了漫长的冬日,至此大自然变得既清且明。这一时节正是风和日丽,柳绿桃红,春光烂漫之际。清明之名,大约也就由此而得。俗话说:"清明谷雨紧相连,浸种春耕莫迟延。"对于得不到天气预报的我国古代农民来说,清明的到来也就意味着马上要大忙农事了。

清明节,苏州有吃青团子、焐熟藕,烧野火米饭及上坟扫墓等习俗。

青团子,是用麦苗叶取汁,经石灰点化澄清后调糯米粉蒸成的团子，可放入豆沙等馅心。青团子色清而味香，是苏州人清明节必备的食品。

苏州南郊，湖塘密布，遍植莲藕。每到清明节前，人们从藕池中采摘下肉质肥厚的隔年老藕，洗净后去节去梢，两头切下一薄片，用糯米将藕孔灌实，然后再将切下的薄片按原位盖好，并用竹签钉牢。将藕放入垫有竹篾的铁锅内，加些食碱，面上盖以荷叶，注清水使漫过藕身，盖上锅盖大火烧煮；烧开后再改用文火烧三四小时，至藕呈褐色、酥熟时取出，冷却后蘸赤砂糖酱或绵白糖、桂花等食用。焐熟藕又甜又香，酥中带糯，风味独特，也是苏州人清明的节令食品。

过去清明日，苏州农村的孩子们，还要到村头，用砖石砌起小灶，敲石取火，烧一顿野火米饭。

苏州人清明上坟扫墓，更是不敢怠慢，特别是新丧终七而未满周年的人家，都要"过新清明"。新婚夫妇要一起去上坟，称为"上花坟"。直至今日，每到清明前后，苏州郊外上坟扫墓的路上，还是毂击肩摩，热闹非常。

说起来，这些习俗还都是古代"寒食"习俗的遗意，只是后来寒食节的观念渐趋衰微，这一切才全归入了清明节俗，也可算作一种文化的"活化石"了。

据说，两千五百多年前的春秋时代，晋献公死后，晋国内乱，公子重耳被迫流亡国外十几年，后来在秦穆公的帮助下，回到晋国，做了晋国的国君，称晋文公。介子推是他的谋臣，跟他一起流亡，忠心耿耿。在流亡途中，介子推曾割股代粮给重耳吃。重耳回国称王以后，大封功臣，却偏偏把介子推给忘掉了。经人提醒之后，文公才派人到处寻他。介子推却和母亲隐居在绵山上，说什么也不肯下山。文

清明佳节图

公就派人放火烧山,想逼介子推出来。谁知大火烧了三天三夜,介子推就是不下山,最后发现他和母亲抱住一棵大树,已经被活活烧死了。这一天刚好是清明的前一日。文公感到十分后悔,将介子推和他母亲的尸体葬在绵山脚下,还将绵山改名为介山。为了纪念他,下令每年此日要"禁火寒食",也就是大家都不准用火,只准吃冷食,喝凉水。后来这一天就被叫作"寒食",寒食禁火也就成了习俗。每年寒食之日,晋文公还要到绵山去祭祀介子推,这样也就形成了寒食上坟扫墓的风俗。

其实,关于晋文公、介子推之事,《左传》《史记》上都有记载,但均未提到晋文公放火焚山的事。到了西汉末年刘向和东汉蔡邕的著作中,才提到了这件事,但时间也不是在清明前。然而,这种说法在东汉显然产生了很大的影响。当时太原一郡的老百姓认为,每年介子推被烧死的那天,他的阴魂肯定不希望看到那红红的烈焰,因此每年他被烧死的那一个月里,全郡都不生火而只吃事先做好的冷食。据《后汉书·周举传》记载,周举在并州当刺史时看到那里的百姓有"一月寒食"的习俗。北方天寒,一个月不生火吃冷食,严重影响当地居民健康。所以,周举竭力劝解百姓:寒食伤身,这肯定不是介子推的本意,应改掉这个习俗。后来百姓终于被说服,将"一月寒食"改成了"三日寒食"。

曹操当政时,也认为寒食有损人体健康,曾下令"不得作寒食",还规定"若犯者,家长半岁刑,主吏百日刑,令长夺一月俸"。(《岁华纪丽》卷一)禁令很严,但还是禁而不止。晋代以后这种习俗还流播到了南方各地。到唐宋时,更形成了一个全国性的节日——寒食节。

唐代对寒食禁火执行得十分严格，且要连续禁三天，官府派人到每家每户检查，如有违禁，还要受罚。古代没有火柴，寒食三天过后，要钻木才能取得新火。清明这天，长安城内就选许多小儿到宫殿前去钻火，谁先得火，就能得到赏赐。然后，皇上将新火赐给群臣，表示对他们的宠爱。钻木取火和赐火时，都要举行盛大的典礼。"春城无处不飞花，寒食东风御柳斜。日暮汉宫传蜡烛，轻烟散入五侯家。"唐代诗人韩君平的这首《寒食》诗，以"汉宫"借指"唐宫"，写的正是此事。

那位因在苏州写了一首《枫桥夜泊》而闻名遐迩的张继，在另一首写苏州的《阊门即事》诗中也有"试上吴门窥郡郭，清明几处有新烟"的句子，可见当时苏州民间也行此俗。"昨日邻家乞新火，晓窗分与读书灯"（王禹偁《清明》），没有钻取新火的人家，当然只能到邻家去乞讨了。

上坟扫墓习俗当然并非源于介子推的传说，但它对这种习俗的形成，特别是对上坟扫墓时间集中在寒食、清明之时，无疑起了重要的推动作用。

隋唐之时，寒食上坟祭墓已经颇为盛行。唐开元时期，朝廷还对寒食祭墓之俗作了明文规定，在全国施行。其实，寒食、清明期间扫墓，自有它更为合理的内在原因。寒食、清明期间，万物生长、草木繁茂，容易引起野火；还易引来牛羊啃啮，使坟墓受蹄足践踏、粪便污沾。到祖坟上去除除草，对防止这类不吉之事的发生，实在是非常必要。寒食、清明过后，雨水将日渐增多，坟茔上如有破损裂缝，易遭毁坏，此时扫墓，便能及时发现、及时修葺。清明前后，北方已经麦苗青青，南方也将开始播谷插秧，这也正是上坟祭祀、祈祷祖先保佑年成丰稔的时候。更何况这时候风和日丽、气温宜人，既无寒暑之苦，又有踏青赏春之乐，还有什么时候比这时更宜于扫墓呢？寒食、清明上坟扫墓之俗所以长盛不衰，这些可能是更主要的原因。

寒食上坟致祭的内容，大致也不外向祖先上供、祭拜，给坟墓除草培土。因为有禁火之俗，所以也很少有人设香焚纸，而只将纸钱挂在墓旁树上，或压于坟头。这样倒大大减少了发生火灾的可能。

唐代诗人王建《寒食行》有句云："但看垅上无新土，此中白骨应无主。"从坟上是否有新培的土，亦即从是否有人来上坟，就能知道此坟有主还是无主，亦即坟中亡人还有没有后代。从这一点来看，当时大约是没有人会怠慢寒食上坟之俗的。有些长年在外做官、经商的人，无法在这一天回乡上坟，便只能登山远眺，对着家乡祖墓的方向进行"望祭"了，纸钱无法压到祖先的坟头，也就只能向着祖墓的方向漫撒空中；要是当地无山，就到河边设祭，河水总是连通着远处，连通着家乡的。"远人无坟水头祭，还引妇姑望乡拜"（王建《寒食行》），让自己对先人的孝思，随着悠悠的白云或滔滔长河，飘到祖先安息的地方吧！到了后来，还出现了派人回乡代祭的习俗。

据古书代典籍记载，除寒食、清明须到祖墓去祭扫外，古人出远门前，也要到祖墓上去痛哭辞行。从外地回来，也得去祖墓告归。发展到后来，家中凡有婚嫁、生子、中科、当官等大事，都要上坟祭告。

如今，清明扫墓的习俗仍在民间流行，只是鲜花代替了香烛，不仅寄托着人们对祖先的怀念、哀思之情，还增加了祭扫烈士陵墓，进行革命传统教育和爱国主义教育的内容，使旧俗有了新义。

节分重五何自起
——端午起源

农历五月初五是端午节。

"端"是开始的意思,五月的第一个五号,就称之为"五月端五",后来就简化为"端五"了。端五又叫作"重五";因为农历五月又有"午月"的称呼,所以端五还被叫作"端午"。

端午是民间的传统节日,这个节日最重要的民间习俗便是划龙舟。关于这种习俗的起源,历来有多种说法。

> 节分端午自谁言?万古传闻为屈原。
> 堪笑楚江空渺渺,不能洗净直臣冤。

唐末诗人文秀的这首《端午》诗,明确指出了端午节的起源,是"万古传闻为屈原"。

屈原是我国古代伟大的诗人。他生活在战国时代的楚国,名平,字原,又自名为正则,别号灵均。年轻时辅佐楚怀王,颇得重用,曾任三闾大夫等职。他主张举贤任能,革新政治,和齐国结盟,抗衡秦国,由楚国来统一中国。后遭奸佞谗言而去职。楚怀王去世以后,顷襄王接位，他比父亲怀王更加昏庸，不但不采用屈原的主张，还将屈原赶出京城，常年放逐在外。后来秦将白起率军攻入楚国都城，屈原听到郢都陷落的消息，万分悲痛，终于自投于汨罗江而亡。他留下了《离骚》《九歌》《九章》《天问》等著名的诗篇，在中国文学史上写下了辉煌的篇章。

当屈原自沉于汨罗江的消息传出以后，当地的群众十分震惊，都纷纷划船来救。后来，人们每到屈原去世的这一天，都要划了船到江、湖上，将贮米的竹筒投入水中，对屈原进行祭祀。据说端午龙舟竞渡的习俗，就是由此而来。

但吴越故地却流传着端午习俗源于伍子胥的传说。伍子胥是春秋时吴国的大夫，他原是楚国大臣伍奢的儿子，因为父兄遭楚平王杀害而逃到吴国。伍子胥刚从楚奔吴时，吴还是个僻处东南一隅的小国。伍子胥提出建议："欲安君治民，兴霸成王，从近制远者，必先立城廓，设守备，实仓廪，治兵库。"吴王阖闾听了伍子胥的话，就让他"相土尝水，象天法地"，在公元前514年造起了著名的阖闾城，奠定了吴国强盛的基础。夫差即位以后，伍子胥又辅佐他实现了称雄东南、争霸中原的伟业。这样一个有功之臣，就因为敢于直言，失去了吴王的欢心，最后竟落到"使人赐属镂剑"，被逼自杀的地步。伍子胥死后吴王还将他的尸体"盛以鸱夷之革，浮之江中"。吴地老百姓十分怀念伍子胥，因此每于五月端五，都要在胥江等处进行龙舟竞渡，来纪念他。

另据古代典籍记载，吴越民间有个十四岁的名叫曹娥的小女子，有一年她父亲在端午纪念伍子胥的"迎伍君"水上活动中，"逆涛而上，为水所淹"。曹娥得到父亲溺水身亡的消息后，号哭不绝，缘江寻父，七天未找到父亲的尸体，最后不胜悲痛，也投身于江中了。从这段记述可以看出，吴越之地，每年端午确有"迎伍君"这种纪念伍子胥的水上活动。但是自此以后，吴越一带五月端午的龙舟竞渡，除了纪念伍子胥一层意思外，又多了纪念孝女曹娥的一层意思。

又有人说，龙舟竞渡乃源于越王勾践。当年越国为吴所败，勾践为了报仇复国，叫水兵在水上苦练本领，竞相比试，但又怕露出练武复国的马脚，所以便以龙舟水嬉来掩饰，这样就形成了后来竞渡的习俗。也有人说，伍子胥被害以后，越王勾践有感于伍子胥的忠诚，十分同情，才发起了这样一种水上活动。

伍子胥像

龙舟竞渡图

还有古书《述异记》说:"吴王夫差作天池,池中造龙舟,日与西施为水嬉。"龙舟似乎为夫差所造,划龙舟也仅是为了取悦西施。

也许,这些历史故事和传说对于端午习俗的流传都曾产生过推动作用,但这一习俗的产生源头恐怕还要更为悠远。据著名诗人和学者闻一多先生的考证,端午习俗当源于古代的龙图腾崇拜。

古代,江南是一片水乡泽国,这里的人以渔猎为生,他们的生活离不开水。常在水中捕捞,蛇是最大的危害,因此人们对蛇产生了一种敬畏的心理。慢慢地,他们将蛇神化为"龙"这样一种实际上不存在的东西,并对它加以崇拜。古代江南人要"断发文身",因为"常在水中,故断其发,文其身,以象龙子,故不见伤害"。龙舟竞渡和向江湖之中投掷粽子之类祭品的端午习俗,就是这种龙图腾崇拜的产物。但到后来,它的原始图腾崇拜的意味渐渐消失,而只留存下划龙舟、吃粽子这样一些民间习俗了。

龙舟竞渡是深受群众欢迎的民间体育竞技活动。所谓"龙舟",实为装饰成龙形的船只,它"龙头"高昂,"龙尾"翘起,船体上画有龙的鳞甲,并涂上各种色彩。竞渡时,船上结彩张旗,勇士们奋力划船;锣鼓喧天,鞭炮齐鸣,河边观者如云,万人喝彩,气氛热烈。龙舟竞渡的沿岸,常扎起许多牌楼,搭起许多凉棚,商贾阔佬们设了酒席,坐在那儿边吃边看。龙舟过牌楼时,便嘱下人燃放鞭炮,这时龙舟又会起劲地表演一番。

> 五月五日天未燠,南门城外龙船作。
> 龙船作,人头簇,衣香扇影摇波绿。
> 龙船之高高于谷,龙船之长长十拓。

>　　船头船尾台高盖，俊儿上驾青丝络。

　　这首清人石方洛所作题为《龙船》的诗，生动地描写了吴地端午龙舟竞渡的盛况。

　　清末民初，苏州的龙舟竞渡还穿插了一点市侩之嬉，叫作"放标"：富商们叫人在稻草或蛋壳里放上彩券掷于水面，龙舟上的健儿们见了便跳入水中去争夺，在龙舟竞渡的同时又展开了一场游泳比赛，顿时浪花四溅，观众及同舟伙伴齐声呼喊，促其加劲，鼓励其夺标而返。彩券上写有奖品名称，夺得者即可到指定商号领奖。奖品大多是糕饼、糖果、粽子等吃食及折扇、毛巾等日常用品。

　　还有放鹅鸭标的，夺标竞争更为精彩。放标的鹅鸭，先要用刀在身上划开一道口子，擦些盐，然后放入河中。由于鹅鸭感到疼痛，便拼命向前扑，要追上它就十分困难。即使鹅鸭已经近在身边，它也会扑开双翅，拍击水面向前冲跃，使人难以抓到。为了夺到这个鹅鸭标，有人甚至在水中追游个把小时。当然，夺得鹅鸭标者，奖品也就特别丰厚了。

青箬黄粱入金盘
——粽子由来

端午还没到,苏州家家户户的主妇们就买回箬叶(菰叶或芦叶)、糯米等物,将箬叶浸泡在水盆里,要开始为包端午粽而忙碌了。苏州人端午节非但自己要吃粽子,还要用它来祭祀祖先。

端午粽的品种繁多,按它的形状来分,像秤锤的叫秤锤粽,像枕头的叫枕头粽,三角形的叫三角粽,老苏州人则把它叫作"小脚粽"。箬叶里除糯米以外,人们还常在里面加入其他物品,如肉、豆等,于是就有了鲜肉粽、火腿粽、赤豆粽、绿豆粽、豆瓣粽、枣子粽、豆沙粽等。只用糯米包裹而不放馅心的粽子,叫作"白水粽"。过去多用艾草灰汁来煮粽子,被人称作"灰汤粽"。真是花色繁多,数不胜数。端午节一早,家家户户的厨房里就飘出了粽子箬叶的阵阵清香。

有些地方的粽子,并不是用箬叶、菰叶或芦叶来包裹的,人们将米装入新竹制成的竹筒中,放在锅上蒸熟,也就成了粽子。有的地方则将糯米装进缝成长形的口袋中,扎紧袋口后再放在锅中蒸,蒸熟也就是粽子了。

有人说,粽子是屈原的姐姐首先制作出来的。但是普遍的说法认为,粽子的起源与屈原直接有关。屈原因不忍眼看楚国覆灭,自沉于汨罗江而死，人们对此十分哀痛，因此后来每到屈原去世的这天，都要划船到江湖上，将贮了米的竹筒投入水中，对屈原进行祭祀。传闻汉建武中，有个叫欧回的长沙人一次过端午节时在汨罗江边散步，忽然看见一人，自称是三闾大夫，对他说：感谢你们每年对我祭祀，但是你们祭祀的食品都被江湖之中的蛟龙吞食了。今后如果有所惠赠，请用楝树叶包裹，并用五彩丝缠绕，这两样东西是它们害怕的。从此以后，人们祭祀时就不用竹筒来盛米，而用树叶和彩色丝线包裹了。这种树叶和彩线包扎的食品，就是粽子。明代李时珍在《本草纲目》中也说："角黍，俗作粽，古人以菰芦叶裹黍米煮成，尖角，如棕榈叶心之形，故曰粽，曰角黍。近世多用糯米矣。今俗五月五日以为节物相遗送，或言为祭屈原，作此投江，以饲蛟龙也。"

还有两种关于粽子起源的说法却和屈原无关。

一个传说讲的是伯夷、叔齐的故事。伯夷、叔齐是商代孤竹国国君的两个儿子。当时周武王要出兵攻打商纣王，伯夷、叔齐竭力劝谏，但没能说服武王。后来武王灭了商朝，得了天下，伯夷、叔齐拒绝和周王朝合作，两人隐居在首阳山，"耻食周粟"，只以野菜充饥，终于活活饿死在山上。当地人对他俩深表同情，就用五谷做成的熟食放在口袋里作为祭品对他们进行祭祀。这种放在口袋里的五谷熟食，就是粽子的雏形。

还有一个传说，讲的是西周昭王年间，东瓯有两位美貌年轻的姑娘延娟和延娱，她们被送给昭王做了嫔妃，深得昭王的宠幸。有一次她们陪昭王南巡后，正准备渡汉水回京。这时昭王已年高德衰，荒于国政，当地百姓都十分恨他，因此就做了一只特别的木船，让昭王他们乘坐。谁知这木船是用胶粘起来的，一到中流，胶被河水浸化，船就解体四散。一船的人全都落入滔滔江中被淹死了，延娟、延娱两人也在其中。人们可怜她俩无辜被溺，就为她们在江边建庙，并用兰杜叶包裹时鲜甘味，以五色纱囊盛上熟食，沉入水中，来对她们进行祭祀。这种食品后来就演变成了粽子。

这些传说都十分动人，但恐怕都和粽子的真正起源无关。一种食品的产生，特别是在人类社会早期，恐怕更决定于当时的生产水平和生活条件等因素。粽子的起源应该和江南的稻作生产有点关系。它很可能是古代饮食习俗的一种遗存。在陶制盛器和炊具发明之前，古人常将食物放在烧石之上来烧烤。将水和米盛于竹筒之内，或包裹于箬、笋等植物叶子里，然后放在火上烧烤，这是古人最可能的煮饭方法。江南稻作生产的历史如此悠久，很难设想会逾越这样的历史阶段。因此，以米为原料的粽子一定也有着更加长的历史。

按照常情，总是先有了某种食品，才会将它用到祭祀之中；很难设想，为了祭祀某人才去发明出一种食品。粽子的情况大致也该如此，只是用粽子祭祀屈原的习俗，使粽子这种食品更加声名灼灼而已。

菰叶、芦叶清香宜人，具有清热生津、解渴补阴的功能；以菰叶、芦叶包裹粽子，吃起来香糯可口。粽子又便于保存、携带，四季皆宜。因此在苏南，人们除端午这个特定的节日要吃粽子外，也喜欢在农忙或外出时烧煮、食用。

碧艾香蒲处处忙
——端午的祛毒习俗

每逢端午,苏州的老百姓都要在自己的门首挂上绿色的菖蒲、艾蒿,关于这种习俗,我们吴地还流传着这样一个故事呢。

元朝时,有官兵敲诈勒索、无恶不作,对百姓进行残酷的剥削与压迫。为了防止百姓的反抗,还明文规定,每十五户人家才能合用一把菜刀。老百姓恨透了这些人,想方设法要起来反抗,却苦于没有武器。一个叫艾虎的青年想出了个办法,将青竹削成锋利的刀剑。于是,菜刀传到哪家,哪家就偷偷地削竹剑。大家相约,五月初五这一天一齐动手杀了他们。谁料大家正在加紧准备时,却让密探探到了消息,官兵们马上派兵到处搜查。如果削好的竹剑被查到,那后果真是不堪设想;但是说也奇怪,他们翻箱倒柜,掘地三尺,怎么查也没查出一把竹剑。原来,江南乡野到处都长着绿色的菖蒲和艾蒿,当官兵们来搜查时,乡亲们便将一把把竹剑插进了河边的菖蒲、艾蒿之中。后来官兵们在人民的反抗下终于被赶走了,人们认为菖蒲和艾蒿对此也是作出了贡献、立了大功的,于是每年的五月初五就将它们挂在门口作为纪念。

当然,这只是一个动人的传说而已。其实,端午挂菖蒲、艾蒿这

端午挂钟馗

些习俗,都与民间关于"毒月"的观念有关。

原来,尽管有端午划龙舟这样热闹的民间庆典,但过去五月却被人们视为"毒月"或"恶月",即不吉祥的月份,而五月五日则被看作是五月中最不吉利的一天。连端午出生的孩子也被看作不吉。春秋战国时期的孟尝君,就因是五月五日出生,他的父亲曾叫他母亲将他扔掉,幸而母亲偷偷将他藏了起来,才使他免于夭亡。南朝刘宋的一位将军也因是五月五日出生,祖父特地给他起了一个"镇恶"的名字。

过去这一天苏州人有很多禁忌,如忌晒床上的席子,忌用茅草盖房子等。为了禳解这一天的不吉利,人们想出了不少办法。过去未满周岁的孩子，端午这一天都要到外婆家去过，称为"躲午"。端午节，家长还要给孩子戴老虎头帽子，穿老虎头鞋子。"面目狰狞胆气粗，榴红蒲碧座悬图"（李福《钟馗图》），一到端午节，家家还都要挂出钟馗像来。钟馗"眼如点漆发如虬，唇如腥红髯如戟"（卢毓嵩《钟馗图》），在民间年画中是个头戴乌纱帽，身穿红袍子，脚蹬朝靴，手拿宝剑，满脸络腮胡子的形象。据说他有捉鬼的本领，挂上了钟馗像自然就能够驱鬼避邪了。

禳解端午之毒的方法还有好多，据《清嘉录》说："截蒲为剑，割蓬作鞭，副以桃梗、蒜头，悬于床户，皆以却鬼。"端午节人们将艾叶做成人形，将菖蒲做成宝剑的样子，把蓬条做成鞭子，杂以蒜头，挂于门首，以为这些东西能够避邪驱鬼。同时，人们点燃苍术、白芷等中草药，烟熏室内，并用艾叶、菖蒲烧汤沐浴。还有的人家以"五色桃印为门户饰，以止恶气"。

饮雄黄酒、带香包，也是端午驱毒习俗。雄黄是一种中药，和于酒中就成了雄黄酒。端午这天，大家要喝雄黄酒，并用手指蘸了涂抹在小孩的耳、鼻等处，有的还在小孩的额上用雄黄酒写一个"王"字，余下的雄黄酒就用来洒沥墙角。蔡云有《吴歈》诗专述此俗："秤锤粽子满盘堆，好侑雄黄入酒杯。余沥尚堪祛五毒，乱涂儿额噀墙隈。"据说，雄黄酒具有消百病、驱蛇虫的功效。著名的民间故事《白蛇传》中，就有化为人形的白娘子因为端午多喝了几口雄黄酒，结果显出了蛇身原形的情节。

香包是用棉纺织品制成的小袋子，袋子外面用丝线绣上花卉、鸟兽等图案，里面放上雄黄、苍术、香草等中草药，小巧可爱，给孩子带在身上，可以驱瘟散毒。有的"香包"是硬纸板做成的八卦或小粽子,外面缠上彩色丝线,里面同样可以装上中草药。还有人将五色丝线缠在孩子的手臂上,叫作"长寿线"或"长命缕",据说也可以降伏鬼怪。真所谓"碧艾香蒲处处忙。谁家儿共女,庆端阳。细缠五色臂丝长……"

端午这一天,人们还在门、窗上贴上纸剪的"五毒"图像。"五毒"是指蝎子、蜈蚣、毒蛇、蛤蟆、壁虎五种毒虫。人们把"五毒"图像贴在墙上,是表示要把它们钉死在墙上,以为这样做了,"五毒"就不会为害了。

这种种习俗看来十分有趣,又好像非常可笑,其实只要联系五月的气象、物候,就可以看出,它还是有一定道理的。五月天气开始变得湿热,疫情开始流行,蛇虫的活动也变得活跃起来。过去人们不懂科学,不知道疾病发生的原因,把人们的疾病都看成是鬼怪作祟。他们就以挂钟馗像,在孩子额上用雄黄写"王"字,给孩子穿老虎头鞋等方法来求安宁;而雄黄酒、艾叶、菖蒲等确有杀菌解毒的作用。尽管这些习俗有着迷信的外壳,却包含着古代人民在长期和疾病作斗争的实践中总结出来的经验。我们切不可将古代人民所创造的这种民俗文化一概予以简单地否定,而应该对它进行科学的分析、研究。

穿针弄影河汉长
——苏州的乞巧习俗

> 迢迢牵牛星,皎皎河汉女。
> 纤纤擢素手,札札弄机杼。
> 终日不成章,泣涕零如雨。
> 河汉清且浅,相去复几许?
> 盈盈一水间,脉脉不得语。

这首古诗写的是牛郎织女的故事。相传织女是王母娘娘的外孙女,她聪明俊俏、多才多艺,专在天上编织美丽的彩云。牛郎则是人间一个受兄嫂虐待的普通牧童。织女见牛郎忠厚勤劳,便下凡和他成了亲。从此他俩男耕女织,相亲相爱,还生下一男一女两个孩子。王母娘娘得知此事,大发雷霆,把织女捉回天廷。牛郎将两个孩子一边一个放在箩筐里,挑起担子,急忙追上天去。王母娘娘见了大怒,立刻拔下头上簪子,在空中一划,牛郎和织女中间马上出现了一条波涛滚滚的大河。从此以后,夫妻两人只能隔河相望,相对哭泣,只有等到每年农历七月七日夜晚,才能相会一次。这一天,各地的喜鹊成群结队都飞到天河去,用自己的身体连成一座鹊桥,让牛郎、织女"鹊桥相会"。据说，诚实的人这一天夜里蹲在瓜棚下面，会听到织女悲凄的哭声，还会接到她流下来的泪水。又有人说，七月八日见到喜鹊时，它们身上的羽毛都掉了，就是搭鹊桥时碰掉的。

如今，夏日的夜晚，你抬起头来还能在天空中看到那条茫茫的长河，人们叫它天河或银河；在银河的两边，还能看到明朗的织女星和牛郎星。你再仔细看，还能在牛郎星的两边看到两颗闪闪的小星星呢，那就是牛郎挑在箩筐里的一双儿女。

牛郎、织女，原是我国古代天文学中的两颗星名。我国的第一部诗歌总集《诗经》里就写到了这两颗星。《小雅·大东》有句云："跂彼织女，终日七襄。虽则七襄，不成报章。睆彼牵牛，不以服箱……"《史记·天官书》中也说："织女，天女孙也。"可见，牛郎织女的传说，当时已经广为流传了。

七月七日的乞巧节，就由牛郎、织女的传说而来。乞巧节又称七夕节、女儿节、少女节或情人节。但是，七夕最主要的民俗内涵还在乞巧。织女是心灵手巧的仙女，人们希望从她那儿乞得智慧和巧艺。过去，苏州民间就有许多乞巧习俗。

"祭祀乞巧"是最多见的。每年农历七月七日这一晚，妇女们都要在自己的庭院里放张供桌，陈上瓜果，焚香点烛，礼拜双星，希望从织女和牛郎那里乞得智巧。

"穿针乞巧"也颇盛行。姑娘们在祭祀双星的同时，便从家里拿出针线来，对着星空穿针引线；谁穿得快，就说明谁乞得的智慧多。古代还制有专门用来乞巧的针，这种针的针眼特别大，这样就便于引线入孔，大家也就都可以乞得智巧了。古诗有"此夜家家持针线"之句，描写的正是这种习俗。

苏州妇女最热衷于"浮针乞巧"。七月七日前一夜,妇女们用茶杯等容器盛上以井水和河水混合而成的"鸳鸯水",将它放置在庭院露天,去承接露水,到第二天再将它放在太阳底下暴晒,让水面上生出一层翳来。到晚上乞巧时,姑娘们各将小针投入水中,这时小针浮在水面,就看水底针影,针影如云龙花草,那就是"得巧"之兆;针影像椎似杵,那就是"拙兆"了。"浮针乞巧",正是古代"穿针乞巧"的遗俗。

人们还曾用蜘蛛来乞巧。吴地民间,常将蜘蛛看作是兆喜的昆虫,把蜘蛛叫作"喜蛛";加上蜘蛛结网,织女织布,颇有点相类,这大概就是人们用蜘蛛来乞巧的原因吧。蜘蛛乞巧的具体做法是,七

乞巧

夕晚上，将瓜果陈于庭院之中，第二天如果发现瓜果上已被蜘蛛结上了网，就算是乞得了巧。过去吴中女子还采摘荷叶放置在青竹上，制成一只"承露盘"，将它放在庭院当中，乞巧的男女在月下向它罗拜，第二天看"承露盘"中有无蛛丝蜘网，来判别乞巧的结果。秋初，蜘蛛活动十分活跃，想要乞巧的青年男女大致是不会失望的。

据传，过去有些人家乞巧，还要搭乞巧楼，以为楼越高，离织女越近，乞得的巧当然就越多。据说这样还能听到牛郎、织女相会时的悄悄细语。正是："欲闻天语犹嫌远，更结三层乞巧楼。"

巧果是苏州人乞巧节祭祀双星时用的供品，也是苏州的一种特色食品。巧果制作简单：只要用面粉和糖拌匀，揉结实，再切成二寸左右的条形，扭成苎结的形状，放入油锅中氽熟，冷却后即可食用，香脆可口，别有风味。

乞巧节前后，庭园里的凤仙花开了。苏州姑娘喜欢采摘一捧色泽鲜艳的凤仙花，加入少许明矾，将它搅成糊状，涂抹在指甲上，再用两片花叶将指甲包裹起来。两三天后，把花叶去掉，指甲上就留下了朱印半轮，似新月弯弯，晓星灿然，煞是好看。相传染红以后，能够陈留到明年春天。在没有指甲油之类化妆品的过去，苏州姑娘们就是用这种天生自然的方式美化着自己的生活。她们的智慧确实不比织女差。

一年明月今宵圆
——苏州的中秋习俗

中秋节在农历八月十五，时值三秋之中，"中秋"之名便由此而得。中秋节又叫作仲秋节、团圆节。这一天，圆月当空，苏州民间有斋月亮、吃月饼、走月亮等习俗。

据古书《礼记》记载："天子春朝日，秋夕月；朝日以朝，夕月以夕。"我国古代就有"朝日夕月"的仪式。中秋习俗的形成有一个漫长的过程，这种古老的"夕月"仪式可能正是中秋节俗的发端，而人们对月亮的种种想象和神话传说，对于这些习俗的形成，无疑也起了推波助澜的作用。

月亮是除太阳以外最引人注目的天体，在漆黑的夜晚，皎洁的明月就似一盏银灯，将光明洒向人间。月球上斑驳的黑影，更触发过古人无限的遐思。屈原在他的《天问》中就曾发出过"夜光（月神）何德，死则又育？厥利维何，而顾菟（通'兔'）在腹"的疑问。显然，月亮的圆缺盈亏，即诗人所谓的"死"和"育"，使包括诗人在内的古人感到神秘莫测，不得其解；从《天问》可以知道，早在战国时代，古人已将月球上的黑影想象成月中的一只兔子。后来《淮南子》中又说"月中有蟾蜍"。在此基础上，人们还想象出了月中白兔

祭月

捣药的故事,白兔捣的是一种神药,月亮之所以能死而复生,应该就是这种神药的作用。

和月亮相关的传说,最为著名的当推嫦娥奔月了。据说嫦娥就是射日英雄后羿的妻子。后羿从西王母那里讨来了不死之药,却被嫦娥偷吃掉了。嫦娥偷吃了不死药后,便不由自主地飘上了万里碧空,落到了月亮上,成了嫦娥仙子。月宫中尽管殿阁巍峨,却十分寂寞,广寒宫里只有一只玉兔,一棵桂树和一只蟾蜍。真是"嫦娥应悔偷灵药,碧海青天夜夜心";所以每逢中秋,嫦娥都要走出广寒宫,轻展愁眉，对人间眺望一番。那月亮上的大块阴影，据说就是广寒宫和高大桂树的影子。每到中秋之夜，月宫中的桂树开花了，还常常有桂花、桂子从月亮上掉落到人间来呢。

到了唐代，月宫的传说发展到了登峰造极的地步。人们又造出了吴刚伐桂的传说。据说吴刚原是一个学道的人，因为他犯了戒规，被罚到月亮上去砍伐那棵桂花树，谁知才在树上砍出一个口子，等不到他砍第二斧，那口子已经愈合了。于是吴刚就这样日夜不息地做着这艰苦的劳作，却怎么也砍不倒那五百丈高的桂树。

唐明皇游月宫的传说，可能对中秋节俗的最后形成起了极大的推动作用。有传说道，唐开元中，有位叫罗公远的鄂州道人，中秋夜正在宫中陪侍明皇赏月，突然对明皇道："陛下想到月中一游吗？请与我同行。"说罢就将手杖向空中一掷，转眼之间化成一座银色长桥。他们缘桥而上，走了数十里后就感到精光夺目，寒气逼人，不久便见到一座规模宏大的宫阙。罗公远道："这就是月宫了。"明皇舒目望去，只见宫中仙女数百，身披素练霓裳，翩翩舞于广庭之中。明皇问道："此为何曲？"罗公远答道："这就是霓裳羽衣曲了。"明皇对音乐素有爱好，心中便暗暗将曲谱记住。回来时，明皇转身回顾，只见身后大桥随步而灭。第二天一早，他就召来伶官，要他依声谱出霓裳羽衣曲来。

又有传说，道是唐明皇八月十五夜与叶法善同游月宫，回来时途经潞州上空，明皇俯首下望，只见城郭悄然，月色如昼，一时高兴，便拿起玉笛，欣然奏了一曲，接着又将身边所带钱币投诸城中而还。十多天后，潞州有奏章送到，说是八月十五晚上，有天乐从空中飘来，还将所拾天降钱币也一起进献了上来。明皇闻奏不禁哈哈大笑。

这些传说，无疑都给中秋之夜增添了美丽的神话色彩。大约也自唐代始，中秋斋月、赏月便成了习俗，还形成了一个中秋节。

苏州旧俗，中秋夜家家都要在庭园里放上供桌，供上月饼以及菱藕、石榴、柿子、白果、西瓜等时令瓜果斋月宫。还要从香店里买来香斗。香斗用线香编制而成，形状像量米用的升斗，斗面上有纸扎的月宫，十分精致好看。斋月宫时将香斗上的线香点燃，到线香将尽之时，就把香斗移到庭前，焚于月下。这就是苏州人中秋祭月必有的节目——"烧斗香"。

月饼是中秋的节令食品。饼圆如月，象征天上月圆，人间团圆，因此深受群众欢迎，也是节日馈赠亲友的极好礼品。在太湖流域，还流传着关于月饼的一个传说呢。大家一定注意到，店里买来的月饼底下都衬有一张小纸，据说原来是没有的。元朝末年，老百姓不满于统治者的压迫，纷纷起来造反。当时张士诚决定在吴地起兵，他就利用中秋吃月饼的习俗，在每只月饼底下垫上一张小纸条，上面写着"吃月饼，杀鞑子"，然后将月饼分送到群众手中。老百姓看到纸条，到中秋之夜就群起造反了。人们为了纪念这次起义，以后做月饼，就保留了底下垫一张小纸片的做法。

一年之中，中秋之夜的景色最美：月圆如镜，彩云飞舞，凉风习习，天高气爽，因此民间素有中秋夜游的习俗。中秋夜走月亮也是苏州民间习俗。特别是妇女，中秋之夜也可以像元宵一样，暂时解除平时不准走出闺阁一步的规矩，到月光下去散步赏月。

> 木樨球压鬓丝香，两两三三姐妹行。
> 行冷不嫌罗袖薄，路遥翻恨绣裙长。

蔡云这首吴歌，写出了妇女在中秋之夜赏月时的欢愉心情。

苏州是吴文化的中心，历史悠远的吴歌便发源于以苏州为中心的吴地。苏州人向有隔河对歌的习俗，每到节庆，更是浩歌不衰。"此夜中秋月，清光十万家。吴歌闻隔院，边调入征笳。"从这首邹祗谟的《中秋京邸》诗中，可以想见吴地民间中秋时赏月放歌的情景。

虎丘是苏州名胜，那里绿树成荫，井泉涤涤，古刹肃穆，宝塔巍峨，中秋夜更是凉气如水，万籁俱寂。这儿不光是赏月的好地方，也是听歌的绝佳境。邵长蘅《冶游》诗有"中秋千人石，听歌细如发"之句，中秋夜虎丘听歌，也是旧时苏州民间一俗。

中秋夜的虎丘固然热闹，但中秋夜的山塘河也毫不逊色。

虎丘本在姑苏城郊平畴中，原无路可通，游人只能步阡陌而往，十分不便。唐代大诗人白居易在苏州当刺史时，开凿了一条连接古城阊门到虎丘的水路，这条水路就是山塘河，沿河的大堤，则称山塘街。白公此举，不但治理了苏州水利，"可以障流潦"，而且使虎丘之游"免于病涉"，舟载陆行都十分方便。苏州人为表示对白公筑堤的感激，就将它叫作白公堤。山塘街成了游虎丘的必由之路，便慢慢地繁华起来：酒肆茶坊，鳞次栉比，车水马龙，熙熙攘攘；名宅大院，错落有致，雕梁画栋，华灯璀璨；从阊门到虎丘山麓，一路朱栏碧树，河中绿波画舫。山塘街上的桥更是数不胜数：星桥、山塘桥、通贵桥、渔泾浜桥、众安桥、胜安桥、彩云桥、青山桥、绿水桥……七里山塘到虎丘，真是桥接桥，桥连桥，一条山塘街几乎成了江南水乡的桥梁博物馆。据史书记载，明清之时，每年清明到十月这段时间里，这一带灯火迷眼，碧波涟漪，弦乐声声，花香满楼，而尤以中秋为甚。此时的山塘，更是美丽如画，使人流连忘返。"苏州好，酒肆半朱楼。迟日芳樽开槛畔,月明灯火照街头。雅坐列珍羞。"(沈朝初《忆江南》)"柳暗阊门逗晓开,半塘塘下越溪回。炊烟拥柁船船过,芳草缘堤步步来。"(范成大《半塘》)这些诗词,写出了当日山塘的繁华。

当时许多苏州人,中秋时常常泛舟河上,在船上赏月。后来竟发展到中秋未临,早已赁船河上的程度。蔡云《吴歈》诗道:"七里山塘七里船,船船笙笛夜喧天。十千哪够一船费,月未上弦直到圆。"既描绘了这种扩大化了的赏月习俗,也批评了豪富人家的奢靡风气。

醉把茱萸仔细看

——苏州的重阳习俗

> 独在异乡为异客,每逢佳节倍思亲。
> 遥知兄弟登高处,遍插茱萸少一人。

这首《九月九日忆山东兄弟》几乎是老少皆知的,诗人王维在诗中所描写的,就是重阳节登高、插茱萸的民间习俗。大诗人杜甫"醉把茱萸仔细看"之句,则更多地反映了老年人在重阳节时的感慨。

古人把"九"列为阳数,农历九月九日,是两九相重,所以叫"重九"或"重阳"。我国民间逢重阳节,历来有登高、插戴茱萸、赏菊、饮菊花酒等习俗。

重阳节俗据说起于汉代。相传东汉时汝南、汝河一带瘟魔为害。有个叫桓景的人,入山拜得道成仙的费长房为师,学习消灾救人之术。有一次,费长房告诉他,九月九日你们家会有灾难,可在此日做些红布口袋,里面盛放茱萸,系在手臂上,携带父老乡亲登上高山,饮菊花酒,这样才能消除灾祸。桓景照着费长房的吩咐做了。这一天,菊花酒气、茱萸异香沁人心肺,他们在山上平安无事。但是晚上回去,却发现家中的鸡、狗、牛、羊都已暴死。这件事在闾巷间传开,从此以后,每到九月九日这天,人们都去登高、饮菊花酒、插戴茱萸,慢慢也就形成了重阳节的习俗。

这只是民间的一种传说。其实,重阳节俗早在东汉以前就有了。汉初,汉高祖刘邦的爱妃戚夫人遭吕后残害,伺候过戚夫人的宫女也被逐出宫门。她们在回忆宫中生活时说,每年的九月九日,宫中都要插戴茱萸、食蓬饵、饮菊花酒。早在战国时代,诗人屈原的《远游》诗中,就有"集重阳入帝宫兮"的句子。可见重阳之俗并非始于桓景。

农历九月,时入深秋,重阳前后,凉风四起,冷雨凄凄,落叶飘

重阳登高

零,寒意乍起,袭来了立秋后的第一个寒汛,苏州人称之为"秋风猛(吴语,密集的意思)雨"。季节的变换,常常会引起人们身体的各种不适,加之秋季又是传染病的高发季节,在没有科学知识的古人看来,多有灾厄正是这个季节的特点。桓景重九避灾的传说,大概正是这种季节特点的曲折反映,而重阳节俗的许多内容,也大多与防治疫病、祛邪避灾有关。

生病就有可能丧命,就难得长寿,所以重阳节俗又寄寓着人们希望健康长寿的愿望。三国时的曹丕在文章中写道:"岁往月来,忽复九月九日。"黄庭坚《九月九日书赠初和甫》中说:"九为阳数,而日月并应,俗嘉其名,以为宜于长久,故以享宴高会。"原来,"九"和"久"同音,重阳这天,日和月都是"九"(久),古人们很喜欢这一天的名字,以为能讨得长寿的吉利。驱疫、避灾,祈求健康长寿和幸福久留,大概正是重阳节俗的本意。

苏州民间过重阳和其他地方一样,也有饮菊花酒、茱萸酒,赏菊、登高、吃重阳糕等习俗。

菊花和重阳节的关系最为密切,因此有人甚至将重阳叫作"黄花节"。据药书记载,菊花能祛风、除热、解毒、养肝、明目,所以古人称之为"延寿客"。将菊花掺于米、麦等粮食中酿酒,就成了菊花酒。也有将菊花放入酿好的酒中浸泡而成菊花酒的。喝菊花酒是重阳最重要的节俗。除此之外,人们还饮茱萸酒。茱萸也是一种药材,春开紫色之花,秋结紫黑之实,能温补肝肾、固精止汗,是"十全大补丸""六味地黄丸"的成分之一,因此人们称茱萸为"辟邪翁"。菊花和茱萸对人体确实都有保健作用,菊花酒和茱萸酒无疑都是极佳的保健饮品。苏州人不但将菊花、茱萸入酒,还喜欢将它们佩戴在胸前或斜插于鬓鬟之间。

赏菊也是重阳节俗。相传赏菊习俗起于东晋诗人陶渊明。"采菊东篱下，悠然见南山"，陶渊明粪土功名，隐逸林泉，以诗酒闻名，而尤爱菊。有一次过重阳节，他就坐在院宅周围的菊花丛中，正好江州刺史王弘来给他送酒，两人就在花丛中赏菊痛饮。后人仿效，慢慢就形成了重阳赏菊的习俗。

苏州人素爱菊花，宋代范成大曾在《菊谱略》中说："菊所在有之，吴下尤盛。"过去，每到重阳节前后，菊花绽蕾欲放之时，苏州虎丘附近花农就千盎百盂地挑进城来叫卖。市民买得，或置堂前屋后，或插于瓶洗供赏，或移至园中栽培。人们还以铁丝缠绕在菊花梗上，随意使之偃仰，加工成龙凤、鸟兽等各种形状，以供欣赏。还有人在庭院宽旷之处，将千百盆菊花堆叠成山，叫作"菊花山"，有形有色，千姿百态，云蒸霞绕，蔚为大观。当时在狮子林之类园林及茶馆等处，均能见到这种菊花山。

重阳前后，苏州阳澄湖蟹已经上市，市庶百姓、文人雅士往往在重阳期间，借园林设宴雅集。他们在菊花丛中欣赏着满目黄花，一边喝着菊花酒，一边吃着大闸蟹，这就是苏州人重阳"持螯赏菊"之俗。

登高也是苏州人重要的重阳节俗。登高游观，可以开阔胸襟，活动肢体，呼吸新鲜空气，是强身健骨、延年益寿的活动。登高的处所，则山、冈、楼、台、塔皆可。苏州城内的北寺塔，高居于全市上空，远近闻名，一旦登临，全城景物尽收眼底，是过去市民主要的登高之地。除此之外，虎丘、灵岩、东山、阳山、穹窿等山也是人们蜂拥而至的登高之地。常熟的虞山、昆山的马鞍山等也是当地居民重阳的登临之处。

苏州郊外的上方山、吴山,也曾是人们重阳登临的地方。申时行有《吴山行》诗,道:"九月九日风色嘉,吴山胜事俗相夸。阊阖城中十万户,争门出郭纷如麻。拍手齐歌太平曲,满头争插茱萸花。横塘迤逦通茶磨,石湖荡漾绕楞伽。兰桡桂楫千艘集,绮席瑶尊百味赊。玉勒联翩过羽骑,青帘络绎度香车……"(转引自顾禄《清嘉录》)当日吴山、上方山重阳的热闹情景,由此可见一斑。

除了登山、泛舟等节目外,当时吴山还有"扑羊"之戏。沈朝初《忆江南》词云:"苏州好,冒雨赏重阳。别墅登高寻说虎,吴山脱帽戏牵羊。新酿酒城香。"其注曰:"吴山九日登高,牵羊戏博,俗呼'扑羊'。"过去我国少数民族有重阳"打围"的习俗,朱彝尊《日下旧闻》曾有记录:"九月九日打围斗射虎,少者为负,输重九筵一席。射罢,于地高处卓帐,饮菊花酒,出兔肝生切,以鹿舌酱拌食之。"说不定苏州的"扑羊"之戏,正是少数民族"打围"习俗的变异,由此也可见各地方各民族之间民俗文化的交融。

重阳节还有吃重阳糕的习俗。"糕"与"高"谐音,既映衬"登高",又有祝愿"步步登高""高高兴兴"的寓意。古书中记载道:"二社重阳尚糕食,而重阳为盛。以枣为之,或加以栗,亦有用肉者。"(吕希哲《岁时杂记》,转引自顾禄《清嘉录》)重九"各以粉面蒸糕遗送,上插剪采小旗,糁钉果实,如石榴子、栗黄、银杏、松子肉之类。"(孟元老《东京梦华录》)据说,重阳吃糕还和吴江等江南沿海地区有点关系呢:当年费长房让桓景重阳登高避灾的事,一传十,十传百地传了开来,从此以后每到重阳,家家户户都携带食品上山登高。这事后来传到江南水乡,这里是一马平川的平原地区,连山的影子也看不见，登什么高呢？当地老百姓终于想出一个办法：重阳节大家做糕吃，因为"糕"和"高"同音，就用吃糕来替代登高。慢慢地，重阳吃糕的习俗就流传开来，就连有山可以登的地方，重阳也必定要吃糕了。

过去苏州还有这样的习俗：九月九日天明之时，父母将云片糕搭在小儿女的额头之上，并祝祷"儿百事俱高"，以讨吉利口彩。可见重阳节制糕、吃糕的用意是十分明显的。其实，重阳这一习俗很可能源于古代秋收后的尝新活动。过去，人们将年成的好坏都归诸神灵祖先，所以收成之后，首先就要用新的粮食煮成食物，祭祀神灵祖先，让他们尝新；后来才慢慢融入了重阳节俗。

古代苏州手工业十分发达，特别是它的纺织丝绸业，素有"衣被天下"之喻。每年一过重阳，百工就要进入一年中最忙碌的时期了，往往夜间也要操作，俗称"做夜作"。蔡云有诗云："蒸出枣糕满店香，依然风雨古重阳。织工一饮登高酒，篝火鸣机夜作忙。"这也是吴地重阳节俗的一个特色。

重阳节俗寄托着人们驱疫避灾的愿望，反映了人们对于长寿的向往和追求。九九登高望远，饮菊花酒，佩戴茱萸等，也确是有益于身心健康的事。如今重阳已被定为老人节，更寓寄着人们对老年人的良好祝愿。

相传冬至大如年
——苏州的冬至习俗

冬至节大约在公历每年的 12 月 21、22 或 23 日。人们认定这一天是数九严冬的开始,所以叫"冬至"。冬至日,太阳直射在地球的南回归线上,因此这一天白天最短、夜晚最长,这跟夏至日白天最长、夜晚最短正好相反。所以苏州民间有谚语说:"白相(游玩)要在夏至日,困觉(睡觉)要在冬至夜。"

我国民间历来非常看重冬至;特别是吴地,"邑人最重冬至节","诸凡仪文,加于常节",将冬至看作十分重大的节日。过去冬至,私塾老师要放学生的假,商店、工场要放职工的假,民间有"冬至大如年,先生不放不给钱;冬至大似节,东家不放不肯歇"的俗谚。私塾老师要是冬至不放学生的假,学生就可以不交塾费相要挟;商店、工场要是不放假,职工就可不准老板回绝雇工。民间对冬至节的看重,由此可见一斑。

一到冬至边,家家都会忙碌起来。要磨粉做团子,各种团子里分别加上糖、肉、菜、豆沙、萝卜丝等馅心,叫作"冬至团",用它来祭祖馈友。苏州人节庆中往往少不了糕团,那是因为在他们看来,糕团隐含着"高高兴兴""团团圆圆"的吉祥蕴意。

冬至前后，亲朋好友之间往往互有馈赠，一时间街市上尽是提筐担盒的人，就像过年送盘一样，只是名称叫作"冬至盘"而已。

冬至节前一夕，俗称"冬至夜"，也和过年吃年夜饭一般，要阖家团聚吃冬至夜饭，或称之为"节酒"。家中有外出的人，都要赶回来团聚，如实在赶不回来，也要在酒席上给他放副碗筷，以示团圆。凡出嫁的妇女，这天必须回转夫家；据说，否则将对娘家不利，会穷得"十只饭箩九只空"。这恐怕也是过去强调夫权者的一种说辞吧。这一夜，有钱人家全鸡全鸭、青鱼蹄髈、冷盘热炒，应有尽有；而桂花冬酿酒为苏州人所钟爱，更是席上必不可少的佳酿。至于穷困之家，那就只能啜粥就盐，将就将就了。因此，苏州过去逢冬至时有句老话，叫作"有铜钿吃一夜，呒铜钿冻一夜"。

旧时苏州人过冬至也似过年，要挂"喜神"（祖先的遗像），供斋祭祀祖先。"一如元旦之仪""必更鲜衣以相揖""拜贺尊长，又交相出谒"，这就叫作"拜冬"。"相传冬至大如年，贺节纷纷衣帽鲜。毕竟勾吴风俗美，家家幼小拜尊前。"徐士铉的《吴中竹枝词》讲的正是苏州"拜冬"的习俗。

这么多的礼仪习俗和过年相似，难怪苏州地区有"冬至大如年"这样的说法了。周遵道在《豹隐纪谈》一书中更明确地写道："吴门风俗，多重至节，谓曰'肥冬瘦年'。"（转引自顾禄《清嘉录》）"肥冬瘦年"，即吴地风俗将冬至看得比过年更重。

为什么会出现这样奇怪的现象呢？这还得从两千多年前的周代说起。我国古代历法，对于岁首一向十分重视。古人有所谓"月建"的观念，即把子丑寅卯等十二干支和十二月份相配，通常以冬至所在的月份配子，称为"建子之月"；周代的历法，正是以"建子之月"为岁首，

冬至大如年

也就是把冬至看作一年的开始。原来,"冬至大如年"的原因,正在于"冬至本是年"——冬至在周代时就是"元旦"!苏州过冬至会保留如此多的过年习俗,说明周历以至周的典章文化对吴地的影响之深。

清代诗人蔡云有诗云:"有几人家挂喜神,匆匆拜节趁清晨。冬肥年瘦生分别,尚袭姬家建子春。"这诗最后的两句,说的就是上述奥秘。周天子以姬为姓。当年,周大王的两个儿子泰伯、仲雍让贤奔吴,将"姬家"以"建子之月"为岁首的习俗也带到了吴地。后来,历法变更,冬至不再是新年的开始了,但冬至"过年"的习俗在吴地却被流传了下来。直到如今,吴中等地的老百姓还有将冬至叫作"小年"的习惯。

苏州人对冬至的看重,也给商家带来了机遇。冬至正在秋收以后,辛苦了一年的人们,都想趁此庆贺一番。要吃"冬至夜饭",要互送

"冬至盘",要祭祀祖先,要穿戴新衣新帽相互"拜冬",这一切就形成了一个消费热潮。因此冬至节前后,商店生意特别兴隆。这种商业繁忙的景象,正像江湖水定期涨潮一样有规律,所以苏州人称之为"冬至汛"。

古代劳动人民在长年和自然作斗争的过程中,摸索出了许多季节转换、气候变更的规律,并将这些规律编成顺口、形象的谚语。

"冬至未来莫道寒",对于太湖流域来说,冬至才是寒冬真正到来的标志。民间有"连冬起九"的说法,即从冬至日起,每九天为一个"九",过"九九八十一"天而冬尽。民间有各种各样的《九九歌》,例如:

> 一九二九,伸不出手;
> 三九四九,冻死猫狗;
> 五九六九,隔河看柳;
> 七九河开,八九雁来;
> 九九寒尽,春暖花开。

(《苏州传统礼仪节令》)

吴江的一首《九九歌》则道:

> 头九二(读"腻",下同)九,相拱勿出手;
> 三九四九,冻碎石钵头;
> 五九四十五,穷人街上舞;
> 六九五十四,沿河看柳丝;

七九六十三,被衣两头甩(掼);
八九七十二,荡里挖河泥;
九九加一九,耕牛遍地走。

(《苏州歌谣谚语》)

太仓的一首《九九歌》是这样的:

一九二九,出门措(搓)手;
三九四九,冻杀黄狗;
五九六九,冰开船走;
七九八九,相花看柳;
九九出九,使唤黄牛。

(《苏州歌谣谚语》)

这些《九九歌》把冬至以后八十多天里气候的变化形象地描述了出来。一般而言,三九四九是一年中最寒冷的日子,但有时也有例外,苏州人就常根据"九"里的气候情况,来预测天气的发展和变化。如"头九冷,九九百花香""头九暖,九九寒""干净冬至邋遢年"……这些都是经验之谈。

漫长的冬夜是难熬的,过去常熟有"九九消寒会"的习俗。参加消寒会的大多是文人士绅之属,他们集合九人,从冬至日起,每隔九天,轮流由一人做东举行酒会。酒会上高谈阔论,斗酒畅饮,以解寒夜的萧瑟和寂寞。

但是,不管朔风寒流如何肆虐,冻夜如何漫长难熬,"冬至一阳生",从冬至起,白天就一天一天长起来,人们依然可以透过阴霾的冻云看到春正在走近的身影。正如一位西方诗人所说的:"冬天来了,春天还会远吗!"这也就是杜甫在《小至》诗中所发的"冬至阳生春又来"的感叹吧!

主要参考书目

包天笑. 衣食住行的百年变迁（内部资料）. 苏州政协苏州市委员会.

蔡利民. 苏州民俗采风录 [M]. 苏州：古吴轩出版社，2014.

蔡利民. 中国民俗赏析 [M]. 成都：四川民族出版社，1986.

董浩. 苏州风俗习惯（内部资料）. 苏州：苏州博物馆陈列组.

范成大. 范石湖集 [M]. 上海：上海古籍出版社，1981.

范成大. 吴郡志 [M]. 陆振从，校点. 南京：江苏古籍出版社，1986.

顾禄. 清嘉录 [M]. 来新夏，校点. 上海：上海古籍出版社，1986.

顾禄. 桐桥倚棹录 [M]. 上海：上海古籍出版社，1980.

顾震涛. 吴门表隐 [M]. 南京：江苏古籍出版社，1986.

胡朴安. 中华全国风俗志 [M]. 石家庄：河北人民出版社，1986.

江苏省政协文史资料委员会，常熟市政协文史资料委员会. 常熟掌故 [M]. 南京：江苏文史资料编辑部，1992.

姜彬. 稻作文化与江南民俗 [M]. 上海：上海文艺出版社，1996.

姜彬. 吴越民间信仰民俗：吴越地区民间信仰与民间文艺关系的

考察和研究［M］.上海：上海文艺出版社，1992.

金煦，钱正，马汉民.苏州歌谣谚语［M］.北京：中国民间文艺出版社，1989.

金友理.太湖备考［M］.刻本.苏州：艺兰圃，1750（清乾隆十五年）.

昆山市政协文史征集委员会，昆山市文化馆.昆山习俗风情（内部资料）.昆山：昆山市文化馆，1994.

陆肇域，任兆麟.虎阜志［M］.苏州：古吴轩出版社，1995.

石琪.吴文化与苏州［M］.上海：同济大学出版社，1992.

苏州民俗博物馆.苏州民俗［M］.北京：中国民间文艺出版社，1986.

陈晖.苏州市志［M］.南京：江苏人民出版社，1995.

苏州市地方志编纂委员会办公室，苏州档案局.苏州史志资料选辑［M］.苏州：苏州市地方志编纂委员会办公室，1988.

吴凤珍.古城遗珠［M］.天津：百花文艺出版社，1992.

吴江市政协文史资料委员会.吴江风情［M］.天津：天津科学技术出版社，1993.

吴县地方志编纂委员会.吴县志［M］.上海：上海古籍出版社，1994.

《吴县水产志》编纂委员会.吴县水产志［M］.上海：上海人民出版社，1989.

吴县政协文史资料委员会.吴县民间习俗（内部资料）.苏州：吴县政协文史资料委员会，1991.

尤玉淇.三生花草梦苏州 吴门话旧录［M］.南京：江苏古籍出版

社,1994.

徐崧,张大纯. 百城烟水[M]. 南京:江苏古籍出版社,1986.

赵杏根. 中华节日风俗全书[M]. 合肥:黄山书社,1996.

周振鹤. 苏州风俗[M]. 上海:上海文艺出版社,1989.

后　记

　　1986年，在纪念苏州建城2 500年这样一个特殊的日子里，苏州开建了一系列的博物馆，民俗博物馆即为其中之一。我有幸参与了苏州民俗博物馆的创建筹备工作。但要将苏州传统的民间生活场景再现在广大观众面前，却是一个艰难的任务。当时，作为苏州民俗博物馆调研室的负责人，我便和同人们一道从两方面展开工作。一是翻阅《清嘉录》《吴郡岁华纪丽》《吴门表隐》等大量关于苏州的历史文献资料，希望能从中窥探出苏州民俗的一些历史样貌；另一方面就是扎扎实实地展开"田野作业"。我们在苏州城乡穿街走巷、叩门求教，进行了大量的民俗采风调查。采风调查对象中有官宦之后、商贾之家，也有寻常百姓、田夫野老。正是在这样大规模古籍钩沉和采风调查的基础上，我们才得以完成民俗博物馆的陈列布展工作，向广大观众展现了一幅多姿多彩的苏州百年间的民俗风情画。

　　20世纪90年代，我又有幸先后受邀参加了由上海社会科学院文学研究所姜彬所长领衔主持的两个国家社科项目《吴越民间信仰民俗——吴越地区民间信仰与民间文艺关系的考察和研究》《稻作文化与江南民俗》。在完成课题的过程中，我学到了不少，对许多民俗事象的认识有了理论的深度。

20世纪90年代末，苏州市文化局和苏州大学出版社决定编辑出版一套"苏州文化丛书"。高福民局长把撰写《苏州民俗》的任务交给了我。正是以上这些民俗调查、资料积累和理论探索，使我有了接受任务的底气。

《苏州民俗》出版后，受到了广大读者的欢迎。2001年，在中国文学艺术界联合会、中国民间文艺家协会联合主办的中国民间文艺"山花奖"首届学术著作评比中，《苏州民俗》获评了三等奖。"本次评奖是对改革开放至20世纪末中国民间文艺学、民俗学、民间文化研究及其个人著作的评比，也是我国民间文艺学、民俗学科的首次个人学术著作奖。"（《民俗研究》2001年第四期）在这次评比中，我参与的国家社科项目《稻作文化与江南民俗》更获得了最高荣誉奖。这给了我极大的鼓舞。

光阴荏苒。2023年3月，当苏州大学出版社的欧阳雪芹老师，请我修订《苏州民俗》时，我才恍然发现，距离"苏州文化丛书"的首次出版竟然已经过去二十多个年头了。

二十多年间，随着我国改革开放的不断深入，工业化、全球化和城市化进程的加速，民俗文化遭受了前所未有的猛烈冲击，而建设我们民族现代文明的任务又摆在了我们面前。此时修订出版"苏州文化丛书"显得意义不凡，尤为重要。我也借此机会，对《苏州民俗》初版中一些缺陷和不足尽可能地作了弥补。

首先，增补了一些内容。如《吴郡百业有神佑——苏州的行业神信仰》，从行业神崇拜这一独特角度，来反映苏州百业兴旺、经济繁荣这个重要特点。古人云："吴人善讴"。吴地人自古至今，无论是田猎稻耕还是建桥造屋,谈情说爱还是婚丧嫁娶……似乎都离不开歌,吴歌是吴地民俗避不开的重要民俗。于是我补写了《吴歌声声传千古》一节。原书撰写儿童民俗的内容较少,便补充了一节《旧时的儿童游戏》,撰写旧时孩童自娱自乐、自创游戏的习俗。

其次,对原有的各章节做了一些增删。比如写鱼鲜时,点到了水八仙;写服饰时,附带介绍了苏州重要的织物"吴罗";写房舍时,引申到了私家花园的建造;等等。对现在看来已经过时的一些说法,则作了必要的删节。同时也修正了一些错误。

此外,增加了全书的插图。除自己找到的及好友提供的图画和照片外,我还从《点石斋画报》《桃花坞木刻年画》等旧作中选取了许多图画,希望这本书能图文并茂,增加读者阅读的兴味,提高对民俗事象的感性认知。

修订书稿,是一项艰巨烦琐的任务,加之年初感染新冠,留下了严重的后遗症,使任务愈显艰难。但我还是忍着病痛,冒着酷暑将其完成了。在此,我要感谢苏大出版社的欧阳雪芹老师对我的指导,感谢编辑们的辛勤付出。我要感谢当年高福民局长对我的信任和勉励。我要感谢李亚平女士、马觐伯先生为我提供精美的图画和照片。我要感谢我的老伴为我所做的一切后勤保障工作。应该感谢的人还有许多,无法在此一一列举,只能敬请原谅了。

蔡利民

癸卯年大暑,于石湖北